与领导干部谈交往

于立志 ◎ 著

新华出版社

图书在版编目（CIP）数据

与领导干部谈交往 / 于立志著. —北京：新华出版社, 2017.3
ISBN 978-7-5166-3123-2（2025.3重印）

Ⅰ.①与… Ⅱ.①于… Ⅲ.①领导人员－人际关系学－干部教育－学习参考资料
Ⅳ.①D630.3②C912.11

中国版本图书馆CIP数据核字(2017)第043083号

与领导干部谈交往
作　　者：于立志

选题策划：赵怀志	责任校对：刘保利
责任编辑：石春凤　祝玉婷	责任印制：廖成华
封面设计：臻美书装	

出版发行：新华出版社
地　　址：北京石景山区京原路8号　　邮　　编：100040
网　　址：http：//www.xinhuapub.com
经　　销：新华书店、新华出版社天猫旗舰店、京东旗舰店及各大网店
购书热线：010－63077122　　中国新闻书店购书热线：010－63072012

照　　排：臻美书装
印　　刷：大厂回族自治县众邦印务有限公司
成品尺寸：170mm×240mm　1/16
印　　张：18.25　　　　　　　　　　字　　数：240千字
版　　次：2017年4月第一版　　　　印　　次：2025年3月第二次印刷
书　　号：ISBN 978-7-5166-3123-2
定　　价：36.00元

版权专有，侵权必究。如有质量问题，请与出版社联系调换：010-63077101

目 录 | CONTENTS

第一章　优化党内交往的提示……………………………… 1

恪守纯洁的同志交往……………………………………… 3
小圈子：滋生腐败的温床………………………………… 7
党内不允许搞人身依附…………………………………… 10
练就"金刚不坏之身"…………………………………… 14
规矩不是稻草人…………………………………………… 17
忠诚比能力重要…………………………………………… 19
增强大局意识……………………………………………… 23
交往勿忘修德……………………………………………… 26
自律自敛是强者…………………………………………… 29
莫搞阿谀奉承……………………………………………… 33
重提"兼听则明"………………………………………… 35

坚持原则敢批评 ………………………………………… 38
切忌口无遮拦 …………………………………………… 43
深怀敬畏之心 …………………………………………… 48
权力运行重制约 ………………………………………… 50

第二章 概说党内交往的要则 ………………………… 55

注重礼仪修养 …………………………………………… 57
学会尊重别人 …………………………………………… 59
遇事换位思考 …………………………………………… 62
修炼情商：一生的功课 ………………………………… 64
仁德决定成败 …………………………………………… 67
力倡诚实守信 …………………………………………… 69
信任给人力量 …………………………………………… 72
莫为铜臭丧人格 ………………………………………… 74
侥幸之心不可有 ………………………………………… 77
杜绝奢靡之风 …………………………………………… 78
谦卑做起乃赢家 ………………………………………… 81
维护领导的权威 ………………………………………… 85
领导意图你要懂 ………………………………………… 87
做大事也要拘小节 ……………………………………… 88
倾听：至高的恭维 ……………………………………… 90
"胸怀"古今谈 ………………………………………… 94
与异性交往有分寸 ……………………………………… 97
心态关乎成败 …………………………………………… 99

第三章　提升交往的说话能力 …… **103**

说话有学问 …… 105
习近平的语言技巧 …… 108
让语言表达出口成章 …… 111
口才这样练出来 …… 114
开场白与寒暄语 …… 118
共同话题：交往的金钥匙 …… 125
怎样在不同场合说话 …… 128
交往多用委婉语 …… 132
如何拒绝对方 …… 135
赞美是个技术活 …… 140
玩笑里面有学问 …… 143
无声胜有声的"语言" …… 146

第四章　走出交往困惑的误区 …… **149**

松柏尽有傲霜姿 …… 151
说说"感情沟通" …… 154
骄矜之心应摈弃 …… 156
"有恃无恐"戒 …… 159
认错效应：检讨过失 …… 161
善用自嘲激活人脉 …… 163
莫论别人隐私 …… 165
恰到好处的沉默 …… 167
第一印象效应 …… 169
切莫以貌取人 …… 173

消除猜疑之心 …………………………………… 176
刚愎：愚蠢的表征 ……………………………… 178
贪花恋色必覆车 ………………………………… 180
"羡慕嫉妒恨"感言 …………………………… 184
把怒气留在昨天 ………………………………… 186
莫忘滴水之恩 …………………………………… 189

第五章　怎样与上级交往 …………………… **193**

与领导说话的艺术 ……………………………… 195
巧妙提建议 ……………………………………… 198
婉谏的品格与技巧 ……………………………… 201
越位与补台 ……………………………………… 204
维护领导的尊严 ………………………………… 206
如何赢得领导信赖 ……………………………… 207
莫与领导走得太近 ……………………………… 209
如何处理与领导分歧 …………………………… 212

第六章　怎样与下级交往 …………………… **215**

"羊续悬鱼"鉴古今 …………………………… 217
感言"杨震的慎独" …………………………… 219
由"孙武斩姬"说起 …………………………… 221
借鉴"火炉法则" ……………………………… 223
批评下属的艺术 ………………………………… 225
善待下属若春风 ………………………………… 229
切莫"厚此薄彼" ……………………………… 232

人至察则无徒 …………………………………………… 234

　　"孔明失误"感言 ………………………………………… 237

第七章　怎样与群众交往 …………………………………… **241**

　　用真情开路 ……………………………………………… 243

　　为自己的面孔负责 ……………………………………… 245

　　怎样与群众沟通 ………………………………………… 247

　　三人行有我师 …………………………………………… 251

　　绝知此事要躬行 ………………………………………… 252

　　学个孔夫子"每事问" …………………………………… 257

　　微笑是最好的名片 ……………………………………… 258

第八章　怎样与朋友交往 …………………………………… **261**

　　交友须心中有数 ………………………………………… 263

　　交友须重义 ……………………………………………… 267

　　"勾肩搭背"当休矣 ……………………………………… 269

　　警惕"势利中人" ………………………………………… 272

　　距离会产生美 …………………………………………… 275

　　人生难觅一知己 ………………………………………… 278

第一章 优化党内交往的提示

恪守纯洁的同志交往

"同志"一词，古已有之。春秋时期左丘明说："同德则同心，同心则同志。"《后汉书》说："所与交友，必也同志。"作为独立称谓，"同志"出现于19世纪末。光绪帝筹划戊戌变法时，把变法派大臣称为"同志"。此后成为同一政治派别人员的互称。

志同道合，方为同志。思想投向、价值取向、奋斗方向一致，坚守同一的理想信念，为民族复兴而努力奋斗，才称得上同志。孙中山在其《总理遗嘱》中呼吁："革命尚未成功，同志仍须努力。"

党内一律称同志，是我们党的一项政治规矩。早在1920年，毛泽东和蔡和森的通信中就以同志相称、相勉。1921年，中国共产党"一大"党纲中规定："凡承认本党党纲和政策，并愿成为忠实的党员者，经党员一人介绍，不分性别，不分国籍，均可接收为党员，成为我们的同志。"这是中国共产党在正式文件中最早使用"同志"一词，并赋予其新的含义。

新中国建立后，"同志"这个称呼被全社会接受并广泛采用。"同志"称呼体现着党员之间关系的纯洁质朴，传递着相互之间的民主平等、尊重信任。其间，出于对毛泽东等领导人的尊敬，出现了称呼职务的现象。1951年，毛泽东在审阅李达的《实践论解说》时，将书稿中的"毛主席"字样通通圈出，改为"毛泽东同志"。1958年11月，在与刘建勋、韦国清的通信稿中，毛泽东将标题的"主席"改为"毛泽东同志"。1959年8月3日，毛泽东致信刘少奇、周恩来、彭真、杨尚昆等人，建议党内一律用"同志"称呼，不要以职务相称。"同志"一称，标志着凡是出以公心，有着共同信念，为了一个共同的崇高志向而奋斗的人，都聚集到了一面旗帜之下。

1965年12月14日，中央专门发出通知，要求党内一律称"同志"。至此，"同志"这一称呼已不单单只是一个称呼，而是发扬党的优良传统，克服和抵制旧社会腐朽习气和官僚主义作风的一种方式。1978年12月，中共十一届三中全会的公报再次指出："全会重申了毛泽东同志的一贯主张，党内一律互称'同志'，不要叫官衔。"党内互称同志，也使得"同志"这一称呼在群众中传播流行、深受认同。1984年，《武汉晚报》载，"小平同志：我这样的称呼，似乎不太礼貌，若有不妥之处，请给予责备。"这是1984年4月武汉一职工向邓小平写的申冤信。邓小平在信上圈阅道："头一次看到这样的称呼，我很喜欢，酌重处理！"

随着社会生活的丰富、多元，一些人模糊了认识，习惯于用官职来称呼其单位领导，"同志"称呼使用逐渐减少，即使是在党代会、党委会和组织生活会、民主生活会这样严肃的党内政治生活中也很少称同志，党内称呼出现官衔化、江湖化、庸俗化等不好的倾向。本在一起工作的同志，大家走到一起，同在一片蓝天下，朝夕相处，工作交往频繁，但相互之间却如同雾里看花、模模糊糊、朦朦胧胧，关系变得微妙而复杂；有些单位派性严重，扭曲了正常的同志关系，亲亲疏疏，拉拉扯扯，互存戒心、猜疑、提防，甚至互相拆台，白天工作流汗，夜里失眠流泪。

从已查处的案例看，个别党员领导干部"官气十足"，已没有同志的意味：有的党员干部迎合与恭维领导，以求自保或获得更多的利益，有的领导把党员干部当"家臣"，视工作岗位为"私人领地"，对所管辖范围的党员干部颐指气使、专横跋扈、骄纵妄为、"官大一级压死人"，严重扭曲了党内正常的同志交往。

颐指气使，是指不说话，只用面部表情来示意，形容有权势者指挥别人的傲慢态度。2015年12月，因严重违纪，湖南省株洲市原市委常委、政法委书记谢清纯被开除党籍、开除公职。纵观其堕落的轨迹，除了私欲膨胀、迷信"大师"，还存在作风霸道的问题。在任醴陵市委书记期间，他听不得不同意见，什么事都要自己说了算，对下属颐指气使，甚至曾在班子会上对市长说：市委只有一个书记是我谢清纯，你是副书记，到底听谁的？

有的领导干部搞独断专行、颐指气使的"家长制"作风，秉持"我的地盘我做主"的理念，目中无人，极其霸道，容不得不同意见。特别是有些单位"一把手"不认真贯彻民主集中制，"三重一大"事项不经过集体研究，或虽经集体研究，但在意见有严重分歧时搞"一把手拍板"，归根结底仍是"领导个人说了算"。凡此种种，严重违背了党的性质和宗旨，折射出官僚主义的特权思想，本质上是党性修养弱化，破坏了党内民主，损害了党的凝聚力、向心力和战斗力。在这种家长制作风的驱使下，个别党员领导干部忘记了党性原则和党纪国法的底线，必然形成负面的示范效应，助长各类不正之风，进而衍生出违纪违法问题。

一切以自我为中心，独断专行，要求别人唯命是从，这样的"家长制"作风在不少落马的党员领导干部身上都曾出现。因腐败而被查处的河南省宜阳县原县委常委、组织部长高建海行事独断专行、特别强势和霸道，凡是他说的话，就是"圣旨"，即使是错误的，也没人敢说半个不字。这哪还有一点同志的气味？

有的党员领导干部凭借手中的权力，无视规矩和程序，以言代法，要求下级办违反党纪国法的事情。有的喜欢以"老大"自居，在党内称兄道弟，搞人身依附关系，将党内同志关系庸俗化。有的利用干部岗位交流等机会，将"圈里"兄弟调任到重要岗位。

习近平同志在中央政治局第三十三次集体学习时指出："倡导清清爽爽的同志关系，规规矩矩的上下级关系。"同志之间关系清清爽爽，就是整洁干净、明明白白，无不可告人的秘密，无拉拉扯扯的暧昧，无利益交织的混沌，无钩心斗角的龌龊。总书记倡导的"清清爽爽"做同志，有很强的针对性和时效性，是党员干部队伍改善党风政风的当务之急，势在必行，也切实可行。

十八届六中全会通过的《关于新形势下党内政治生活的若干准则》规定："坚持党内民主平等的同志关系，党内一律称同志。"对党内称呼问题作出了明确要求。"领导干部特别是高级干部不能搞家长制,要求别人唯命是从,特别是不能要求下级办违反党纪国法的事情""规范和纯洁党内同志交往,领导干部对党员不能颐指气使,党员对领导干部不能阿谀奉承。"这些明确要求可谓振聋发聩、意味深长,折射出党内生活的民主气氛。清清爽爽的同志关系、规规矩矩的上下级关系,是党内政治生活健康规范的重要保障。

党员领导干部是党内政治生态的风向标,在规范和纯洁党内同志交往中发挥着引领作用。党性弱化导致的权力观错位,是颐指气使不良作风形成的主要原因。构建纯洁的党内同志关系,保持健康的同志交往,必须改进作风,增强思想道德修养,弘扬党的优良传统和作风,祛除官僚习气。

十八届六中全会强调规范和纯洁党内同志交往、厘清上下级之间的关系,这是加强和规范党内政治生活、净化政治生态的重要体现。重申互称同志的要求,既是全面从严治党的题中之意,也是尊重每个党员主体地位和民主权利的要求。共产党员、党员领导干部的职业不同、岗位不同、职务有高有低,只是工作分工的不同,本质上是民主平等关系,处于平等地位、享有平等权利。党员领导干部要坚持党内平等,应当平等相待、一视同仁,平等享有一切应当享有的权利,履行其一切应当履行的义务。正如《准则》所要求的那样:"必须尊重党员主体地位、保障党员民主权利。"干部过于看重自己的头衔、过于在意官职称谓,就容易滋生官僚主义。要牢记干部是党的干部,不是哪个人的家臣,不可忽视"同志"二字的含义,牢记自己应尽的义务和所承担的责任。我们既然是一条战壕里的同事战友,就要做肝胆相照的同志,不可高人一等、目空一切,不宜以势压人、盛气凌人。只有工作上的相互配合,没有人身上的相互依附。不要自以为职位高、资历深,就可以搞特殊化。

称呼里面有党性、有形象。革命战争年代,一声声"同志"的称呼曾给予每名党员莫大的鼓舞和坚定的信心。如今,新的长征路上任重而道远,仍然需要每一名党员、干部同心同德、同向同行,认清小圈子、小宗派的危害，强化党性意识和规矩意识，带头讲正气、正风气，摈弃哥们儿义气，警惕阿谀奉承。要保持清清爽爽的同志关系和规规矩矩的上下级关系，优化政治生态，充满灿烂阳光，没有钩心斗角、明枪暗箭，杜绝内耗内讧、尔虞我诈，坚决反对投机取巧、攀缘汲引，搞小团伙、小圈子，乱接"天线"，坚决反对搞人身依附，坚决反对拉拉扯扯、吹吹拍拍，坚决反对以单位画线、以地域画线，不搞小圈子和人身依附，不把同事、同志关系庸俗化、帮派化，营造风清气正的从政环境和政治生态，使每一个党员干部都能心情舒畅地工作，发挥自己的才干和潜能，创造卓越的业绩。

小圈子：滋生腐败的温床

人与人如果交往过密，相互间没有制约，在涉及与利益相关的问题时，就会自觉不自觉地受感情的牵制和影响，甚至以"铁哥们"相待，就会导致以"我"为原点画圈圈、搞团团伙伙，出现妨碍作出正确处置意见甚至泄露组织机密等严重问题。

"小圈子"是破坏政治生态的顽症。"小圈子"现象亦即帮派、宗派，对外具有封闭性，古人称之为"朋党"。古人云：凡有所近，必有所远；凡有所亲，必有所疏。在一个组织内部，领导者如果只亲近少数人，必然会伤了多数人的心，疏远和失去更多人。久而久之，必然失掉人心，还会给一些心术不正的人以可乘之机。党内决不允许搞封建依附那一套，决不能搞"小圈子"、小宗派那一套。

习近平同志指出，在长期实践中，党内政治生活状况总体是好的，但一个时期以来，党内政治生活出现了一些亟待解决的突出矛盾和问题，特别是其中一个突出表现是高级干部中极少数人政治野心膨胀、权欲熏心，搞阳奉阴违、结党营私、团团伙伙、拉帮结派、谋取权位等政治阴谋活动。这些问题，严重侵蚀党的思想道德基础，严重破坏党的团结和集中统一，严重损害党内政治生态和党的形象，严重影响党和人民事业发展。

周永康大搞权钱、权色交易，严重损害党和人民的事业，也带坏了一批干部。我们要深刻反思周永康案的沉痛教训，而且要彻底肃清周永康案造成的影响。中央政法委强调决不允许搞团团伙伙、结党营私、拉帮结派，决不允许把上下级关系变成人身依附关系。

辽宁拉票贿选案是一起严重破坏人大选举制度的重大案件，触碰了中国特色社会主义制度底线和中国共产党执政底线，严重丧失党性原则，完全背离党的宗旨，给党和人民事业造成巨大损失，其涉案人数多、性质恶劣、情节严重，案件发生的背后处处折射出"圈子""帮派"的影子。中央巡视组在对辽宁的"回头看"反馈意见中指出，辽宁的政治生态已遭到严重破坏，圈子文化盛行，一些领导干部肆无忌惮拉帮结派，全省上下不同程度存在小圈子、帮派现象，各种势力相互比拼，形成人身依附关系。辽宁贿选案把权力视为一种资本和人生价值目标，采取种种不正当手段谋求官位，其教训深刻、触目惊心、危害严重。

十八届六中全会通过的《关于新形势下党内政治生活的若干准则》指出："党员、干部特别是高级干部不准在党内搞小山头、小圈子、小团伙，严禁在党内拉私人关系、培植个人势力、结成利益集团。对那些投机取巧、拉帮结派、搞团团伙伙的人，要严格防范，依纪依规处理。"

"小圈子"是指滥用手中权力的人，与以权谋私、权钱交易的人划定的小范围，形成的小天地，结成的小团伙。"小圈子"是一个"利益共同体"。宋代欧阳修有言："君子与君子以同道为朋，小人与小人则以同利为朋。"拉帮结派的始作俑者有之，寻求庇护的主动投靠者有之，官员之间"惺惺相惜"者有之，寻求小团体利益的最大化是他们的目的。至于大局意识、整体利益，他们是不关心的。

结圈之人心态各异，目的无二，就是为了从圈里获得好处，达到权力的利益共享。小圈子有时确实能给跟班的小弟带来圈外人得不到的短暂利益。但实际上，这种利益虚假而不真实、暂时而不长远。中国有句老话："铁打的衙门流水的官。"一旦你视为靠山的上司调走了，或高升了，他有多大的概率带你一起走呢？到时候领导走人了，留下你这个群众关系不好的人去面对新领导，以后的日子可就难过了。

"小圈子"问题由来已久，危害甚烈。它的一个重要特点，就是以个别领导为中心，形成以秘书、亲戚、同乡、同学、战友或上下级等为链条的利益圈子。圈子里的人互相荫蔽提携、结党营私，成为滋生腐败的土壤。

山西省委原常委、秘书长聂春玉，利用职务上的便利，为他人在职务晋升、岗位调整、企业发展等事项上谋取利益，非法收受他人财物，共计折合人民币4458万元。2016年10月19日，聂春玉因受贿一审被判15年有期徒刑。他自己跑官、买官、卖官，也把整个班子带坏了。聂春玉在吕梁任职期间大肆买官卖官，严重程度相当突出，共有5名地厅级干部、83名县处级干部因违纪问题受到党纪政纪处分，其中17人被移送司法机关，依法处理。

近些年来，有的领导干部与不法商人结交，把官场当成势力场，形成利益圈子，相互利用，权钱交易。从揭露出的不少腐败案件看，是蛀虫联手作案的"团伙"。他们采用内部串通、内外勾结的方式合伙密谋，长期作案，形成一个官官相护的利益共同体，有计划地秘密侵吞公款，形成窝案、串案，往往是揪出一个贪官，接着是"拔出萝卜带出泥"，牵出一串贪官。作案人一个个被拎出来，刨根究底，这些腐败分子大多是小圈子中人，平日里臭味相投、沆瀣一气，牟取私利把他们拴在一起。前不久，因兰州市原市长和市委书记的"内讧"而被反腐风暴刮倒了一批腐败分子，就是一个例证。

有的领导干部把赌博变成拉帮结派的纽带，作为升迁晋级的捷径，当作行贿受贿的妙术。河北省阳原县原县委书记张某好搓麻将，久而久之，将一帮经常故意输钱的"麻友"委以重任，成了他的"麻将常委"，整个县城被他们这一伙闹得乌烟瘴气、民怨沸腾。最后"麻将书记"也被送上了法庭。

吕锡文担任北京市委领导后，身边逐渐形成了一些小圈子。她爱打网球、爱好中医养生，身边就聚集起了"网球圈子""养生圈子"。她的丈夫是做红酒生意的，他们家定期举办品酒会，于是又形成了"品酒圈子"。这些圈子实质上都不是围绕着兴趣爱好，而是围绕着她的权力形成的，这都是违反党的纪律和规矩的行为，而吕锡文并不把这当回事儿，日积月累，终为"圈子"所累，受到党纪的惩处。

许多事实一再告诫人们，"小圈子"是滋生腐败的温床。"小圈子"以休闲为媒介，以利害得失为标准，见利而争先，利尽而交疏，以谋私为目的。古人云：以势相交，势倾则绝；以利相交，利穷则散。建立在利益交易基础上的"小圈子"终究是靠不住的，一旦出现问题，急于自保，避之不及，原本同盟关系会瞬间崩塌。

"小圈子"有宗派之嫌，破坏团结，涣散人心，滋生腐败。邓小平1989年曾讲过："小圈子那个东西害死人哪！很多失误就从这里出来。"领导干部一旦思想上放松，底线失守，让自己的兴趣爱好卷入政务活动，演变成权钱交易，就构成了贿赂。

"小圈子"是以权力为轴心编织成的关系网，其本质就是利益联盟。表面得利隐藏的是危险，眼前风光埋下的是祸根。"小圈子"的非正义性，注定了进圈子就要行走于违纪违法的边缘。产生这一毒瘤的原因很多，但根本症结在于一些人权欲膨胀，培植依附自己的势力，编织攫取利益的网络。要彻底铲除"小圈子"现象，除了采取必要的组织措施外，还应从思想上兜底刨根，认清其危害，肃清其影响，铲除圈子文化滋生的土壤，努力营造风清气正的政治生态。人人自重自律，个个拒绝苟且，讲原则不肯马虎，守纪律决不糊涂，"清清爽爽"地共事，明明白白地做人，勤勤恳恳做事。

党内不允许搞人身依附

我们党历来反对宗派主义、山头主义等不良风气。在延安整风时，反对"三风"，其中之一就是宗派主义。反对的宗派主义有各种表现，其中搞小山头、闹独立性的实质就是拉帮结派，曾给党的事业造成过不可估量的损失。毛泽东明确指出："对内的宗派主义倾向产生排内性，妨碍对内的统一和团结；对外的宗派主义倾向产生排外性，妨碍党团结全国人民的事业。铲除这两方面的祸根，才能使党在团结全党同志和团结全国人民的伟大事业中畅行无阻。"

党员领导干部如果热衷搞小圈子、小宗派，把封建社会那种君臣父子关系渗入党内生活，在帮派团伙中形成人身依附关系，将利益交换的商品关系带进党组织，用手中的权力为自己帮派的人谋利，就会严重玷污党的先进性和纯洁性，心里就不会有党的事业，党的干部选拔任用的公信力就荡然无存，领导干部在群众中的公信力就会彻底消失，就会出现"塔西陀陷阱"。

有的党员领导干部在党内搞人身依附关系：将公权私有化，把党的干部当作私有财产，对"自己人"大加庇护，对违背自己意志的党员、干部轻则疏远，重则打压。这种不良作风如果不能及时祛除，必然愈演愈烈，最终步入违纪乃至违法的深渊。

大量案例证明，党的肌体内一旦形成小山头、小圈子、小帮派，就会带来严重危害。十八届六中全会通过的《关于新形势下党内政治生活的若干准则》，针对宗派主义、山头主义等不良风气，发出严格的"禁令"："任何人都不准把党的干部当作私有财产，党内不准搞人身依附关系。""领导干部特别是高级干部不能搞家长制，要求别人唯命是从，特别是不能要求下级办违反党纪国法的事情；下级应该抵制上级领导干部的这种要求并向更上级党组织直至党中央报告，不应该对上级领导干部无原则服从。"

十八大以来，我们党查处了一些中高级领导干部，其中有一个很显著的特点，即习近平同志指出的"有的案件一查处就是一串人，拔出萝卜带出泥，其中一个重要原因就是形成了事实上的人身依附关系"，"搞小山头、小圈子、小团伙那一套"，形成了山头主义和利益集团，彼此进行各种利益交换。周永康在四川和石油系统，令计划组建"西山会"即是如此。

据反腐记者罗昌平揭秘，不晚于2007年，一个名叫"西山会"的高官圈子悄然成型，主要成员由晋籍高官组成，除了官员，只有个别获得身份认可的同籍商人，才能拥有埋单的资格。据称，已经落马的高官刘铁男、令政策、申维辰、陈川平等都是"西山会"成员。

大量的事实证明，"小圈子"是滋生歪风邪气的温床，是毒害干部心灵、破坏党的团结的腐蚀剂，危害不容忽视。一个单位倘若"小圈子"现象恶性发展，就会导致投机钻营之徒官运亨通、春风得意、是非不分、赏罚不明、好人受气，必将腐蚀党的肌体，玷污领导干部应有的良好形象。

由此观之，我们对这种"小圈子"现象要有理性的认知，保持清醒的头脑，不应听之任之、放任自流。共产党员、党的干部是党的人，干部是人民的干部，绝不是哪个人的家臣，也不是哪一派的门客，决不能无原则地顺从圈子意志。依附心理带来的是包袱，捷径思维通向的是邪路。攀龙附凤、拉拉扯扯的后果，最终逃不脱拔出萝卜带出泥、树倒猢狲散的命运。

《人民日报》2016年11月29日刊登《上级下级，纯洁党内同志交往》文章认为，如果说上级领导对下级领导搞家长制、要求别人唯命是从，是一些落马领导干部内心膨胀最终走向毁灭的"助推器"，那么，下级对上级领导的无原则服从，则把一批干部裹挟着推向违纪违法的深渊，这也正是他们的可悲之处。

油气田合作开采权的审批，有着一套严谨的程序审查。但多名中石油原高管为满足中石油原董事长蒋洁敏的要求，把一整套制度都抛在了脑后，违规为他人取得9个油气田区块的合作开采权，致使他人非法获利达30多亿元。

苏荣案中第一个被查实的线索，是涉及南昌钢铁集团改制过程中资产贱卖的问题。苏荣指示省国资委必须选择某一家特定企业为合作对象，又硬性要求降低国有资产评估价格，贱卖给这家企业，造成国有资产流失接近10亿元。这背后，是苏荣的妻子和女儿收受了这家企业的巨额好处费。尽管要执行这个指示，必然要违反相关程序和规定，但由于这是省委书记的指示，很多人还是按苏荣的意愿去做了。当时冶金集团的一个董事长反映了南钢这样去改革的话，会造成国有资产流失，苏荣马上就打击报复他。

习近平同志在第十八届中央纪委第三次全体会议上的讲话中指出："需要注意的是，不能把党组织等同于领导干部个人，对党尽忠不是对领导干部个人尽忠，党内不能搞人身依附关系。干部都是党的干部，不是哪个人的家臣。有的干部信奉拉帮结派的'圈子文化'，整天琢磨拉关系、找门路，分析某某是谁的人，某某是谁提拔的，该同谁搞搞关系、套套近乎，看看能抱上谁的大腿。"领导干部要以党和人民的利益为重，搞"五湖四海"，不能以我画线、搞人身依附、亲亲疏疏、团团伙伙。应坚持以德为先、德才兼备的用人标准，放开眼界选人才，倾听群众的真实反映，任人唯贤，知人善任。

小圈子、小宗派就其实质来说，是借助公共权力谋取私利的特殊利益联盟。有的人满脑子只有"我"，把个人和圈子利益摆在第一位，以至于只要自己得益，牺牲党的利益都毫不在乎。为求仕途之发展，迷信"背靠大树好乘凉""朝中有人好做官"，于是攀高枝、抱大腿、找靠山，热衷于搞什么"同学会""战友圈""乡友团"，以利禄为诱饵，编织利益共同体。有的人以权势为靠山，投奔门下；有的人以派系为攀附，形成了小圈子、小宗派。搞小圈子、小宗派者任人唯亲，以封官许愿、晋升等手段来笼络人心、称兄道弟、拉拉扯扯。党员干部必须透过虚妄看到本真，小圈子、小宗派违反党纪党规，害人害己，败坏党风政风，破坏政治生态；无视政治规矩和纪律，以江湖气替代本该严肃的党内政治生活。共产党内不允许这种坏风气蔓延，小圈子、小宗派必须坚决反对、遏制和远离。

搞人身依附的"家长制"做派，也容易导致集体腐败、区域腐败。习近平同志曾指出："党内绝对禁止搞宗派活动，搞小圈子，不允许拉拢一部分人、排斥一部分人、抬一部分人、压一部分人。"有的案件一查处就是一串人，拔出萝卜带出泥，其中一个重要原因就是形成了事实上的人身依附关系。

一些地区和部门"用小圈子里的人"已成为安排使用干部中的规则，

在组织之外自成中心，由过去的同学、同事、同志，渐渐变成互相勾结、利用，具有人身依附性质、共享既得利益的同伙，不称"同志"叫"老板"，不要团结要结团。圈内人相互吹捧，能看到频繁谄媚的笑脸，无话不谈、无事不议，正当渠道不听，专听小报告、偏听偏信。小圈子紧紧抱团、一致对外、排斥异己。靠山容易成为"火山"，干事业要靠班子不靠圈子，靠团队不靠团伙，搞小山头、小圈子、小团伙那一套，到头来会栽跟头的。

习近平同志强调："党内决不能搞封建依附那一套，决不能搞小山头、小圈子、小团伙那一套，决不能搞门客、门宦、门附那一套，搞这种东西总有一天会出事！"周永康、聂春玉等人及其"小圈子"的集体落马，给了我们严重的教训。庸俗化的交往发展下去，可能最终导致严重的问题。"圈中人"一旦失去权势，失去利益驱动力，也就不成为"圈中人"了。吉林省委原副秘书长张新民入狱后的当年春节，往年踏破门槛的"朋友""老乡"不见了踪影，原有的车水马龙、门庭若市，变为"门前车马稀"。

在新形势下，全面从严治党、反腐倡廉正在向纵深推进，"圈子文化"滋生的环境正在逐步改变。每一个党员尤其是领导干部，都要从信仰和党性的高度，深刻认识"小圈子"的危害，从灵魂深处清除"小圈子"的影响，彻底划清与"小圈子"的界限，不做吃吃喝喝的哥们儿，坚决摒弃江湖义气，不做有奶就是娘的酒肉朋友，牢固树立"组织才是靠山"的观念，始终做到对党忠诚。

练就"金刚不坏之身"

坚定的理想信仰，是引航的灯塔，前进的号角，力量的源泉。自古以来，多少仁人志士，勤于进取，甘于奉献，勇于牺牲，就是因为他们有理想、有信仰。岳飞、文天祥、瞿秋白、方志敏……"以身殉志，不亦伟乎！"书写人生美好的成功乐章，永远属于具有崇高理想、坚定信念的艰苦奋斗的人们。

翻开一部恢宏的中国共产党历史就可以看到，从诞生的那天起，"为共产主义真理而献身",就成了中国共产党人最崇高、最神圣的理想和信念。无数先烈正是靠崇高理想的指引,靠坚定信念的鼓舞,为了中国人民的翻身解放,为了实现社会主义、共产主义理想,心甘情愿地为之英勇斗争,前赴后继,不惜抛头颅、洒热血,战胜了种种艰难险阻,创造了惊天动地的伟业。

十八届六中全会通过的《关于新形势下党内政治生活的若干准则》指出:"全体党员必须永远保持建党时中国共产党人的奋斗精神,把理想信念的坚定性体现在做好本职工作的过程中,自觉为推进中国特色社会主义事业而苦干实干,在胜利时和顺境中不骄傲不自满,在困难时和逆境中不消沉不动摇,经受住各种赞誉和诱惑考验,经受住各种风险和挑战考验,永葆共产党人政治本色。"

管理学上有一个典型案例,说同样在做砌砖的工作,如果你把它当作一件为砌砖而砌砖的话,那么你就会越干越没劲,越干越单调,因为老重复劳动,难受。但是如果你把它当作是为一幢宏伟高楼大厦添砖加瓦的时候,那么你就会越干越有热情,越干越有梦想,越干越能把自己的主动性、积极性激发出来。梦想对我们的奋斗至关重要。中国梦给中国社会的奋斗赋予了很深远的意义。让我们大家感觉到有奔头。

党章要求党的干部必须"具有共产主义远大理想和中国特色社会主义坚定信念,坚决执行党的基本路线和各项方针、政策,立志改革开放,献身现代化事业,在社会主义建设中艰苦创业,树立正确政绩观,做出经得起实践、人民、历史检验的实绩。"习近平同志指出:"把我国56个民族、13亿多人紧紧凝聚在一起的,是我们共同经历的非凡奋斗,是我们共同创造的美好家园,是我们共同培育的民族精神,而贯穿其中的、更重要的是我们共同坚守的理想信念。"中国梦的提出,就是向全党全社会发出了高扬理想旗帜的战略号召。共产主义远大理想和社会主义信念,是共产党人的立身之本,是我们党具有先进性的根本标志。

我们共产党人的最大梦想,就是具有崇高的共产主义理想,心里始终装着伟大目标，不管别人说三道四，怎么也不动摇。对马克思主义的信仰，对社会主义和共产主义的信念，是共产党人的政治灵魂，是共产党人经受住任何考验的精神支柱。"只要我们永不动摇信仰、永不脱离群众，我们就能无往而不胜。"习近平同志在论述理想信念问题时使用了"凝魂聚气""强基固本""返璞归真""固本培元"等词汇。

周恩来经过"推求比较"，最终认定了马克思主义和俄国革命的道路。他郑重宣称"我认定的主义一定是不变了，并且很坚决地要为它宣传奔走"。他始终信仰坚定、理想崇高，这是他毕生奋斗的力量源泉。周恩来说："人是应该有理想的，没有理想的生活会变成盲目。"他以自己的实际行动实践了"在任何艰难困苦的情况下，都要以誓死不变的精神为共产主义奋斗到底"的誓言。直到他生命垂危之时，还与陪伴在身边的邓颖超低声吟唱："这是最后的斗争……英特纳雄耐尔就一定要实现。"

崇高的理想和追求是人生动力之源。伟大的目标可以产生强大的动力。党员干部学有所得，业有所长，卓有建树，理想和追求是最根本的动力源泉。列宁说："革命理想，不是可有可无的点缀品，而是一个人生命的动力。有了理想，就等于有了灵魂。"理想作为人们一切行为的自觉动机，以其高度的科学性成为引导人们努力奋斗的强大精神力量。理想信念为人生实践提供动力和毅力，是人生的力量源泉。一个人有了自觉的理想和信念，方向明确，意志坚强，热情高涨，有所作为，让党的旗帜在每一个基层阵地上高高飘扬，战胜各种困难和挫折，始终充满必胜的信心，心甘情愿地拼搏进取，即使牺牲自己的一切也在所不惜。

坚定的理想和信念，最根本的是以理论武装培植共产党人的精神家园。崇高信仰、坚定信念不会自发产生。要练就"金刚不坏之身"，必须用科学理论武装头脑。理论是管方向、管全局的，也是管思想、管灵魂的。政治上的清醒与坚定，精神上的高尚与亮节，来源于理论上的深刻和彻底。党员、干部要把马克思主义理论作为必修课，真学真懂真信真用，优化思维方式，提高理论水平，把坚定的理想信念建立在对马克思主义的深刻理解之上，建立在对历史规律的深刻把握之上，保持对远大理想和奋斗目标的清醒认知和执着追求，注意用理论指导自己解决世界观、人生观、价值观方面的问题，坚定共产主义理想，逐步实现由必然王国向自由王国的飞跃。

规矩不是稻草人

世界上没有绝对的自由。没有规矩的约束和保障作为前提，自由就是一句空话，就没有自由可言。懂规矩、守规矩，不仅是工作之所系，大局之所需，也是个人幸福之保证。

焦裕禄是县委书记的榜样，也是共产党人遵守规矩的楷模。一次，焦裕禄同志发现大儿子去看戏，问道："戏票哪来的？"孩子说："收票叔叔向我要票，我说没有。叔叔问我是谁？我说焦书记是我爸爸，收票叔叔没有收票就让我进去了。"焦裕禄知道了，当即把一家人叫来训了一顿，并命令孩子立即把票钱如数送还。之后，他亲自起草了《干部十不准》。

一次，有位从外地调来的领导干部，提出了一个装潢县委和县政府领导干部办公室的计划，连桌子、椅子、茶具，都要换一套新的。有人问："钱从哪里来？能不能花？"这位干部分管财政，他说："花钱我负责。"焦裕禄严肃地指出："坐在破椅子上不能革命吗？"他接着说明了自己的意见："灾区面貌没有改变，还大量吃国家的统销粮，群众生活很困难，富丽堂皇的事，不但不能做，就是连想也很危险。"

"不以规矩，不能成方圆。"画圆离不开规，画方少不了矩，规和矩好像是对画圆画方行动的约束。但实际上，有了规和矩才能画圆就圆，画方就方。必须明白规矩是不可侵犯的，懂得越过红线定会受到惩处、付出代价；必须在"认真"二字上下功夫，言行守规矩，克服侥幸心理、从众心态、特权思想，一言一行不越位，任何时候不出乱规矩、坏声誉的事；用权讲规矩，凡事有理有据、程序正规，决不能凭个人好恶随意为之。

十八届六中全会通过的《关于新形势下党内政治生活的若干准则》指出："党的各级组织必须担负起执行和维护政治纪律和政治规矩的责

任，对违反政治纪律的行为要坚决批评制止，不能听之任之。"

近些年来，有些政策规定是约束性的，有些明确是刚性要求，却成了"稻草人"，成了摆设。有些党员干部不守规矩、口无遮拦、随心所欲、毫无顾忌，什么话都敢说，什么事都敢做。如，重大事项不请示报告，没有程序意识，工作越位，"迈过锅台上炕"，或"先斩后奏"；对涉及党的理论和路线方针政策等重大政治问题公开发表反对意见，对中央方针政策和重大决策部署阳奉阴违；借着老乡会、同学会、战友会等场合，搞"团团伙伙"、拉帮结派、称兄道弟、勾肩搭背。什么"石油帮""秘书帮""山西帮"，其背后都或有大老虎坐镇。有些干部走向腐化堕落，受到党纪国法的制裁，从根本上看都是不守规矩的结果，不遵守党和人民立下的规矩，在不该伸手处伸了手，造成恶劣影响。没有规矩就不成方圆，有了规矩不执行也成不了方圆。言论自由不等于自由言论，更不能无原则无底线。

党内政治生活和组织生活都要讲政治、讲原则、讲规矩，不能搞假大空，不能随意化、平淡化、庸俗化。习近平同志多次强调，党员干部要树立规矩意识。2012年11月16日，刚刚履新的习近平同志就强调"没有规矩，不成方圆"。12月4日，中央政治局开会审议关于改进工作作风、密切联系群众的八项规定，习近平同志在这个会上讲话指出：新一届中央领导集体要定规矩。那么，定规矩要干什么，做些什么事呢？他说："定规矩，就要落实一些已经有明确规范的事情，就要约束一些不合规范的事情，就要规范一些没有规范的事情。"

2013年在西柏坡，习近平同志说："这里是立规矩的地方。党的规矩的建立和执行，有力推动了党的作风建设和纪律建设。"那里有中国共产党1949年就立下的"六条规矩"："一、不做寿；二、不送礼；三、少敬酒；四、少拍掌；五、不以人名作地名；六、不要把中国同志同马恩列斯平列。"习近平同志在十八届中央纪委五次全会上，再一次重提规矩尤其是政治规矩。

就概念而言,"党的规矩"的外延比"党的纪律"大:纪律是刚性的规矩,优良传统和工作惯例是不成文的、相对柔性的规矩,同样应当而且必须遵守。在这方面,习近平同志有精辟阐述:"纪律是成文的规矩,一些未明文列入纪律的规矩是不成文的纪律;纪律是刚性的规矩,一些未明文列入纪律的规矩是自我约束的纪律。党内很多规矩是我们党在长期实践中形成的优良传统和工作惯例,经过实践检验,约定俗成、行之有效,反映了我们党对一些问题的深刻思考和科学总结,需要全党长期坚持并自觉遵循。"

在强调规矩意识的时候,习近平同志引用了一个重要概念:"破窗效应"。他说:如果党的政治纪律成了摆设,就会形成"破窗效应",使党的章程、原则、制度、部署丧失严肃性和权威性,党就会沦为各取所需、自行其是的"私人俱乐部"。

"破窗效应"是犯罪学的一个定律,是关于环境对人们心理造成暗示性或诱导性影响的一种认识。其含义是,如果有人打坏一幢建筑物的窗户玻璃,而这扇窗户又得不到及时维修,别人就可能受到某些暗示性的纵容,去打坏其他的窗户。一面墙,如果出现一些涂鸦没有被清洗掉,很快就布满不堪入目的东西。习近平同志引用这一定律告诫党员干部:没有规矩不行,有了规矩必须认真执行。作为党员干部,无论在什么场合,都要心存敬畏之心,牢固树立纪律和规矩意识,时刻用党的纪律和规矩这把尺子去量量自己的言行,牢牢守住做人、处事、用权、交友的底线。

加强党的规矩的修养,必须自觉接受监督。我们的权力由人民赋予,因而接受人民群众的监督,天经地义,合情合理。组织的监督、群众的监督、舆论的监督,是对权力运行的提醒和督促,促使党员干部及时修正错误。因而监督是爱护和保护,是被监督者的福分。应习惯于在监督下工作,自觉做懂规矩、守规矩、用规矩的表率。

忠诚比能力重要

忠诚,从词义上说,"忠",就是崇敬和恪守;"诚",就是言而有信、言行一致。忠诚贯穿于为人处世的方方面面，是被人们最为看重的品德之一。

忠诚是一个人非常重要的品质，比能力重要得多。自古以来就有"忠孝礼义信"，成为国民道德之规范，也是今天仍然传承和借鉴的。"忠"位居其首，举足轻重。只要忠诚于自己所选择的事业，能力可以培养成有能；但如果不忠，背信弃义，能力只能成为危害事业的武器。如果一个人有能力而不忠诚，就不会得到组织的信任，就不会得到可持续发展。

《论语》提到"忠"这一道德规范共有15次。子路向老师请教如何为政？回答是："居之无倦，行之以忠。"在位时不要疲倦懈怠，执行政令要忠心耿耿、尽心竭力。《忠经》有云："天下至德，莫大乎忠"，即看人之大节，识官之大德，关键是看忠诚，把忠于信仰、忠于国家、忠于人民作为必备的政治品质和毕生操守。

如果说，人的智慧和勤奋犹如金子般珍贵，那么，还有更为珍贵的东西便是忠诚。"忠诚所感金石开，勉建功名垂竹帛。"忠诚能够感动金石那样坚硬的东西，能勉励自己建功立业，名垂青史。忠诚胜于能力，忠诚可以受益终生。

每当读起历史上忠诚履职、忠诚报国、忠诚为民的故事，总是让人敬仰、感动不已、回肠荡气、刻骨铭心。商朝比干冒死而忠谏纣辛；楚国人卞和拾玉璞而执着献君王；诸葛亮六出祁山，鞠躬尽瘁，死而后已；岳飞精忠报国，一首《满江红》气壮山河；袁崇焕刚强英烈，带出一支死战不屈的精锐之师，"死后不愁无勇将，忠魂依旧守辽东"……

忠诚是一种操守，也是一种坚守，俯仰立信于天地，行止无愧于良心，扛住压力，抵制诱惑。忠诚这一品德、品格、品行，是共产党人坚强党性的牢固支点，是一种高于云天的信念。在中国共产党诞生后的战争年月，无数共产党人浴血奋战，视死如归。新中国成立以来，成千上万的英雄模范一腔赤胆，无限忠诚，让人敬佩。

十八届六中全会通过的《关于新形势下党内政治生活的若干准则》指

出:"党的各级组织和全体党员必须对党忠诚老实、光明磊落,说老实话、办老实事、做老实人,如实向党反映和报告情况,反对搞两面派、做'两面人',反对弄虚作假、虚报浮夸,反对隐瞒实情、报喜不报忧。"

朱德早年参加了反清革命的同盟会。朱德在滇军中由少尉排长干起,在讨袁和军阀混战中一直升至少将旅长,名震川滇,但是他对黩武争权深感厌倦,于是主动离开月收入大洋数以千计的滇军。

不久,朱德千里迢迢从云南赴上海,找到陈独秀,提出加入中国共产党:"如果为了个人的享受,我就不会来找共产党了,我可以回到军阀部队中去,可以成就个人的功名利禄,但我正因为要抛弃这些,为国家和民族的利益而奋斗,所以,我才选择了共产党!"尽管这次朱德被拒之门外,但是他没有失望,以一颗忠诚之心跨出国门到德国柏林,找到了旅法党支部负责人,最终才成为一名共产党员。

朱德把自己的一生交给了党,交给了人民,为民族解放和人民幸福戎马一生,功绩卓著,忠职勤政,成为中华人民共和国第一元帅。朱德逝世之后没有给子孙留下什么钱物,他把节余的工资都交了党费。

习近平同志指出,我们纪念朱德同志,就是要学习他无限忠诚、光明磊落的坚强党性。党性是党员、干部立身、立业、立言、立德的基石。决定一个人如何的是品行,决定一名党员如何的是党性。全党同志一定要牢记自己的第一身份是共产党员,任何时候都同党同心同德,对党忠诚、为党分忧、为党担责、为党尽责,竭尽全力完成党交给的职责和任务。

忠诚是立人之脊梁,立事之规矩,是一种不求回报的境界。忠诚比能力重要得多。忠诚是一切社会角色的道德底线。不论是做人、做事还是做官,这都是一个职业伦理要求。

方志敏在十几年的革命生涯中,表现出了对党和革命事业的无比忠诚,也表现出了他卓越的领导才能。1935年1月间,方志敏率领北上抗日先遣队转战皖南失利。在返回赣东北根据地作短暂休整的途中,遭到7倍于抗日先遣队的国民党军包围,7次突围都未获成功。1月29日上午,由于叛徒出卖，方志敏不幸被俘入狱。方志敏度过了6个月的铁窗生涯，严词拒绝敌人诱降，在狱中备受折磨，又患了重病，却一天也没有忘记党和人民的事业。他利用敌人要他写"自白书"的笔墨，写下了充满深情的《可爱的祖国》等10多篇共13万字手稿，为党留下了一份极其珍贵的革命遗产。8月6日，方志敏慷慨就义，时年36岁。

党员干部是管理者，也是领导者。只有增强忠诚意识，培养忠诚品德，立场坚定，才能坚持和人民的利益高于一切，不忘公仆的责任，才能以党员的标准规范自己的言行，尽职尽责，不辱使命。

云南省原保山地委书记杨善洲，1988年退休后，放弃了优裕的生活环境，扎根施甸县大亮山兴办林场。他这一干就是22个春秋，植树造林5.6万亩（3733.33公顷），林场林木覆盖率达97%以上，为当地自然带来了福祉。2009年4月，杨善洲将活立木蓄积量价值超过3亿元大亮山林场经营管理权无偿移交给国家。

困境最能考验人的忠诚度。尤其在竞争激烈的境况下，许多领导在用人时，不仅看重能力，更看重品质。而个人品质最关键的就是忠诚度。对那些能够勇敢地为集体、团队承担困难、经得住考验的人，是令人敬佩的。这个时候，忠诚所带来的力量是无法估量的。

忠诚能在逆境中昂扬，在寂寞中坚守，忠诚可以受益终生。高明的领导宁可用忠诚而无能的人，也不用不忠而有能的人。一家著名企业曾做过问卷调查，其中问道"您认为职场中人应具备的素质是什么？"他们都选择了"忠诚"。忠诚是置于能力之上的重要因素。忠诚的人尽职尽责，即使能力暂时不强，也会获得上司、同事和下属的信任，成为上司重点培养的对象，容易获得晋升。

一个人没有了忠诚，就没有资格奢谈道德、情操、气节、教养。如果丢掉了忠诚，就丢掉了做人的尊严，丧失了立身之根本，就不会得到人们的信任，没有了发展的机遇。有的人把忠诚当成口号，却不能言行一致，这是因为忠诚还没有在他内心筑牢。"人无忠信，不可立于世。"一个失去了忠诚的人,就失去了人们对你最根本的信任,最终怎么会有好结果呢?因此,不要为自己所获得的暂时利益沾沾自喜,因为你失去的可能远比获得的多,而且你所获得的东西可能最终还不属于你。

人有诸多的品德要求,忠诚是一种最为本质的东西,乃人格之本、品质之要。接到上级布置任务的指示或命令,先诚挚地回答一声"是",立即停下手中工作,准备记录本,走到上司面前,边听指示,边概要归纳记录要点,准确领会上级旨意,掌握任务的目的及作用,实施步骤及行动计划。如有疑问或不明白的地方,不要在下达命令时插话,切实做到全部理解指示的内容之后,对不清楚的疑点再问清楚。

面对领导的旨意,接受后要迅速地行动,及时反馈工作进展情况,出现问题时要随机应变加以解决,出色地完成任务,及时汇报完成情况,让领导认可和满意。

将业绩和功劳归于上级领导有方,并不意味着你没有功劳,你的出色业绩大家都心知肚明。上司也会有疏忽和出错的时候,作为下属应主动给领导补台、揽些责任、不去拆台,为以后的发展奠定良好的基础。上司会心领神会、心怀感激,赞赏你的思维方式和处世方法,以后有什么好事会首先想着你。

增强大局意识

共产党员尤其是领导干部,只有认真、务实是不够的,还必须增强大局意识,有战略思维,了解战略大局,总揽全局,顾全大局,自觉地在顾全大局的前提下做好本职工作。

习近平同志2014年2月26日在听取京津冀协同发展专题汇报时说:要"自觉打破自家'一亩三分地'的思维定式。"总书记的话语值得我们深思和品味。"一亩三分地"的思维,就是大局意识不强,只顾与自身利益息息相关的个人或小团体,不顾与自己没有多少利益的大局、全局。要从大局的角度、战略的高度思考问题,要有"全国一盘棋"的思想,努力协同发展，形成"1＋1＞2"的整体效应。

"一亩三分地"有个典故。清朝时，皇帝为了解农时、熟悉节令、显示自己对农业生产的重视，便在皇宫内划出一块土地，每年在这里演示"亲耕"，世代沿袭。这块地恰好一亩三分，于是人们把"一亩三分地"视为与自己工作生活相关的事情，也指官本位思想比较严重。

"桃李不言，下自成蹊"，是司马迁对李广将军的赞扬。"秦时明月汉时关，万里长征人未还。但使龙城飞将在，不教胡马度阴山。""飞将"指的是指李广，意思是只要有李广将军在，匈奴人就过不了阴山。

李广一生跟匈奴打过70多次仗，战功卓著，而且品德高尚。汉武帝派大将卫青北伐匈奴，李广已经年过六十，即使靠着老本也能够安享晚年，但是他仍然请缨出战，随卫青出征。在与匈奴作战时，李广顾全大局，不顾自己年老，把生死置之度外，主动承担诱敌深入的重任。这种顾全大局的精神令人敬佩。

顾全大局，是我党的优良传统，是共产党人的政治品格，为人处世之要义。张思德是三过草地的老红军，班长当了7年，一整编，又成了战士，但他顾全大局，正确处理个人和组织的关系，自觉接受组织挑选，服从组织安排："当班长是革命工作需要，当战士也是革命工作需要。"

增强大局意识，是党性锻炼的重要内容；远离宗派主义，是党规党纪的明确要求。毛泽东在《整顿党的作风》中明确指出："要提倡顾全大局，每一个党员，每一种局部工作，每一项言论或行动，都必须以全党利益为出发点，绝对不许可违反这个原则。"心中有了大局意识，就不会纠结于个人和宗派的那点蝇头小利，就不会成为不正当关系的编织者和参与者。

十八届六中全会通过的《关于新形势下党内政治生活的若干准则》指出："领导班子成员必须增强全局观念和责任意识，在研究工作时充分发表意见，决策形成后一抓到底，不得违背集体决定自作主张、自行其是。坚决反对和纠正当面不说、背后乱说，会上不说、会后乱说，当面一套、背后一套等错误言行。坚持讲原则、讲规矩，共同维护坚持党性原则基础上的团结。"

识得大体，方成大事。党员干部的重要素质，就是能够识大体、顾大局，不可囿于局部和一时，不可一叶障目不见泰山。因为每一个母系统都是由若干个子系统组成的。一方面，没有子系统的优化，母系统就不会优化，就是空洞的；另一方面，离开母系统，子系统就失去了持续发展的保障。

人的认识是有局限性的，往往对于与自身相关的局部事物看得重一些。有的领导干部思想狭隘，思考问题、谋划工作有时考虑本系统本部门利益较多，缺乏服从大局的整体意识；有的搞"上有政策，下有对策"；有的为了个人利益、局部利益，不惜牺牲整体利益。这些问题都是同国家的根本利益格格不入的。"目无全局的将领，即使争得一城一池，最终难免全军覆没；目无全局的棋手，纵然围得一子一目，终究难逃满盘皆输。"

不怕职务低，就怕觉悟低。只有识得大体，方堪大任。"懂得了全局性的东西，就更会使用局部性的东西，因为局部性的东西是隶属于全局性的东西的。"（《毛泽东选集》第2版，第1卷，175页）党员干部应视事业重如山，多考虑做事，少考虑做官，看个人得失淡如水；只有任劳任怨地做好工作的义务，而无向组织讨价还价的权利。如果摆不正个人和组织的关系、个人与大局的关系，太计较个人或局部的得失，就会得不偿失；个人的想法一旦实现不了，就对组织不满，怨天尤人，就会影响前途。

要树立正确的政绩观。用统揽全局的眼光来谋划工作，在分析问题、处理问题时，做到"不畏浮云遮望眼"，把问题放在大局、全局中去分析、比较和判断，牢牢把握工作中的重点，统筹兼顾，整合工作资源，把自己的一言一行同上级的要求、大政方针联系起来，带头模范执行上级的重大战略决策。凡是利于全局的事情就一定要千方百计办好、凡是损害大局的事情就坚决不办，坚决摒弃那些单纯追求个人政绩，而放弃原则、不听招呼、不顾全局、做出损害集体利益的行为。

只有站得高，才能看得远。共产党员、党的干部是党的人，不论什么时候、做什么事情，都要时刻与党一个心眼，必须牢固树立高度自觉的大局意识，时刻与党并肩战斗，与党站在同一条战线，协同作战，确保党的理论和路线方针政策的贯彻落实，确保党和国家工作部署的贯彻落实，切莫局限于眼前利益，不要只想着自己的"一亩三分地"，克服私事先于公事、部门的事先于整体的事的现象，绝不能从本团体利益出发，不顾大局，不顾整体，借口单位和部门的特殊性而有令不行、有禁不止。自觉从大局看问题，把工作放到大局中去思考、定位、摆布，做到正确认识大局、自觉服从大局、坚决维护大局，有利大局、符合整体，事情再苦再难也要干好，宗派主义、圈子文化，对自己好处再大也要远离。

要登高望远、谋划全局、把握大势、顾全大局，自觉服从和服务大局，严格遵守党的纪律和法律法规，坚决克服地方保护主义、本位主义和极端个人主义等错误倾向，借助他人的优势，补上自己的短板，多打一个个胜仗，取得一项项成果，把我们的事业推向前进，"乘风破浪会有时，直挂云帆济沧海"。

交往勿忘修德

道德修养需要经过漫长的艰辛的过程。孔子自述了他从青少年直至老年不间断修养的轨迹，始终在努力进德修业，而且每隔一段时间就有一个新的变化，进而达到崇高的精神境界："吾十有五而志于学，三十而立，四十而不惑，五十而知天命，六十而耳顺，七十而从心所欲，不逾矩"。

德，乃立身之本、为政之要、润才之源、领才之魂，是一道无声的道德律令。"人可以一生不仕，但不可一日无德。"人无德不立，国无德不兴。立德、立功、立言，修身、齐家、治国、平天下，是历代志士仁人的追求。立德和修身是排在第一位的。

领导干部良好形象不是先天带来的，不是自然形成的，也不是包装出来的，主要是来自后天的道德修养和党性锻炼。正如刘少奇所言："必须下苦功夫，郑重其事地去进行自我修养。"加强道德修养的过程是不断丰富自身内涵、实现品质升华、提升人格魅力的过程，是一个人的综合素质和工作能力不断得到强化和提高的过程。

习近平同志曾在《求是》杂志2004年第19期上撰写题为《用权讲官德 交往有原则》的文章，称领导干部要做到"权为民所用"，就必须法德并举，既要依法用权，又要以德用权，归根到底用权要讲官德。习近平同志指出："为'官'者必须以'君子检身，常若有过'的态度，不断提高道德修养，时刻注意以德修身、以德立威、以德服众，在道德修养方面成为民众的表率。"

从政道德体现着党员干部的世界观、权力观和事业观，是良好心态的源泉，驾驭智谋之主宰，是事业成功的首因，引领群众前行的旗帜。习近平同志在2016年12月9日中共中央政治局第三十七次集体学习时强调："以德修身、以德立威、以德服众，是干部成长成才的重要因素。"德国哲学家康德说过，德行就是力量。一个官德高尚的人，自可以威光照人，神采慑人。

因此，党员干部若有好形象，一定要先修德。与人交往，"以金相交，金耗则忘；以利相交，利尽则散；以势相交，势败则倾；以权相交，权失则弃；以情相交，情断则伤；唯以心相交，方能成其久远。"人际交往也好，都应以诚相待、以心相交！与高者为伍，与德者同行，以善为念，心存至善，学会感恩。

习近平同志指出："做官先做人，做人先立德；德乃官之本，为官先修德。"（《领导干部要带头树立八个方面的良好风气》）伏尔泰说过，造就政治家的，绝不是超凡出众的洞察力，而是他们的道德。良好的道德品格是造就优秀领导者的基础，而不好的道德品格往往成为领导者成功的羁绊。

党员干部要先做人，后做"官"。做人是做官与做事的前提，也是做官和做事的保障。我们一定要把常修为政之德放在做人的首位，作为一生永恒的课题来坚守；一定要做一个正直、善良、诚信、勤勉的人，当一名忠诚、为民、务实、清廉的官。

道德决定着成功与幸福。道德是良好心态的源泉,是驾驭智谋的主宰。老子有言:"含德之厚,比于赤子。"——道德深厚的人就像天真无邪的婴儿一样受人喜欢。"为政以德,譬如北辰,居其所而众星拱之。"(《论语》)执政者要以德施政,善待民众,以自身的道德行为去教育和感化百姓,以赢得百姓的拥护。"德不称位,能不称官,赏不当功,罚不当罪,不祥莫大焉。"(《荀子》)

道德修养贵在"慎独"。慎独是一个人圣洁的内心世界的反映,是古代儒家创造的、有民族特色的修养方法。《礼记》有言:"莫见乎隐,莫显乎微,故君子慎其独也。"一个人不能在别人看不到、听不到的地方,放松自我要求、无所顾忌,也不能因为是细小的事情而任性胡来。

慎独慎微,贵在一个"恒"字。"自修之道,莫难于养心,养心之难,又在慎独"。要做到心中有戒,时时、事事、处处慎独,则无败事。我们应当练就"金刚不坏之身",在别人看不到、听不到的情况下,也能坚持道德节操,恪守领导干部道德规范,一丝不苟,洁身自好,心存敬畏,莫把小事不当事,忽视小事会出事;净化工作圈、生活圈、交友圈,以人为镜,不搞阳奉阴违,没有半点虚假,不欺人,不欺己;减少浮躁,砥砺意志,"任你红尘滚滚,我自清风明月",展现出高尚的道德品质和人格力量。

砥砺道德修养,须有羞耻之心。这是"立人之大节""治世之大端"。有羞耻感是有道德责任感的一种表现,没有羞耻感的人肯定缺乏道德情感。在中国传统文化中,知耻明耻历来是律己修身的先决条件。孔子把培养知耻的君子作为教育的重要目标。他在回答子路关于怎样才算"士"的提问时说:"行己有耻,使于四方,不辱君命,可谓士矣。"孔子提出"知耻近乎勇"。

应增强荣誉感和羞耻感。孟子曾说:"无羞恶之心,非人也。"管子把礼、义、廉、耻当作"国之四维",认为"四维不张,国乃灭亡"。近代思想家龚自珍也认为:"教之耻为先",意思是教育应当把培养人们的知耻之心放在第一位。知道羞惭或对自己不光彩的行为感到惭愧、难过与不安,本质上是对荣誉的一种肯定及对耻辱的一种厌弃，蕴含着向善的可能性及勇气，因此是值得称道的。俄罗斯谚语说："不知羞耻的人，绝不会有美德。"每一件小事都不糊涂，每一个细节都不忽视，始终保持清醒理智，管住自己的脑，不绞尽脑汁谋私利；管住自己的嘴，不乱吃不该吃的东西；管住自己的手，不拿不该拿的钱物；管住自己的腿，不去不该去的场所；不因失意而失志、不因腾达而失节、不因日久而失省、不因卸职而失德。

加强道德修养，体现在每一个行为和每一件事情上。毛泽东说过："一个人做点好事并不难，难的是一辈子做好事，不做坏事。"说明一个人只有平时不弃小善，多做好事、多干实事，才能形成高尚的品德。要从小事上做起，从平时做起，"勿以善小而不为，勿以恶小而为之"，防微杜渐，"见善如不及，见不善如探汤"。要走出"靡不有初、鲜克有终"的怪圈，积小德养大德，不断增强是非面前的辨别能力、诱惑面前的自控能力。

加强道德修养，应乐于见贤思齐。新中国成立以来，在中华神奇的热土上，涌现出雷锋、焦裕禄、孔繁森、杨善洲等许许多多的先进人物。他们的奋斗经历和感人事迹，具有很强的示范和导向作用。我们要向他们学习，方正清廉走人生，不断超越自我，让创造物质财富的源泉充分涌流，让愚昧、丑恶、腐败现象远离身边。

自律自敛是强者

"自律"一词，源自希腊语，其原始含义为，法则由自己决定。《辞海》中解释为自我约束力。自律就是在没有外在监督下的一种自觉主动行为，是通过自我约束、自我调整，把自己的行为限制在制度法规和伦理道德允许的范围之内。要善于约束自身言行，控制内心情感，保持良好心态，"以责人之心责己，以恕己之心恕人"。

一天，晏婴下朝回家，正在房内休息，忽然一个年轻漂亮的婢女轻轻推门进来大献殷勤。见他毫无反应，便十分露骨地献媚说："奴婢本是东郭人，久慕大人，自愿献身，终生服侍大人。"晏婴一听，顿时拉下脸来，严肃地规劝她好自为之,千万不要妄生杂念。那婢女又羞又愧,只好低头匆匆离去。

《警世通言》中的《赵太祖千里送京娘》,把赵匡胤的形象描写得极为出色:赵匡胤至华山,救了随父来华山进香被强盗抢掳的少女京娘。赵匡胤怕她还会遭难,便护送她返家。为了行路方便,二人结成兄妹。一路上京娘敬佩赵匡胤的仗义助人,对他表示了爱慕之情,要以身相许。但赵匡胤始终对京娘心无邪念,坚守了兄妹之礼,以兄妹不可乱伦的道德拒绝了京娘的爱,把她送回了家。

如果一个人不能自律自治,则一切美好的理想,均属奢谈;一切完满的计划与周密的设施,亦将流于形式。人而不能自律,必多偷懒,遇艰难困苦时,辄会多方设法逃避其责任。

自律就是通过自我约束、自我调整,把自己的行为限制在制度法规和伦理道德允许的范围之内。自律自治,管好自己,是为政者的最基本的要求,是加强思想磨炼及思想改造的过程,是加强党性修养、提高道德水平的阶梯。共产党员尤其是党员领导干部恪守廉洁自律准则,公私分明,保持人民公仆本色,是履行工作职责、延续政治生命的前提条件。

怎样当领导?这是人们关注的话题。当领导先做好人,不应热衷于升迁,为"升官"而不择手段,全身心沉迷于其中;不要迷恋于权势而迷失于道德,丧失了人格。进则兼济天下,实现抱负;退则独善其身,流连林泉。如果不注意节制自己而目中无人、趋炎附势、排斥异己、把个人凌驾于组织之上,必然会遭到人们的反感乃至唾弃。

因受贿罪被判刑13年的眉山市市委原常委、副市长余治平在悔过书写道,拒绝别人的"好意",甚至上交贿款,不仅得罪人,还会被视为异类,认为是神经不正常、脑袋有毛病。上级领导的赞许声频频而至,四面八方的鲜花与掌声应接不暇,连续三年年度考核优秀的大好局势让他忘乎所以,开始以人才、功臣自居,逐渐放松了自律要求,也失去了对是非的辨别能力。对企业家们以拜年名义送来的钱物都一一笑纳,把"礼尚往来"视为正常现象，在"兄弟"情谊面前放松了廉洁自律的警惕意识，廉洁意识开始土崩瓦解，最终迷失了方向，失去了底线，跌入了万劫不复的犯罪深渊。

一个懂得自律的人，才能成为一个道德高尚的人。一个人要想有所作为，首先要严格约束自己，不因为种种原因而放松要求。一个党员干部若称职，很重要的一点是严于律己。无论如何，自律意识不可失。如果，放纵个人欲望，追求物质享受、生活奢靡，就会在"糖衣炮弹"面前败下阵来，甚至走上违法犯罪的不归之路。

习近平同志指出："要把从严管理干部贯彻落实到干部队伍建设全过程，坚持从严教育、从严管理、从严监督，让每一个干部都深刻懂得，当干部就必须付出更多辛劳、接受更严格的约束。"（2013年6月28日，在全国组织工作会议上的讲话）应习惯于在监督下工作，自觉做懂规矩、守规矩、用规矩的表率。

十八届六中全会通过的《关于新形势下党内政治生活的若干准则》指出："领导干部特别是高级干部必须加强自律、慎独慎微，自觉检查和及时纠正在行使权力、廉政勤政方面存在的问题，做到可以行使的权力按规则正确行使，该由上级组织行使的权力下级组织不能行使，该由领导班子集体行使的权力班子成员个人不能擅自行使，不该由自己行使的权力决不能行使。"

金须火炼方知色，人临利害乃见心。在个人利益和整体利益发生冲突的时候，党员干部必须坚持党性原则，无条件地服从整体利益，牺牲个人利益换取整体利益。工作多做一些不要觉得吃亏，待遇稍差一点不要感到委屈，要为党和人民的事业勇挑重担，以个人的辛劳换取人民的富裕，不向党讨价还价，不能搞所谓等价交换，更不能把权力商品化，搞权钱交易。

领导干部应当以严格自律的态度对待个人名位，努力做到淡泊名利。1955年在中国人民解放军授衔前夕，装甲兵司令员许光达听说要授予自己大将军衔，向毛泽东主席写了一份《降衔申请书》，谦虚地从德、才、资、功方面，指出自己与大将军衔的不相称之处，并恳切地说："……不要说同大将们比心中有愧，与一些年资较深的上将比，也自愧不如。……现在我诚恳、慎重地向主席、各位副主席申请：授我上将衔，另授功勋卓著者以大将。"

毛泽东高度赞扬这份《降衔申请书》，对军委其他领导人说："这是一面明镜，共产党人自身的明镜。"中央军委决定，仍授予他大将军衔。许光达不得不接受了衔级，但最后坚持给自己降低了一级薪金待遇。

严于律己，宽以待人，这是处理好人际关系、从事好工作的有效途径。刘少奇认为，共产党员的思想品质修养应当是：在同志关系上，吃苦在前，享受在后，把困难留给自己，把荣誉让给别人，严于律己，宽以待人；在党内团结上，光明磊落，襟怀坦白，平等待人，求大同存小异，反对吹吹捧捧，拉拉扯扯，结党营私，打击别人，抬高自己，拨弄是非，表里不一。他认为，为了维护党内团结的大局，可以"委曲求全"、宽容，受到"误解""冤枉""屈辱"也毫无怨言……这些谆谆教诲语重心长，在新的历史时期并没有过时，应当加强这方面修养。

多责备自己而少责备别人，就可以避免别人的怨恨。因此，要在上一级或下属面前勇于承担责任，对下属友善、爱护、不苛求，出了问题不动辄指责别人，多从自身找原因。不能进行自我克制，就不会是真正的人。富兰克林说得好："我们之所以不能自我克制，关键是欲望太强了。"千万不要纵容自己，给自己找借口。自律自治，慎独慎微，时间长了，便养成一种习惯、一种生活方式，便会提升人生的境界。

共产党员尤其是党员领导干部，要时刻牢记"我是党的人"，把自己百分之百地交给组织，听党的话、永远跟党走。党员是党组织的细胞，服从安排不讲条件、执行决定不打折扣是起码的要求。邓小平晚年时，女儿曾问他长征是怎么过来的，他的回答只有三个字："跟着走！"党章将"党员个人服从党的组织"列在"四个服从"之首。始终把组织放在心中很高的位置，相信组织、服从组织、依靠组织，个人才能有一番作为，才能有可持续发展，在党和人民的崇高事业发展的交响乐中奏出人生最美好的乐章。

莫搞阿谀奉承

阿谀，就是用言语恭维别人；奉承，就是恭维、讨好。阿谀奉承就是拍马屁，说恭维别人话，竭力迎合别人。十八届六中全会通过的《关于新形势下党内政治生活的若干准则》指出："党内不准搞拉拉扯扯、吹吹拍拍、阿谀奉承。"

阿谀奉承、"拍马屁"者，古已有之，可谓历史悠久而又绵长。"拍马屁"原是一种礼俗。据元史载，蒙古人平日牵马与人相遇时，习惯于互拍对方马的屁股说："好马，好马"，以示赞赏和友好，并没有谄媚奉承之意。后来有些人趋炎附势、巴结权贵，不管权贵的马怎么样，都貌似内行地拍马屁股，连声称赞。

有篇妙文描述了阿谀奉承的媚态和特技表演——一文士死见冥王，王忽放一屁，士即拱揖进词曰："伏惟大王，高耸尊臀，洪宣宝屁，依稀丝竹之音，仿佛兰麝之气。"王大喜，命牛头卒引去别殿，赐以御宴。至中途，士顾牛头卒曰："看汝两角弯弯，好似天边之月；双目炯炯，浑如海外之星。"卒亦喜甚，扯士衣曰："大王御宴尚早，先在家下吃个酒头了去。"

为了博褒姒一笑，周幽王竟然悬赏求计。没有谋略、专会拍马、出鬼主意的奸臣虢（guó）石父，献上一计：当今天下太平，不如点燃烽火（古代的警报系统），叫诸侯们上个当、扑个空，娘娘在烽火台上观看，一定会笑的。幽王眯着眼睛说："此计甚善！"……结果幽王丢了江山，也没保住美人。

宋代有名的宰相寇准，在一次宴会中，长而美的胡须上沾了一点脏东西。尚书丁谓眼睛特别管事，连忙起身离席，上前恭敬地为他拂去。丁谓本想得到上司一点好感，不料寇准勃然变色道："你身为大臣，而为人拂须，何其谄也！"寇准的凛然正气，从这一声大喝中喷薄而出，这实在是治疗谄症的一个绝妙好方。

明初翰林学士解缙，19岁中进士，后来主持编纂《永乐大典》，为一代雄才，同时也因会阿谀奉承而闻名。一次他和明太祖朱元璋一块儿钓鱼，朱元璋没钓着，心里不高兴。他即刻献诗一首："数尺丝纶入水中，金钩一抛荡无踪。凡鱼不敢朝天子，万岁君王只钓龙。"这个吹捧有点肉麻，实不可取。

从邓通、董贤、李辅国、杨再思、和珅、李莲英等人善于溜须拍马的行为来看，他们都不是忠厚善良之人。他们在主子面前，事之如奴仆，动之以忠情，看似辛劳笨拙，其实是一种极致的机巧和狡黠。正如巴尔扎克所说："在世界上所有的手法里面，奉承是最巧妙、最狡猾的一种。"

有的人在有权有势的人面前奴性十足，以媚态逢迎上司，以声色犬马迷惑上司，以金钱贿赂上司，而在下级和百姓面前却变成又一副面孔：骄慢、专横、跋扈。其"官经"用一句话概言之，亦即"宦官式的思维"。

历史上无才却被宠而拜官封侯，其原因或因美貌，或因谄媚。其结局如何呢？明代洪应明所言："谗夫殷士，如寸云蔽日，不久自明；媚子谀人，似隙风侵饥，无疾亦损。"

趋附谄媚是人格不平等的产物。中国封建官场上阶梯式的等级制度，为其提供了生存条件和表演舞台。封建君主的唯我独尊和独断专行，臣属的奴化意识，野心家的权力欲望，成为趋附谄媚者生存的重要基础。

重权之下必有恭维者，利益之后必有追随者。"领导没讲我先讲，试试话筒响不响；领导没尝我先尝，看看饭菜凉不凉。"听上去有些夸张，却活灵活现描摹出了阿谀奉承的官场坏习气。

要改变阿谀奉承、吹吹拍拍、趋炎附势的坏风气，首先要从被拍者做起。领导者应该对"拍马屁"现象进行冷静深思，分析、过滤。有的领导虚荣心太强、好大喜功，喜欢听好话，当然就会有人"讲好话"，有意识地讨好；有的领导喜欢别人奉承，当然就有人投其所好地去"拍马"，抬轿子的人就有可乘之机。

俄国作家克雷洛夫说："阿谀奉承者的特征是：当你背运时，只要有对于你的流言蜚语，他就到处宣扬，不论你尽力做了多少好事，他决不会说你一句好话；可是你一旦红运高照，第一个登门道喜的准是他。"对惯于阿谀奉承、恭维献媚的人的话，做到心中有数，不要被它的"芬芳"所陶醉，心存警惕意识，与他保持距离，不能被这些不正派之人牵着鼻子走。应增强自身的免疫力，耳聪目明，明辨是非，防止被别有用心的"马屁精"拉拢和腐蚀。

如果让阿谀奉承者吃香，正人君子受气，那么干部队伍中就无法形成正气，领导者就会失去信任。不能听取一味吹捧，要透过现象看本质，倾听真言，摈弃假语。对于陷害好人的恶语，不能相信，果断给予批评和教育。领导者的一个过人之处，就是抛开自己的喜好与志趣，以整体利益为重，忍痛舍弃那些令自己"喜爱"的奴才、媚才，果断发掘那些令自己"讨厌"的高才、不好用的人才。对那些阿谀奉承、巧言可悦者，要听其言，更要观其行、鉴其德、察其能。如果他确是个无能之辈，而且专善阿谀奉承，该让他走人，何必留下这么一颗不定时炸弹，及时让他走人比什么都强。

做人、从政靠溜须拍马，出卖人格，谁得势就依附谁，利用别人权势提升自己地位，谁失势就舍弃谁，虽得宠于一时，但不会得益于一世，而且会丧失人格，带来坏名声，不亚于拿珠玉去换取砖瓦，实在不可取。

"人生芳秽有千载，世上荣枯无百年。"为官者的一举一动，或高尚，或无耻，皆如日月之明蚀，对上至同僚下至百姓影响既深又广。因此，无论何时何地，都应自尊自重，自警自励，切莫忘记做官先做人！

重提"兼听则明"

由于受自身认识的局限性的影响，受客观事物的复杂性之制约，有时决策会出现难以取舍，或出现偏差，乃至失误。而决策的失误是最大的失误。要解决好这个问题，使作出的决策经得起实践的检验，就应当而且必须广开言路，兼听多方面的意见，而不是惧怕、抗拒他人的意见。

历史上的各朝各代，凡是国势强盛、百姓安乐的年代，为政者都相对说来比较开明。如唐朝前期的"贞观之治"。一次,唐太宗问谏议大夫魏徵:"作为一国之君,怎样才能变得圣明,明辨是非,不受蒙蔽呢?"魏徵回答道:"兼听则明,偏信则暗。从前帝尧向民众了解情况,能将三苗作恶之事及时掌握。帝舜耳听四面,眼观八方,所以当时虽有坏人,也不会受蒙蔽。秦二世身居宫中,偏信赵高,结果在望夷宫被赵高所杀。梁武帝偏信朱异,在台城被软禁饿死。隋炀帝偏信虞世基,天下到处起事,他一点也不清楚,结果死于扬州的彭城阁兵变。所以人君广泛听取意见,采纳正确主张,才能不受欺骗。"

从此,唐太宗鼓励大臣直言进谏。李世民建立了前朝所没有的新制度:允许谏官、史官参加政事堂会议,及时了解朝政的内幕而及时进谏,使宰相及其他官员不敢谎报政绩。李世民能够完善谏议制度,并能做到从谏如流,这是一件很了不起的事情,这是治理国家的重要之举,使得贞观时期官员向皇帝进谏蔚然成风。

毛泽东曾在《矛盾论》中指出:"唐朝人魏徵说过:'兼听则明,偏信则暗。'也懂得片面性不对。可是我们的同志看问题,往往带片面性,这样的人就往往碰钉子。"(《毛泽东选集》第一卷28页)"兼听则明,偏信则暗"出自于《旧唐书·魏徵传》,语出唐朝名臣魏徵之口。魏徵是唐初杰出的政治家和历史学家,以刚直不阿、敢于进谏、善于进谏闻名,进谏的水平很高,是我国历史上有才干的人物。他先后四次上疏唐太宗,列举历史上的事例说明兼听则明、偏信则暗的道理。

十八届六中全会通过的《关于新形势下党内政治生活的若干准则》指出:"党的领导机关和领导干部对各种不同意见都必须听取,鼓励下级反映真实情况。"有的领导干部缺少民主作风,认为自己"一贯正确",听不得半点"逆耳之言",只要别人的言词稍有不恭,就表示反感,甚至发火;有的在社交中爱用不信任的目光审视对方,无端猜疑,说三道四;有的爱与别人抬杠,不管是非曲直,总说出同别人相反的看法,"七个不服、八个不忿";有的对人和事冷漠、态度孤傲,使人不敢接近,更不敢进言。

若听到批评，如坐针毡、不能容人，就无法进步了。

发扬民主、察纳雅言、闻过则改，是从政道德意识的具体体现，是能够及时认错、迅速改正的关键，因为从内心意识到自己身上有许多不足、许多毛病，而不是文过饰非、固执己见，并随时准备改正，不断提高执政素质，才能从内心欢迎和感激别人的批评，及时而迅速地改正自己的缺点和错误。

兼听要有耐心，没有耐心则听不到真言。兼听，是交往中颇为高深的艺术，也体现一个人的良好修养和民主作风。下属和群众某些不同意见，往往蕴藏着真知灼见。放下身段，听取意见、博采众长、汇集别人身上的闪光点，他的身上就增添了光辉。

许世友原在红四方面军任军长，对"批判张国焘扩大化"产生了过激行为，策动部分红四方面军官兵带武器出走，他还骂毛泽东，扬言要带枪去见毛泽东，"毙了他！"引起群愤，群起而攻之，结果被关进禁闭室。

出众人所料的是，毛泽东坦然自若，不但准许把枪还给他，而且发给他子弹，让他携枪来见。相见之后，毛泽东了解了许世友骂他恨他的思想动机和由来，解开了误会，沟通了思想，融洽了情感，非但没有治许世友的罪，还和他结成了知心朋友。毛泽东妥善处理这件事，起到了"兼听则明""闻过则喜"和"言者无罪"的示范作用。许世友佩服得五体投地，倍感毛泽东的伟大，一生忠于伟大领袖，至死不渝！

最拙劣的赞美也要比最高明的批评好听，然而十句赞美不如一句批评的话给你有价值的东西多。正如《史记》中所说："千羊之皮，不如一狐之腋；千人之诺诺，不如一士之谔谔。"也正如裴多菲所言："我宁愿以诚挚获得百名敌人的攻击，也不愿以伪善获得十个朋友的赞扬。"多听不同意见，多听劝告，有益无害，别一条道跑到黑。英国培根说得好："最能保人心神之健康的预防药，就是朋友的忠言和规谏。"应当摈弃"爱吹不爱批"的庸俗之气，奖励敢于坚持真理、主持正义的好同志；对于一味顺从、从不提意见的下属，对一听到批评意见就怒发冲冠的同志，予以批评帮助。

习仲勋任广东省委第二书记时，惠州地区检察分院麦子灿给他写来一封批评信，措辞用语之尖锐、尖刻，非一般人所能承受。习仲勋在会上却自曝来信，他说："这封信写得好，还可以写得重一点。下面干部敢讲话，这是一种好风气，应当受到支持和鼓励。不要怕听刺耳的话，写信的同志相信我不会打击报复他，这是对我们的信任。"这种善于兼听、闻过则喜的境界，体现了习仲勋同志海纳百川的雅量、从善如流的智慧、虚怀若谷的胸襟。

兼听民意，容纳不同的声音，是尊重对方、沟通协调的桥梁，是博采众长、补己之短的良方，是办好事情、避免失误的法宝。领导者一定要善听"谔谔之言"，善于倾听群众的意见，透过别人的眼睛看世界，尊重多数人的意见，虚怀兼听，察纳雅言，融汇众人智慧，实行民主集中制，将大家的真知灼见融进民主决策和工作进程之中，才能不被蒙蔽。下情上通，才能制定出切实可行的方案，不断创造新的业绩。

坚持原则敢批评

积极开展批评与自我批评，是解决党内自身矛盾和问题的法宝，是一项重要的建党原则，是党巩固和发展不可缺少的基本条件。共产党之所以有强大的生命力和战斗力，能够去掉不良作风，保持优良作风，很重要的一点是得益于批评与自我批评这个"武器"。

一个单位、一个团队同志之间相处不能总是"相安无事"、虚与委蛇，而应当相互帮助、相互提醒。恩格斯把批评与自我批评看作是"工人运动生命的要素"，是工人阶级政党有巨大内在力量的表现。恩格斯指出："大国的任何工人政党，只有在内部斗争中才有发展起来，这是符合一般辩证发展规律的。"

《关于新形势下党内政治生活的若干准则》用专章论述开展批评和自我批评，足见批评和自我批评在党内政治生活中的重要作用。正确开展批评和自我批评既是党内政治生活正常化的重要标志，也是实现和保持党内政治生活正常化的重要保障。健全党内政治生活，就要经常、广泛、认真开展批评和自我批评,坚持不懈把批评和自我批评这个武器用好。

习近平同志指出:"这些年来,在不少党组织和党员干部中,开展自我批评难,开展相互批评更难。之所以如此,原因固然很多,但党性原则不强,为私心所扰、为人情所困、为关系所累、为利益所惑是主要原因。"他说:"现在,利益关系和人际关系确实很复杂,开展批评和自我批评需要勇气和党性。我们不能因为社会环境发生了变化就把我们防身治病的武器给丢掉了,把党的优良作风给丢掉了。'观于明镜,则疵瑕不滞于躯;听于直言,则过行不累乎身'。只要出以公心,态度诚恳,讲究方法,无论批评还是自我批评都是一剂良药,是对同志、对自己的真正爱护。"

开展批评和自我批评,严肃党内政治生活,有利于坚持真理、修正错误,有益于党的事业,有益于党员、干部的健康成长。"难得是诤友,当面敢批评。"对错误的行为进行批评,包含着情谊和关爱。老一辈无产阶级革命家,是带头开展批评和自我批评的楷模,体现了宽阔的胸怀和崇高的风范,受到了人民的尊敬和爱戴。

在20世纪40年代的革命圣地——延安,人民群众都颂扬领袖毛泽东。可是,在这一片赞扬声中,竟然有个驮盐的老乡骂毛泽东。一追查,原来是这位老乡响应中央政府的号召,赶着毛驴去外地驮盐时,正值隆冬季节,到了晚上没地方睡,在冰天雪地里连续挣扎了三夜,憋了一肚子怨气,骂人的话也就溜出了口。毛泽东听到这件事后,对追查人员说:"老乡没有罪,应该给他记一功。他骂得好,骂中了我们的官僚主义。"后来,毛泽东抽空接见了这位骂他的老乡,主动征求他的批评意见;召集有关人员,研究在运盐路上设置驿站的问题;用这件事来告诫全党,一定要倾听群众的呼声。

1942年在延安整风和审干中,有人违背整风精神,犯了扩大化的错误,伤害了一些好同志。毛泽东发现这一问题后,为中共中央起草了《关于审查干部的决定》,主张弄错了的必须平反,逮捕了的无罪释放,恢复名誉。与此同时,毛泽东主动承担责任。1945年初,在中央党校作报告时,毛泽东把右手举到帽檐下,向被戴错帽子的同志赔礼说:"现在我把戴错了的帽子给你们取掉,向你们行个礼,赔个不是。"这时,会场响起了热烈的掌声,人们感动得热泪盈眶。(《老一代革命家风范300例》,东北工学院出版社,第154页。)开展批评和自我批评,严肃党内政治生活,有利于坚持真理、修正错误,有益于党的事业,有益于党员、干部的健康成长。老一辈无产阶级革命家,是带头开展批评和自我批评的楷模,体现了宽阔的胸怀和崇高的风范。在党的第七次全国代表大会上,毛泽东又为此作了自我批评:我们在肃反运动中走过弯路,我也走过弯路。这次整风审干,使一些同志受了委屈,我向你们道歉!

毛泽东在1962年"七千人大会"上指出:"有了错误,一定要自我批评,要让人讲话,让人批评。"并诚恳地说:"去年6月12号,在中央北京工作会议的最后一天,我讲了自己的缺点和错误。我说,请同志们传达到各省、各地方去。事后知道,许多地方没有传达。似乎我的错误就可以隐瞒,而且应当隐瞒。同志们,不能隐瞒。凡是中央犯的错误,直接的归我负责,间接的我也有份,因为我是中央主席。"

林彪叛逃折戟后,毛泽东谈到"文革"中发生的政治事件说:"我看贺龙的案子搞错了,我负责恢复他的名誉。我当时对贺龙说,你是二方面军的旗帜,我保你,我是保他的。"谈到此处,毛泽东侧身对周恩来说:"你也是保他的。"周恩来重重地点头。说到"杨(成武)余(立金)傅(崇碧)事件",毛泽东说:"杨、余、傅都在翻案,这些人的问题都是林彪搞的,我听了一面之词,所以犯了错误。罗瑞卿,林彪说他搞突然袭击,林彪对罗瑞卿也是搞突然袭击的。在上海,是我听了林彪的话,整了罗瑞卿。"

一个人听到批评是好事,正确对待批评才能改进工作、完善自我。批评不是无情无义的表现。清醒自觉的人必能勇敢直面批评,把批评当动力;虚怀若谷的人定会做到"闻过则喜",把批评当爱护。

如果错了不知错,害怕向别人承认自己错了,觉得听到人家指出自己的错误是一种耻辱,不听善言规劝,或糊涂固执、自以为是,把批评当指责,老虎屁股碰不得,只能荆棘丛生,挫折多于顺利,远离成功的目标。如果说，批评是我们克服自身缺点错误、取得进步的外在动力，那么，自我批评就是内在的驱动力。外在的推动只有通过内在的驱动，才能真正发挥作用，进而改正缺点错误。斯大林说："自我批评之于我们，简直是和日光、空气、水一样重要。"因此，我们应努力创造引发被批评者内省和自我批评的良好氛围。作为党员和干部本身，发生缺点错误，应主动接受批评，主动作自我批评，这样做会得到意想不到的收益。

陈云指出，只要态度正确，有错误也不要紧。"假如你有错误，人家讲了，就请教请教，问一问人家怎样看法，纠正一番，以后可以少犯错误。"他还进一步指出，我们要讲真理，不要讲面子。是什么就是什么，应该怎样就怎样。他解释道：有时候愈要面子，将来可能愈要丢脸。只有不怕丢脸，诚心诚意改正错误，将来可能还有些面子。

"禹汤罪己，其兴也勃焉；桀纣罪人，其亡也忽焉。"英国史学家卡莱尔所说："最大的过错，便是错了还不知错。"拿破仑所言："不会从失败中寻找教训的人，他们的成功之路是遥远的。"敢作自我批评，"一道彩虹连两心"，凝聚力和号召力就强，就会立于不败之地；不作自我批评，就很难做到带动群众开展好批评和自我批评，其凝聚力和号召力也无从谈起，恐怕难免有一天会倒台。

近一个时期，在党内政治生活中，有的同志不敢从严要求、从严管理，怕得罪人，重关系，讲人情，关系大于党性，人情大于党纪国法。有的同志世故得很，圆滑得很，在需要开展批评和自我批评时，一味地"和稀泥"。有的同志对上级说恭维话，对同级说过年话，对下级说表扬话，对棘手的问题说含糊话，互相"关照"，投桃报李。有的同志喜欢"老好人"的唯唯诺诺，只讲人情关系，不讲党性原则，相互之间热衷逢迎讨好、互相吹捧，遇到矛盾绕道走，有的同志看到领导和同事的毛病和错误，"口将言而嗫嚅，足将举而趑趄"，话到嘴边留半句，或缄口不语，"睁一只眼，闭一只眼"，为了小团体利益而讲违心话，办违心事……

我们党要把自身建设好的一个重要措施，就是认真开展批评和自我批评并形成制度,提高解决自身问题的能力。《关于新形势下党内政治生活的若干准则》指出:"批评和自我批评是我们党强身治病、保持肌体健康的锐利武器,也是加强和规范党内政治生活的重要手段。必须坚持不懈把批评和自我批评这个武器用好。""批评必须出于公心,不主观武断,不发泄私愤。坚决反对事不关己、高高挂起,明知不对、少说为佳的庸俗哲学和好人主义,坚决克服文过饰非、知错不改等错误倾向。"

邓小平说:"各级领导同志,特别是主要领导人,威信建立在什么地方呢?建立在思想、工作、言论的正确上,建立在民主作风上,建立在批评和自我批评的作风上。"他指出:"在党委会里面,应该有一段时间交交心,真正造成一个好的批评和自我批评的空气。"

党的十八大以来,习近平同志多次强调坚持党要管党、从严治党,明确提出要严肃党内政治生活,用好批评和自我批评这个利器。批评和自我批评是发扬党内民主、增进党的团结的法宝,是从严治党、保持党的先进性和纯洁性的必然要求。党员干部如果不能开展批评和自我批评,就不能说有较高的政治素质;如果领导班子不能开展批评与自我批评,就不能从内在的动力上解决好自身存在的问题。

真正把批评和自我批评开展起来,是高质量开好民主生活会的重要标志。要推心置腹,批评交心,"当面锣""对面鼓",直面问题,触及思想深处、触及问题实质,不搞"隔靴搔痒"。尤其是党政"一把手",要先把自己摆进去,以不怕"炮轰"的胆魄,敢于揭自己的短、亮自己的丑。要坚持会上讲、当面说,不打棍子、不抓辫子,以理服人、以诚动人,达到"团结—批评—团结"的目的。

由于领导班子和党员干部中存在的问题不可能完全一样,各种问题的具体表现也有不同。邓小平说:对"每个人错误的性质如何,程度如何,如何认识,如何处理,都要有所区别,恰如其分"。(《邓小平文选》第2卷,人民出版社1994年第2版,第390页。)因此,要从实际出发,对问题的性质、程度做实事求是的分析,确定哪些问题在批评之列,哪些问题在纪律、法律处理之列，有什么问题就解决什么问题。即使是违纪行为，还要区分不同的态度。对自己的违纪行为能主动讲清楚，认识深刻、认真纠正的，可以从轻处理或不予处分。我们要深刻体会党组织对党员干部诚挚的关怀爱护之情。如果有问题而不自查自纠，讳疾忌医，如果领导干部侵犯党员民主权利，压制党员批评，那就应当赶快醒悟，主动检查自己的错误，不辜负党组织的培养和教育。

习近平同志曾强调，批评和自我批评是解决党内矛盾的有力武器。全党同志特别是各级领导干部要增强党性，本着对自己、对同志、对班子、对党高度负责的精神，大胆使用、经常使用这个武器，使之越用越灵、越用越有效，以此促进民主集中制的贯彻执行，促进党内生活的严格规范，促进党性原则基础上的团结，切实提高领导班子发现和解决自身问题的能力。

解决自身问题的行之有效的方法，是运用批评与自我批评的武器。腐败有个由量变到质变的渐进过程。如果在这个过程中，我们能开展批评与自我批评，及时指出问题，阐明危害，讲清后果，就能预防和遏制腐败行为的发生和蔓延。

切忌口无遮拦

说话表面看很简单，两片嘴唇一碰，语言便生成了。但在缤纷复杂的现实生活中，领导干部谨慎说话，真正把话说好，让人接受，不被人误解，还是口无遮拦，关系着交往的成功与否。

言语不检往往是祸端之源。《尚书·说命》记载：言从口出，一旦不合乎礼仪，就会招致羞辱。《诗经》中有"有欺不可为"的警句。白玉破损了，可通过磨砺来修复；言语失当了，就无法补救了。《荀子·正名》有言："无稽之言，不见之行，不闻之谋，君子慎之。"作为领导者，说话必须谨慎，充分考虑客观条件，持之有据，言之成理，切忌信口开河。

有一次，鲁国的国君对庄子说："我国很多有本事的学者，都是穿着学者的服装。"庄子说："学者服装并不代表有本事，有本事的人不一定穿学者服装哦。"鲁国的国君不信，于是庄子说："您可以发布一个命令：凡是没有懂天文、通地理、明道理的本事却穿学者服装的人，一律处死。看看还会有多少人穿学者服装。"

国君发布命令后，不到五天，鲁国就没有人敢再穿学者服装了。又过了几天，有一个人穿着学者服装站在宫殿门前。鲁王把他召来一问，果然他精通天文地理，谈到国家大事，也有其独到见解。

在人际交往的过程中，谨慎说话就是慎重考虑，话到嘴边留半句，小心地说话，说话要小心；经过深思熟虑后说话，把话说得有分寸、很得体，符合自己的身份；不去议论别人的短处，不传闲话，不妄议政策，不添油加醋；力图说真话，不能说真话则保持沉默。

应把慎言当作修炼德行、砥砺操守的重要内容。慎言，即所谓君子讷于言、"贵人话语迟"也，就要做到实事求是，不说假话、大话、空话。如同朱熹所言："真正大英雄人，都从战战兢兢、临深履薄处，做将出来。"微信中有篇文章认为，男人的精神深度在于他有深厚的涵养，尽管看得准看得深，但不轻易表态，他懂得什么地方可以说，什么地方不可以说，什么时候说有人听，什么时候说没人听，该说时他不仅知道说什么，还知道怎么说。所以他要么沉默寡言，要么语惊四座，决不轻信传言，更不会散布谣言。

"慎终如始，则无败事矣"，这是《宋书·傅亮传》说的箴言，并有一段论证：周文王处事小心谨慎，《大雅》中歌颂他有福气；子路好勇无谋，冒险涉水过河留下痛苦的箴言。《虞书》有谨慎自守的赞美，周庙铭刻在皇帝座位之侧。

《元史·许衡传》说："凡是一言一行，都要研究怎样说、怎么做，以及为什么这样说、这么做，不受个人爱好所影响，不被厌恶所蒙蔽，不听凭一时高兴，不出于一时愤怒，做到胸襟开阔，心术端正，反复思量，慎重处理，即使有不准确之处也很少了。"

黄四年轻时，因为在背后说领导的坏话，吃过大苦头。当年，黄四为了分房子的事，窝了一肚子火。去单位边上的浴池洗澡时，正遇到同事小张，两个人一边泡澡,一边闲聊,话题不知不觉扯到局长身上。黄四聊着聊着,便骂局长不公正,狗眼看人低,狗屁能力也没有,只知道拍上头的马屁……黄四正骂得起劲,雾气中,一个身影从水池另一端慢慢移过来,到黄四身边,突然站起,溅起黄四一脸的水花,扬长而去。黄四正要发作,瞄了那人一眼——眼神直了、舌头硬了,那不是别人,正是局长!结局显而易见,黄四坐了冷板凳,一坐就是七八年。

有一位下属由于说话之前不考虑,说错了话,得罪了领导。一次,他去给领导祝寿,当着众人的面说道:"希望蒋厂长将来能大富大贵、儿孙满堂。"蒋厂长的独子刚刚在车祸中去世,其妻子已计划生育,没有再生的能力,而这位下属忘记了这个茬儿。蒋厂长以为他故意嘲笑自己断子绝孙,于是不顾贵宾云集,摔杯而去,弄得他很难堪,不好收场。

"逢人只讲三分话,不可全抛一片心。"这句老话不无道理。在人际关系复杂的情况下,与某些与己关系较疏的人,交谈时要谨慎一些,你如果口无遮拦,随意议论他人的长短,兜售自己的某些隐私,或亮出自己的某些底线,有的人就会散布谗言、流言、诬言,使你深受其害。

说话谨慎是君子,话说得少是好人。应把谨言慎行作为一种责任、一种修养,防止"失语"现象。祸乱的产生原因之一,是以言事为阶梯的。《书经·说命上》有引起羞辱的告诫,《诗经》有说话失误的悔恨。汉代隐士严君平说:口舌是"灭门之斧"。

有时说话的人并无恶意,对听者而言,却可能是伤及他的自尊心之语;一句话是同一个意思,出自两个人之口,听起来也有区别。因此,宋代苏洵说:"君子慎始而无后忧。"——君子一开始就谨慎小心,便不会有任何后患。说话、办事谨慎可以少出差错,减少许多烦恼和懊恼。对别人疑神疑鬼,不如自己谨慎地为人处世。

把过去的事全告诉别人,往往效果不好。有人在你面前说某人坏话时,你只微笑。与人握手时,可多握一会儿。见到别人时,先打招呼。身为领导,在酒桌上,无休无止地谈论工作,旁若无人地高谈阔论,或评论某人是非,会影响酒席上应有的气氛。应主动敬酒，说些祝愿的话，或赞扬、鼓励的话，聊一些大家感兴趣的话题，呈现和谐气氛。

在个人成长进步比较顺利的时候，在某项工作取得重要进展和突出成绩的时候，在有了丰富的人生阅历与经验、能够处理复杂情况的时候，在几历风险、战胜险风恶浪的时候，一定要保持清醒头脑，谨慎从事，敬以持躬，不要有丝毫的疏忽，切莫只图一时之快，不注意言语的轻重对错，任性而为，要低调做人，不要小聪明，让自己始终处于冷静的状态，保持"傲不可长，欲不可纵，乐不可极，志不可满"。在"低调"的心态支配下，兢兢业业，才能做成大事业。应有"高处不胜寒"之感，切莫恃权，跳出历史"周期律"。

一个处事谨慎的人，必然是头脑清醒的人，在是非面前不糊涂。古人云："多见阙殆，慎行其余，则寡悔。"大意是，做有心人，多看别人如何做事情，有疑惑不清的暂时保留，留待以后向别人请教。对把握的事情认真去实施，就能减少后悔。

"风流不在谈锋胜，袖手无言味最长。"为人处世宁肯保持沉默寡言的态度，宁可像乡下人有些笨拙，也不可自作聪明。天地无言，山川无言。山川以其静默呈现天地之大美，倒显出另一种令人震撼的伟力。南宋大臣张九成说，对身边的人，非因公事不要随便与其多说话。诗云："缄口金人训，兢兢恐惧身。出言刀剑利，积怨鬼神嗔。简默应多福，吹嘘总是蠢。"

管好自己的嘴，讲话不要图一时痛快、信口开河。常言道："会说话的人想着说，不会说话的人抢着说。"上下级之间、同事之间如果彼此比较信得过、合得来，可以多谈一些、谈深一些，但也不可超越底线。有的领导干部高兴时、得意时、得势时，不看时机，不看场合，不该说的也说，爱说什么就说什么，胡乱地说些不中听的话、不讲分寸的话、违反原则的话、污秽的话，就会引起很大的误会和矛盾，结果带来不好的影响，授人以柄吃大亏。

领导干部履好职尽好责，要体现出"为了谁、依靠谁、我是谁"的情感，约束自己的言行，言必适时，言必适情，言必适度；从老百姓的思维角度去想问题，注重情感交流。要言之有礼，言之有情，实话实说，老话新说，言而有信，莫以"官大"而失言，莫以"官小"而乱言，不该说的不说，不该讲的不乱讲，别让群众感到厌烦。

与人交谈，尽量多使用"是""没错""我同意你的观点"等肯定语气，切勿使用命令式语句。最好多用征询式语句，诸如："你说呢？"让人感到被尊重。应多用陈述句和疑问句，少用一些绝对肯定或感情色彩太强烈的语言，少用或不用祈使句和反问句，以表示尊重对方；多用一些"可能""也许""我试试看"和某些感情色彩不强烈，褒贬意义不太明确的中性词，以便自己"伸缩自如"。比如，当不同意别人的意见或要求时，不宜惯性地说不行、不可能，会让人感到你不尊重他，不妨换个说法"可以考虑""让我想一想吧"。

对别人的毛病不要吹毛求疵。有的人专门喜欢表示自己与别人意见不同，有意无意地与人为难。对于你不知道的事情，不要冒充内行。你知道多少，就说多少。承认某些事情的无知，别人会认为你不虚伪，没有吹牛。不懂装懂是一种不老实的自欺欺人的行为。

要养成不指责别人的习惯。指责是对人自尊心的一种伤害，它会促使对方起来维护他的自尊，为自己辩解，甚至会寻机报复。说人坏话，对人羞辱，揭人疮疤，恶语伤人，会招人痛恨。

任何时候都不要在他人面前吹嘘、炫耀个人的成就。尽量不要和人争辩。喜欢和人争辩，即使对方表面上屈服了，心里也容易产生隔阂，甚至会损害别人的自尊心，对你产生反感。坦诚虽好，但不要太直白。对方谈话中不妥当部分，固然需要加以指正，但妥当部分即须加以显著的赞扬，对方会因你的公平而易于心悦诚服。改变对方的主张，最好能设法把自己的意思暗暗移植给他，使他觉得是他自己修正，而不是由于你的批评。对于那些无可挽救的过失，你应该给予恳切的指正，使他知过而改。纠正对方时，最好用请教式的语气。

深怀敬畏之心

小时候曾听大人说，不能说谎，记住"狼来了"的故事，不要做坏事，否则会"天打五雷轰"。从电视上曾看到，恶人做坏事，会电闪雷鸣——于是怀有对天上"雷公"的敬畏。尽管知道天上没有"雷公"，世间没有鬼神，但懂得做人有所"敬畏"好，不能无法无天哦。

敬畏之心，就是指人类在自然规律和社会规律面前所怀有的一种敬重与畏惧心理。怀有这种心理，敬畏父母、敬畏百姓、敬畏事业、敬畏法律，对做人处事大有益处，能让人懂得自警与自省，还有助于人规范与约束自己的言行，不辜负组织的重托和人民的期望。一些党员干部之所以缺少敬畏意识，传统文化修养不足是重要因素。

中国传统文化特别强调敬畏意识，敬畏天地、祖先、民心、文化、法律等等。孔子说："君子有三畏，畏天命，畏大人，畏圣人之言。"南宋大学者朱熹在《中庸注》中说："君子之心，常存敬畏。"

唐太宗李世民26岁当皇帝，成为历史上少数几个年轻有为的皇帝之一，而且是一位治国高手。唐太宗从小就喜爱弓马，能左右开弓。唐贞观二年10月，唐太宗想去南山打猎，行装都已准备好了，由于大臣魏徵不在宫中，他迟迟没有下达出发的号令。魏徵回朝后，问他为什么没有出去，太宗毫不掩饰地说："怕你责备，就不敢出去了。"

有一天，唐太宗得到了一只上好的鹞鹰，把它放在自己的肩膀上，很是得意。但当他看见魏徵向他走来时，便赶紧把鸟藏在怀中。魏徵故意奏事很久，致使鹞子闷死在怀中。

唐太宗曾告诉众臣："有人说当了皇帝就是得到崇高地位，没有任何畏惧。事实上，我却是常怀着畏惧之心，倾听臣下的批评与建议，一向以谦虚态度处理政事。倘若因为自己是一国之君，就不肯谦恭而以自大的态度来对待臣下，那么一旦行事偏离正道时，恐怕就再没有能够指正过失的人了……"

魏徵接着说:"古人说过'靡不有初,鲜克有终'。有好的开始并不一定能有好的结束。但愿陛下常怀畏惧之心,畏惧上天及民众,谦虚待人,严于自我反省,如此一来,吾国必能长保社稷,而无倾覆之虞了。"

中国历代为人景仰的明君、清官,往往都具有较深的传统文化修养,从而知所敬畏,所以举止才有禁忌和底线,警醒自己手握权柄时,学会低头、避免碰头、看清楚脚下的路,善找"参照物",以人为镜、以人为师,不要骄狂、放纵欲望、为所欲为。

范仲淹是北宋著名的政治家、军事家、思想家和文学家。庆历新政颁布后,范仲淹亲自审查各路监司的名册,对不合格的官吏,"一笔勾之",免去官职。当时枢密副使富弼见此情景,不无担忧地对他说:"一笔勾之甚易,焉知一家哭矣!"范仲淹回答说:"他哭比百姓哭要好吧!"范仲淹对工作、对百姓的敬畏,致使他"先天下之忧而忧,后天下之乐而乐"。

党员干部应当通过传统文化的学习和修为,涵养和深怀敬畏之心,警诫自己不要狂躁乱为,有守有为,举止得当,永葆本色。习近平同志在中央党校2010年秋季学期开学典礼时提出,领导干部工作上要大胆,用权上则要谨慎,常怀敬畏之心、戒惧之意,自觉接受纪律和法律约束。

党纪国法是对个人的约束,又是对个人的保护。敬畏党纪国法是党员干部的快乐之源。只有敬畏党纪国法,才能干成事、不出事,人生才能快活。人要有奋斗目标,还要有敬畏。一些人觉得拥有"权、钱、色"为贵,却鲜以"敬畏"为贵。一批又一批的违法违纪的党员干部被依纪依法处理。从已披露的贪官腐败轨迹看,之所以百无禁忌,罔视党纪国法,很重要的是因为缺少"敬畏之心"。

《与领导干部谈官德》一书认为,人生不可无敬畏!敬畏不是怕树叶掉下来砸破脑袋,做个平庸官,而是敬畏权力的神圣性,防止权力的滥用,尊重人心民意,敬畏党纪国法,敬畏党组织的监督,敬畏"水能载舟也能覆舟",既要有所为,又要有所不为,预防"蝴蝶效应"的发生,成为一名"敬畏的快乐者"。

世间有许多不可抗拒的力量,有许多不可侵犯的原则。常怀敬畏之心,才会谨慎行事,做事容易成功。党员干部有敬畏之心,才不至于旁若无人,才会小心谨慎,从内心规范、克制自己的行为举止;小心谨慎,把别人当回事,才能远离祸患;远离祸患,就可以安居乐业;安居乐业,才会珍惜自己拥有的东西,做事容易成功。因此,在遇到可能违反党纪政纪的时候,有临深渊、履薄冰的心态,多一份警醒,做事有底线,远离穷奢极欲、中饱私囊的贪婪,这样就不会触犯法律,不会蒙人生污迹之羞,不会受身败名裂之辱,不会担心东窗事发的幽怨,从而活得洒脱、快活。

有所敬畏,才能保证有所作为。这个敬畏,不是怕担责任、怕吃苦,并非裹足不前、不思进取,而是经常用"怕"字来约束自己,时刻如履薄冰、如临深渊,尤其要如习近平同志所说,"在对待人民赋予权力上始终保持敬畏之心",对权力、对组织、对群众、对法制、对责任有真真切切的敬畏之心,作为人生的重要信条,终身坚持,以此坚定理想信念,陶冶品行情操。应从谦卑做起,在敬畏中行进,掌实权而不揽势,居高位而不骄狂。

权力运行重制约

有的领导干部认为自己掌握的权力是个人奋斗的结果,可以任凭自己意志支配,私相授受,这是把权力看作私有财产,是与权力来源于人民的正确观念相违背的。权力不是与生俱来,权力可能导致腐败,不受约束的权力必然导致腐败。不受制约的权力加金钱就如邪恶插上翅膀。多年来,权力制约与监督方面存在空当或不到位,是权力滥用、腐败易发多发的重要原因。

国家预防腐败局黄金桥认为,权力的腐蚀、金钱的吸引、美色的诱惑,使多少掌权者步入腐败的深渊。而三者之中,权力是主导,凭借权力敛财猎色几乎成为腐败的常态。任何权力只要不加限制,就必然会走向腐败。从国家政治制度的安全性和保障人权及自由的角度考虑,必须限制公权,防止权力滥用和权力腐败。

十八届六中全会通过的《关于新形势下党内政治生活的若干准则》指出："完善权力运行制约和监督机制，形成有权必有责、用权必担责、滥权必追责的制度安排。实行权力清单制度，公开权力运行过程和结果，健全不当用权问责机制，把权力关进制度笼子，让权力在阳光下运行。"

邓小平曾有一个著名的论断："制度好可以使坏人无法任意横行，制度不好可以使好人无法充分做好事，甚至会走向反面。"加强制度设计，要抓住关键问题、关键点和关键环节，必须从制度结构上做出缜密的设计和安排，使决策权、执行权和监督权既相互协调，又相互制衡，也就是用权力来制约权力，真正形成用制度规范从政行为、按制度办事、靠制度管人的有效机制，具体、可行、管用。英格兰制度学家休谟说：制度设计要把每个人都视为"无赖"，只有严密才能让人们服从公共利益。

18世纪法国思想家雅克·卢梭曾经指出：人们一旦当官尝到统治的乐趣，立刻就把其他乐趣不放在眼里了，就像野狼一尝到人肉的滋味，马上就会厌弃其他食物一样。在监督制约的体制机制不健全的情况下，权力这头怪兽极易为非作歹、伤天害理。

古今中外，一些思想家、政治家对"权力"的认识已很深刻。法国社会学家孟德斯鸠在《论法的精神》一文中说过："一切有权力的人都容易滥用权力，这是万古不易的一条经验。"他指出："没有制约的权力，必然走向腐败。"英国历史学家约翰·阿克顿曾揭示一种政治规律："绝对的权力将导致绝对的腐败。"

美国前总统小布什曾在就职演说中说："人类千万年的历史，最为珍贵的不是令人炫目的科技，不是浩瀚的大师们的经典著作，而是实现了对统治者的驯服，实现了把他们关在笼子里的梦想。"

强化对权力运行的制约和监督，是防止权力腐蚀滥用的负效应的根本办法，是解决领导干部贪腐问题的关键环节。习近平同志在十八届中央纪委二次全会上发表重要讲话强调："要加强对权力运行的制约和监督，把权力关进制度的笼子里，形成不敢腐的惩戒机制、不能腐的防范机制、不易腐的保障机制。各级领导干部都要牢记,任何人都没有法律之外的绝对权力,任何人行使权力都必须为人民服务、对人民负责并自觉接受人民监督。"

当官员手中的权力被关进制度化监督的笼子,他们参与权力寻租的机会就会少很多。十八届中央纪委三次全会上习近平同志再次强调:"要强化制约,科学配置权力,形成科学的权力结构和运行机制。""把权力关进制度的笼子里,首先要建好笼子。笼子太松了,或者笼子很好但门没关住,进出自由,那是起不了什么作用的。"

现代汉语中将笼子比喻对某一对象的束缚、约束、限制。习近平同志把制度比喻成"笼子",意在强调制度之"笼"对权力,尤其是对一切滥用权力行为的约束与监督。总书记这一新的方略、新的要求体现了中央根治腐败、向腐败全面开战的决心和努力,赢得了人民群众的一致拥戴。

东方网有一短文《从"小官巨腐"中得到警示》认为,把权力关进制度的笼子里,是针对所有权力而言的,并非只对大官不问小官。"小官"之所以能"巨腐",正因为其手中掌握着特殊的资源,比如供水、国土等,而权力又得不到有效约束,致使其在基层肆无忌惮、疯狂敛财。因此,应从制度上加强对基层官员的约束,通过强有力的监管和监督,使其不敢腐、不能腐,最终实现不想腐。要建立决策科学、执行坚决、监督有力的权力运行体系,有效分制权力、规范权力,让官员不敢专权,让小官不敢贪腐,大官不敢不为。

按照总书记的要求,中央纪委对党风廉政建设和反腐败工作进行战略调整,将惩治腐败提升到更加凸显的位置,整合优化内设机构,机构设置、人员配置进一步向办案和监督工作倾斜,新增设2个纪检监察室,加大对严重违纪违法案件的查办力度。

制度的生命力在于刚性执行。要坚持用制度管钱、管事、管人,做到制度面前人人平等,执行制度没有例外,让制度成为硬约束,使之成为思想治党的有力保障,成为从严治党的有力武器。2014年10月8日,习近平同志在党的群众路线教育实践活动总结大会上强调:"要坚持制度面前人人平等、执行制度没有例外,不留'暗门'、不开'天窗',使制度成为硬约束而不是橡皮筋。"

"一把手"的一言一行、一举一动，对干部群众有着举足轻重的影响。对一把手的监督仍然是一个薄弱环节。由于监督缺位、监督乏力，少数一把手习惯了凌驾于组织之上、凌驾于班子集体之上。习近平同志指出："要加强对一把手的监督，认真执行民主集中制，健全施政行为公开制度，保证领导干部做到位高不擅权、权重不谋私。"（《在十八届中央纪委二次全会上发表重要讲话强调》）2013年年10月，王岐山同志在第二轮中央巡视工作动员会上明确表示，"要不断探索创新，强化对党组织领导班子及其成员特别是一把手的监督"。

"一把手"处于核心地位，其一言一行、一举一动，对干部群众有着举足轻重的影响。由于一些监督管理制度过于原则、过于笼统，科学性、配套性、针对性和可操作性不强，没有发挥监督效力；由于党组织、纪检监察机关、组织人事部门、审计、财务、司法部门的职责交叉重叠、有时相互推诿、有时相互脱节，影响了监督整体合力的发挥，导致"一把手"凌驾于制度之上，在腐败问题上比其他领导干部机会更多，成本更低。因此，应当把监督"一把手"作为监督的"重中之重"。

要坚持对下级"一把手"定期考核制度。包括用权是否得当，有没有"一手硬而一手软"的状况，自身是否廉洁，并将群众反映和考核的结论，及时向下级"一把手"反馈。对有问题的同志进行告诫。

要按照党风廉政建设责任制的要求，强化上级领导机关、领导干部特别是"一把手"对下级"一把手"教育、监督和管理方面的责任。发现苗头性、倾向性问题及时提醒教育、督促纠正。下级"一把手"出现严重的违纪违规问题，要追究上级"一把手"失察、失管的责任。

要完善并严格执行党内民主集中制，加大民主决策的力度。认真解决党内民主不足、权力过分集中的现象、个人凌驾于组织之上，尤其是家长制、一言堂、"一把手"说了算、个人独断专行、政治生态恶化等现象，从制度上打破"一言堂""一支笔"。严格按照集体领导、民主集中、个别酝酿、会议决定的原则，完善党委内部的议事和决策机制，严格执行重大决策、重要干部任免奖惩、重大项目安排和大额度资金使用事项集体决策制度，以集体权力制约个人说了算。要坚持议事规则，规范议事内容，酝酿讨论充分，议决果断高效，决议执行有力，注重执行反馈。

我们党的民主生活会有着很长历史，在党的各个历史时期发挥了重要作用，有利于党永葆生机活力。民主生活会是我们党的光荣传统，是保证党的创造力、凝聚力、战斗力很重要的法宝，是加强班子成员互相监督的最好形式。领导干部要过好双重组织生活，积极开展批评与自我批评，增强党内生活的针对性与有效性。

习近平同志指出："关键是专题民主生活会标准要定得高、尺子要把得严、功夫要下得深。召开民主生活会，有利于加强党员领导干部党性修养和党性锻炼，加强领导班子思想政治建设、组织建设和作风建设。只有标准定得高、尺子把得严、功夫下得深，民主生活会才能开得好，真正取得实效。""实践证明，开好专题民主生活会，是新的时代条件下坚持党要管党、从严治党，严格党内生活，加强党的建设的重要途径，为坚持和完善民主生活会制度提供了新鲜经验和重要借鉴。"

党委查找存在的突出问题，听取群众意见，由党委书记如实反馈给本人，确定民主生活会的主题，或按上级党组织要求，结合实际确定重点解决的问题。在民主生活会上，开展有深度、有"辣味"的批评和自我批评，是开好民主生活会、增强党内生活原则性和实效性的重要标志，也是领导干部触及思想、触及灵魂的政治洗礼和党性锻炼过程。主动揭短亮丑并不丢脸，真诚的相互批评，解开思想扣子，使心灵受到触动、思想受到教育。特别是一把手要以身作则，带头回应组织反馈和党员群众反映的意见，虚心接受尖锐批评，做出有深度的自我批评，带头对其他同志逐一开展有质量的批评。坚持开门搞整改，全程接受群众监督，让群众看到变化、感到满意。

第二章 概说党内交往的要则

注重礼仪修养

"礼"首先是一种外在表象。礼最初是指礼仪、礼貌、礼节的规矩,即"礼仪之规"。人的行为必须符合一定的行为规范,社会才会和谐有序。礼仪是交往中共同遵守的行为准则和规范,泛指人们相互交往的礼节、礼貌。道德规范是礼仪最主要的特征。"修养存于内,礼仪行于外"。礼仪修养关键在于内化于心、付之于行,将礼貌礼节知识应用于交往的各个方面。自觉地从大处着眼,小处着手,以礼仪的准则来规范自己的言谈举止,努力追求自身形象的至善至美。

心理学家雪莱·蔡根曾做过一个有趣的实验:他在莫萨立特大学挑选了68个自愿参加的实验者。这些应试者口才、外貌和对事物的理解能力和判断力差不多,但在礼仪修养方面,有着明显差异。这68名应试者分别征求4位素不相识的过路人的意见,希望得到他们的支持。结果,风度翩翩者稳操胜券,仪态平平者居于人后。可见,与人交往和谈话交流的时候,应做到神情自若、风度大方,注意以笑达意和以眼传神。

"礼"还是一种内在精神。"礼者,示人以曲也。"己弯腰则人高,对他人即为有礼。因此,敬人即为礼。尊敬是"礼"的本义,是礼仪的重点和核心。按照礼仪规范,对待他人的最重要一条是敬人之心长存,不可失敬于人。

毛泽东对于党外人士和外国宾客很注重礼节,常常人未到,他就提前站在大门口或院子当中等候。对于上了年纪的民主党派的负责人,更是客气、周到,通常会亲自搀扶着下车。1972年尼克松访华时,毛泽东已80岁高龄,且重病在身,但与尼克松会见完后,他硬是努力站起来将尼克松送到门口。

周恩来的礼仪修养风范享誉海内外。他说过:"外交无小事,我代表了国家就不应马虎,要时刻注意自己的形象。即使再小的事情都要认真完成。"20世纪50年代时,他曾经给一些将军们上过一堂生动的礼仪课。

有一天,周恩来和军队的一些高级干部欢送西哈努克亲王离京,周恩来满面春风地站立着,看着飞机起飞,在机场上空绕一圈,摆摆机翼,然后渐渐远去……那些急着散去的将军们看到周总理这样,又都悄悄地返了回来,目送飞机离去。

随后,周恩来又和前来送行的外交使节——握手告别。直到外交使节全离开了,才批评那些将军说:"客人还没走,机场已经没人了,人家会怎么想?"接着,周恩来当场给他们讲起了基本的外交礼节。

开国总理周恩来一向以品德高尚、风度翩翩、机智幽默,著称于世。尼克松总统访华期间,在机场欢迎的仪仗队是由周恩来亲自挑选的;晚宴期间所演奏的乐曲也是他酌定的,大部分都是尼克松总统喜爱的曲子。这使得尼克松印象非常深刻。

印度尼西亚总统苏加诺曾经对毛泽东说:"我真羡慕你有一个周总理,我们就缺一个周总理。"联合国前秘书长哈马舍尔德1955年在北京会见周恩来之后说过一句广为流传的话:"与周恩来相比,我们简直就是野蛮人。"

请不要吝啬使用"您""请""谢谢您""对不起""实在抱歉""劳驾了""太好了""很好""请多关照"这些基本的礼貌词汇,他们会像润物无声的春雨沁入心田。此外,举止上也应该讲究礼貌。比如:先请领导上电梯;在落座时先请领导入座后再坐下;双手去接领导为你递过来的东西;在领导为你开门时表示一下谦让等等。这些事情都是小节,却反映了一个人的修养和内涵,因此应予重视,铭记于心、付之于行。

违背了社交礼仪的规范,就会受到社会舆论的谴责,交往难以成功。20世纪50年代一次联合国会议上,苏联领导人赫鲁晓夫为了让人们安静下来,竟然脱下鞋子,用鞋子敲打会议桌。这一不雅举动违背了社交礼仪规范,有损他本人及苏联的国际形象。联合国为此作出决定:对苏联代表团罚款一万美元。

微笑是一种人人皆知的世界语，微笑传达的信息能促进双方沟通，融合双方感情。心理学认为"微笑"就是"接纳、亲切"的标志，你微笑等于告诉对方"我对你友好""我对你并没有敌意"。微笑是心灵绽放的花朵。一个热爱生活的人，一个积极向上的人，脸上常常挂着微笑。

一个面带笑容的人和一个整天板着脸的人，处事肯定有不同的效果。微笑需要发自内心才能让人觉得亲切、自然、美好、得体。"皮笑肉不笑"难免适得其反，让人觉得虚伪，进而给人际交往带来负面影响。

在正式的社交场合，重要的人物出现、精彩的演讲完毕或演讲结束时，应当用鼓掌来表达自己的敬意和赞赏。

握手是社交场合不可缺少的一种礼仪，也是人与人之间的一种交流方式。如果要表示自己的真诚和热烈，那么可较长时间握手，并上下摇晃几下来表示"很高兴能够认识你"。紧紧相握、用力较重，是热情诚恳的表示，或有所期待的反应。握手力度均匀适中，说明情绪稳定。握手既轻且时短，被认为是冷淡、不热情的表示。

长辈与晚辈之间，长辈伸手后，晚辈才能伸手相握；上级与下级之间，上级伸手下，下级才能接握；主人与客人之间，主人应该主动伸手；男女之间，女方伸手后，男方才能伸手相握。

陪客人时，一般应先前一步去开门，并让客人先进。送客时，热情相送，如起身陪客人至门口，分手时道声"再见""请多保重"一类的话，目送客人远去。

拥抱，偶尔用于久别重逢、误解消除等难以用语言来表达强烈感情的特殊场合，在同辈异性之间轻易不使用，在公共场合不宜拥抱媒体人士，通常用于外事活动中的迎来送往。

学会尊重别人

古今中外，许多内乱、内耗之根源，是不尊重别人。世上不和谐的故事结局，尽管不尽相同，但起因都惊人相似，就是不尊重人。尊重别人是必不可少的行为规范,是团结奋进的法宝。尊重别人,人际关系和谐,事业兴旺;不尊重人,无法进一步交往,甚至会两败俱伤。

不仅是出于礼貌上的尊敬,而且包含着对人进言的尊重,是在平等基础上表现出来的一种态度和行动。领导者在听取别人的意见和建议时,举手投足都必须表现出大方得体的形象,要顾及对方的自尊心,将心比心,引发出对方的观点和见解。

称呼他人首要一条是对人尊重,有一种善意。无论与对方处在一种什么样的关系和地位上,哪怕感情疏远,或关系很一般,在称呼上也要体现应有的尊重。不同情况下称呼不当,会让人感到不舒服。如果多人在一起,应按顺序打招呼:先长后幼,先上后下,先女后男,先陌生人后熟识人。

对年长者称呼要展示热情的笑容、报以谦恭的态度;对同辈则态度诚恳,表情自然、亲切、友好,体现出你的坦诚;对年轻人要注意慈爱谦和,表达出你对他的喜爱和关心的态度。

在三国历史上,马超归顺刘备后,被任命为平西将军,还封都亭侯。马超见刘备待他宽厚,就大大咧咧地不注意君臣礼节。他经常和刘备说话时直呼刘备的名字。关羽对此很生气,请求杀了马超,刘备不同意,当然杀马超是不对的,但任其这样放肆下去,也是不行的。张飞想出了一个计谋,他说:"我们给他做出礼节的示范。"一天,刘备召集全体将领,关羽、张飞一同带着刀恭恭敬敬地站在刘备身旁。马超过帐后,看坐席上没有关羽和张飞,抬头一看,见他俩站在那儿侍候,很受震动。论关张二人地位及与刘备的亲密关系都绝非马超可比。他们尚且如此执君臣之礼,怎能不令马超意识到自己的疏忽之处呢?此后马超再也没有越礼的举动,对刘备非常尊敬。

尊敬,不仅是出于礼貌上的尊敬,而且包含着对人进言的尊重。领导者在听取别人的意见和建议时,要顾及对方的自尊心,将心比心,引发出对方的观点和见解。作为领导干部,必须要尊重下属和群众,对于那些忠诚履职、资历较深、经验丰富、有技术专长的人员,更要多多引导,从听取他的建议出发，让他感觉倍受尊重。

在上司和同级面前要敢于讲真话、实事求是，敢于发表对立而正确的意见和建议，但要讲究方式、注意方法、要讲程序，做到科学得体。如果目中无人，伤害了别人的自尊心，就不可能得到别人的尊重。一些领导者喜欢单方面要别人尊重自己，而自己不去尊重别人，唯我独尊，这就不好了。

1959年，淘粪工人时传祥作为全国先进生产者，参加了在北京召开的全国"群英会"。10月26日，国家主席刘少奇在人民大会堂湖南厅握着他的手，亲切地说："你淘大粪是人民勤务员，我当主席也是人民勤务员，这只是革命分工不同。"

美国总统林肯有一次外出，路边有一个身穿破衣衫的黑人老乞丐对其行鞠躬礼，林肯一丝不苟地脱帽对其回礼，随员对总统的举止表示不解。林肯说："即使一个乞丐，我也不愿意他认为我是一个不懂礼貌的人。"

高明的领导者都十分重视尊重人。在美国，有人对43家成功的企业进行过调查，发现他们成功的经验非常简单，就是公司的领导人尊重每一个职工的人格。领导之间、上下级之间都要互相尊重，对于协调彼此的关系尤为重要。只有互相尊重，才能互相信任，形成一种融洽的关系。

下属的能力有高低之分，性格有内向外向之别，都有自己的尊严，都希望得到别人的尊重。作为领导，施展统御才能，激发每个人的创造力，增强团结一致的合作力，就要做一个有情有义的领导，首先要尊重下属，用主动的热情和真诚的情怀缩短彼此心中的距离，让他们的自尊心得到满足，进而努力工作。

卡耐基指出，在现代人的工作中，误解、矛盾等人际"顽疾"，像企业出现财务危机、破产等种种问题一样，是不可避免的。若是人缘和口碑很差的话，在你困难的时候就得不到帮助，甚至还有人会跳出来踩你两脚，这样一来，在竞争中你必然会居于劣势。

任何一个领导者，如果失去了下级对自己的尊重，那就不可能有较高的威望和较强的号召力、凝聚力，因而也就不可能真正发挥领导者的作用。

因此，上一级领导需要尊重的心理更强一些。因为尊重是提高领导威望、增强领导控制力和驾驭力、保证工作顺利开展的精神力量。

尊重是相互的。下级尊重上级不仅是上级领导的需要，是处理人际关系的一个基本原则，而且是下级获得上级尊重的需要。只有互相尊重，才能做到相互了解、相互支持。"你想要人家怎样待你，你也要怎样待人。"在交往过程中，如果一方自以为是、唯我独尊、居高临下、盛气凌人、发号施令、颐指气使，那么他很快便会遭到孤立。

尊重每一个人是社交过程中所必须遵循的原则。人与人之间是平等的，说话要注意语气。高声呵斥的语气，会让人感到在人格上矮了一截。对同事、下属都不可说出带有侮辱性的词句，以免伤害对方的自尊心。即使下属错了，也不可讥讽嘲笑，对方会觉得自己没有被尊重。

遇事换位思考

人们常说"推己及人"，就是站在别人的角度，来思考自己的言行，这是交往的一大要则。人与人之间能相互调换一下位置，设身处地站在对方的角度，为对方想一想，就会发现原来没有想到和发现的问题，有利于解决问题。

换位思考的根本要素是"移情"，像感受自己一样去感受他人，而不是去"猜想"别人的想法及感受。移情换位是心与心的交流、沟通，从而产生共鸣性的情感效应。因此，换位思考是每日应做的一门功课。

与同级领导或同事相处换位思考、将心比心，是培养和提高领导干部交往能力、融洽同级关系的有效途径。这种换位思考、将心比心，体现了"仁者爱人"传统美德。马克思说过：你希望别人怎么对待你自己，你就怎么对待别人。换位思考的优点，就是它会让我们站在对方的角度和立场，想他们之所想，急他人之所急。通过自己的"心"去理解别人的"心"，应该一视同仁地对待自己的和别人的"心"。

孔子说："己欲立而立人，己欲达而达人。"——自己想发展、想有所建树，就应该理解别人想发展、想有所建树的心情，从而容许并支持别人的发展。"己所不欲，勿施于人"——对于自己不想做、不愿做的事，要理解别人同样不想做、不愿做的心情，因而不把这样的事推给别人去做。可见，在人际交往方面，我们的先哲早就昭示了这样的处世哲理。人们常说与人相处要"善解人意"，与人交谈要"推心置腹"，实际上也都是将心比心、推己及人方法的具体运用。

三国争霸前，周瑜在袁术手下为官，做一个小县令。有一年这个地方发生饥荒，周瑜听说有个乐善好施的财主鲁肃，就登门去拜访。两人寒暄了一番，周瑜就直接说："实不相瞒，小弟此次造访，是想借点粮食。"鲁肃听后哈哈大笑："此乃区区小事，我答应你就是了。"

鲁肃慷慨地送给周瑜一仓粮食，和周瑜交上了好朋友。后来周瑜发达了，当上了将军，没忘对朋友的感激，将他推荐给了孙权，鲁肃终于得到了大展宏图的机会。

明朝吕坤认为"肯替别人着想"，是人际交往的"第一等学问"。相对说来，替自己着想很容易，替别人着想不仅需要交往技巧，而且需要具备较高的道德修养和关爱之心。换位思考是对他人的一种心理体验过程，像感受自己一般地去感受对方的快乐与哀愁，理智解决问题。

古时候，有两个人各自带着一只行李箱出远门。一路上，重重的行李箱将兄弟俩都压得喘不过气来。他们只好左手累了换右手，右手累了又换左手。忽然，大哥停了下来，在路边买了一根扁担，将两个行李箱挂在扁担上。他挑起两个箱子上路，反倒觉得轻松了很多。

换位思考，是从内心深处站到对方的立场上，为他人着想，看对方在想什么、需要什么，然后在情感上与对方沟通，尽可能去满足他们的需求，把事情办得顺风顺水。

唐朝时，唐玄宗因宰相韩林多次进谏言，而经常夜不能寐，身体一天天消瘦下去。有个奸臣便趁机劝唐玄宗治罪于韩林。唐玄宗却说："我瘦了点，可天下却因此而肥美起来，老百姓安居乐业，我晚上也安心啊！"

唐玄宗如果从自己的角度看问题，就不会这样说。他能换位思考，从老百姓的利益角度来思考问题、作出决策，难能可贵。

在与别人交往和沟通中，必须要求自己自觉做到换位思考，从他人的利益和角度出发，而不能要求他人为自己着想。从对方的立场来看事情，以别人的心境来思考问题，考虑到别人的难处，认识到别人的眼界，尊重别人的自尊心，让人知道你的意图，"己所不欲，勿施于人。"

设身处地站在对方立场上换位思考，应以平和之心原谅对方，以一颗善良之心为对方的行为找一个理由，以宽容之心善待对方。正如亚当·斯密所说："为人设想多，为己着想少，压制自私，实施慈爱之念，便构成人性的完美。"

要换位思考，注意别人的感受。有些人说话喜欢随心所欲，想到哪里说到哪里，信口开河，逞口舌之快，嘴没有把门的，从来不考虑别人会有什么样的感受，无意中伤害了别人。必须重视别人的心理感受，随时注意对方情感的细微变化，寻找最恰当的方式，来传递交际信息，确保每次交往的成效，创造和谐的人际环境。

修炼情商：一生的功课

"情商"，主要是指人在情绪、情感、意志、耐受挫折等方面的品质。情商就是情绪商数，情绪智力、情绪智能、情绪智慧，是调适人际关系的技巧、转化不利因素的能力、洞察人生风云的悟性。心理学家认为，情商是有志向、有纪律、有原则和有健康情感的程度或比重。从实质意义上讲，情商也是一种能力，是区别于智力的另一种能力，是一种做人的能力，也是一种生存能力与技巧。

情商主宰人生，情商的高低决定着领导者素质的优劣。美国成功学大师戴尔·卡耐基（1888—1955年），通过长期的研究和对自己经验的总结，得出了这样一个结论："专业知识在一个人成功中的作用只占15%，而其余的85%则取决于人际关系。"他开创的"人际关系训练班"遍布世界各地。

美国哈佛大学心理学博士丹尼尔·戈尔曼认为：一个人的成功，20%靠智商，80%靠情商。哈佛大学商学院的调查：在事业有成的人士中，26%靠工作能力，5%靠家庭背景，而靠人际关系的则占69%。

2013年5月14日，习近平同志到天津考察工作，在和高校毕业生、失业人员等座谈时，问村主任杨代显"情商重要还是智商重要？"杨代显回答"都重要"。总书记认真地亲切地与大家交流，强调："做实际工作情商很重要，更多需要的是做群众工作和解决问题的能力，也就是适应社会能力。老话说，万贯家财不如薄技在身，情商当然要与专业知识和技能结合。"

习近平同志这番话被媒体报道后，引起热烈反响。许多党员干部评论说，"做实际工作情商很重要"的论断，贴近实际，尤为实用。这番话对所有"做实际工作"的党员干部，都具有指导意义。

一言一行，一举一动，体现着情商的高低，关键是能不能控制自己内心冲动。很多成功者并非都是高智商者，而是高情商者：具有良好的情绪和极强的影响力，能够控制和调动自己的情绪，游刃有余地影响下级、同事、上级及周围的人，最终实现个人梦想，成就自我。康德曾说："书读得越多，我越崇敬头顶上的星空和心中的道德律，越觉得必须与人和谐相处。"美国著名的心理学家韦克斯勒曾考察过40余名诺贝尔奖的获得者，发现他们在儿童时代的智商绝大部分是中等或中等偏上，他们的成长和成就主要是凭借后天的非智力因素即情商。

智商再高，情商不高，不一定能成功，不一定能持续地成功；情商低，会使你做不好任何事情。一个人智商不太高，但情商较高、世事洞明、人情练达，胜过在社交中穿着最佳服饰，成功的概率大。由此观之，情商的高低关系到事业的成败，甚至会决定人生的命运。

许多事例证明，情商左右了人的决定和行为。"大喜易失言，大怒易失礼，大惊易失态，大乐易失察，大惧易失节，大醉易失德，大话易失信，大欲易失命。"领导者必须把握好、调节好自身情绪，不因情绪失控而影响自己的形象、情绪不稳而给组织带来损失。

少数智商高、能力强的党员干部，常常因为缺乏足够的情商而难以取得较多的成功，或者因为不善于认知他人情绪和管好自身情绪而导致人际关系紧张，或者骄傲自满、目空一切而栽跟斗，或者因为灰心丧气而破罐子破摔。欧洲有句格言："在愤怒中踢石头，受伤的只是自己的脚。"

低情商主要表现为：自我意识差，没有自信；无确定的目标，也不打算付诸实践，严重依赖他人；说话和做事时从不考虑别人的感受，经常发脾气；处理不好人际关系；应对焦虑能力差，生活无序，爱抱怨；为失败找借口，推卸责任；做事怕困难，胆量小；心理承受能力差，受不了一点打击，经常想不开，对生活悲观绝望。

中国青年网有一篇《职场情商高的八大表现》的文章认为，高情商的人不批评、不指责别人，不抱怨、不埋怨；对生活、工作和感情保持热情、有激情，让好的情绪伴随每一天；做人做事不斤斤计较，有一颗包容和宽容的心；看到别人优点，发自内心的赞美；善于沟通与交流，且坦诚对待，真诚有礼貌；善于聆听，仔细听别人说什么，多听多看；敢做敢承担，不推卸责任，遇到问题，分析问题，解决问题；记住别人的名字，你会有越来越多的朋友。

完善情商，切莫凭借一时冲动或个人喜好作决策。个人喜恶的情绪，绝对代替不了实际情况。如果事实不清，或者在对事实的了解和认识中掺杂了个人偏见，决策必然会脱离实际。

应保持清醒的头脑和辩证的思维，有些决定比较延缓，看起来时间长一点，但比轻率作出的决定效果要好得多。有些决策快速，可是经不起时间的检验，过后要付出几倍的成本来修正，得不偿失。

避免失败的关键之一，是在日常工作、生活中，不对他人有怨恨之心，以诚待人，以德报怨，保持积极、乐观、向上的心态。应培养"光明思维"，亦即在认识事物或者看问题时，尽量选择积极有利的一面，忽略消极不利的一面。简单说就是自我安慰，自我解嘲，有些类似于阿Q精神。

仁德决定成败

"仁"的含义首先是爱人。"仁"是孔子学说的本源和精髓，其本义为相亲相爱。他把"仁"作为最高的道德范畴，要求人们尊重人、关心人、爱护人。儒家倡导"仁者爱人"，强调从爱最亲近的人即父母兄弟开始，逐步推广扩大到其他人。"仁"是仁爱之心，"义"是处事合理、人际关系的规范，"智"是明辨是非，"信"是诚实不欺。

老子在《道德经》中说："上善若水。"崇高的德行就好像水，滋润万物生长，又不和万物相争。"夫德，福之基也，无德而福隆，犹无基而厚墉也，其坏无日矣。"（春秋 左丘明《国语·晋语六》）大意是，道德是福禄的基础，缺少道德却福禄隆盛，好比没有打好基础却只顾厚筑城墙一样，它坍塌的日子就没几天了。

商汤是商朝的开国君主，以仁义贤明著称，深得百姓拥戴。有一次，他到郊外游玩，看到猎人四面设网，并且念叨说："从天上坠落的，从地面生出的，从四方来的，都掉进我的网里吧！"商汤见后不悦，便对那猎人说："果真像你说的话，禽兽不都被杀光了吗？现在，除了夏桀那样的暴君，谁还做这种灭绝人性的事呢？赶快收起三面的网，只在一面设网就够了。"商汤教那人重新祈告："鸟儿啊，你们想往左就往左飞，想往右就往右飞，如果你厌倦了生活，就飞进我的网里来吧！"

其他部落的首领得知这件事后，都说："商汤的仁德连禽兽都顾及了，我们还是归属他吧！"于是40多个部落归附了汤。汤以仁厚收揽人心，人民纷纷拥护他。

宋太祖在群雄并起的混战中，以豪侠之气，把众多的英雄团结在自己身边。做了皇帝以后，依然侠义质朴、恢宏大度、待人宽厚、有仁慈之心，以"富贵"为诱饵，使功臣们以富贵终生。宋太祖曾立下秘密誓约，规定子孙后代"不得杀士大夫及上书言事人，誓不诛大臣、言官，子孙有渝此誓者，天必殛之。"宋太祖是开国皇帝中杀人最少的皇帝，实在是一位将有作为与有道德集于一身,最具人性色彩、王者风范的好皇帝,使当时的中国变得很温馨。

为政者道德高尚、真诚守信、为人着想,充满仁义之举而面无夸耀之色,通情达理而语言谦和,就会赢得人民群众的信服和支持。

毛泽东是一位大情大义的人。在湖南一师读书时,领导过驱逐校长张干的斗争,为此,张干还开除过他的学籍。新中国成立后,他不但邀请张干到北京游览,请他吃饭,在得知张干生活有困难时,还以钱相资。在政治上,他是从不让步的,坚定而顽强;但在人际情感上,他却情意浓厚,令人十分感动。

延安时期,红军野战医院有位重伤员,昏迷时不时呼唤毛主席。他醒过来医生问他,才得知他从没见过毛主席,很想见一面。毛泽东得知后,便立即去了医院。平时他不骑马,但这时,他骑上马奔跑,很快来到了那位伤员面前。那个伤员紧紧握住毛泽东的手,微笑着合上了双眼。毛泽东参加了埋葬烈士的工作,又回到医院,到每个病房慰问伤员。整整一天,他没吃一点东西。

曾经在正定县任副县长的王幼辉,在《我与习近平在正定的交往》一文回忆:从1982年至1985年这4个年头,我和习近平同志的接触和了解还是比较多的。近平那时虽是个年轻干部,但在我印象中,他为人处世却很稳健。作为年轻人,他身上更富有朝气和活力,有时候也会流露出很青春的本色。

正定县当时有一位自学成才的作家,任县文化局局长,叫贾大山。近平在任期间,比较关注知识分子和拔尖人才,也很关心大山的工作和创作情况,并且他们之间私交很好,多年保持着联系。大山生前跟我讲过这样一件事:有一次,近平到大山家里聊天,返回机关时已是深夜,机关的大门关闭了。为了不打扰门卫,近平蹲下身子当人梯,让大山踩着他的肩膀翻进去开门,然后才悄悄地回到房间。

1997年近平在福建任职时,得知贾大山身患绝症后,利用在北京开会的时间，专程到协和医院去看望大山。那年的正月初三，他来正定看望老干部时，又到家看望了卧病在床的贾大山。当听到大山病逝的消息时，他和夫人彭丽媛托人敬送了花圈。

善待下属，会让对方觉得你平易近人，有亲和力，拉近彼此之间的距离。第二次世界大战期间，一位英国将军办庆功宴，来宾有贵族和士兵。一士兵不懂规矩，捧着面前的一碗供洗手用的水喝了，引来众人一阵嘲笑。此时，将军将军站起来，端起自己面前的那碗洗手水，充满激情地说道："我提议，为英勇杀敌的士兵们干了！"言罢，一饮而尽，顿时众人为之肃然，人人均仰脖而干。此时，士兵们已是泪流满面。

《领导者的资质》一书的作者稻盛和夫说：我们每一个人都以充满着"爱、真诚与和谐"之心去生活、去工作，那就意味着与引导万物向好的方向发展的宇宙的潮流相一致，这样我们的经营就会顺畅，人生就会美满。这就是我在将近 80 年漫长的人生中坚信不疑的"真理"。

力倡诚实守信

诚实的本意是纯真无邪、纯净无染、真情诚恳、坦诚相待、光明磊落、宁可憨而不巧，不做假、不虚伪、不撒谎、不欺骗，真诚地对待他人。真诚，就是要坦诚地与他人相处，友好地给他人以帮助，真诚的眼神坦荡如水，平静地注视，而不是躲躲闪闪、目光下垂、不敢直视。真诚的举止自然、大方、从容、平静，胸怀坦荡，乐于将自己的好东西与他人一起分享。

人们总是喜欢诚实可靠的人，坦坦荡荡做人，光明磊落干事，而鄙视言而无信、弄虚作假、见风使舵、口是心非、虚伪狡诈的人。人与人之间往往以各自的诚信水平来判断、决定是否相处和交往。

有个富翁，渡河时翻了船，大喊救命。船夫划着小船去救他。船夫把他救上岸，富翁只给了十两金子。船夫说："怎么才给十两？说话不算数。"

富翁斥责道："你不过是个船夫！一天才能挣多少钱，现在你一下子就赚了十两金子，还不满足？再啰唆，连这十两都没有！"船夫沉默不语，摇摇头走了。

过了一个月，富翁乘船顺江而下，船撞在礁石上翻了，他又落水了。刚好船夫在岸边钓鱼，听到富翁喊救命，他动也不动。有人问他："你为什么不去救他？"船夫回答说："这就是那个没有信用的人。"听了船夫的话，没有一个人去救，最后富翁淹死了。

诚实往往给人的印象是，心眼太实，比较憨厚，不如巧诈之人那样灵活应变，短时间里常常吃亏，却可以凭借愚直拙笨建立信任、积攒人品、涵养操守，立稳事业根基。清代中兴重臣曾国藩以"钝拙"自居，以去伪崇拙修身，用"拙诚"破"机巧"，这使他养成了拙诚浑含的品行，也练就了深谙世事却又不为世俗所扰的超然本领。

诚实是人的心理命脉，是修身之要、相处之道，是立业之本、成事之基。对待各个层次的人都应一视同仁、平等相待、融洽相处，摈弃吹吹拍拍拉关系、拉拉扯扯搞圈子，决不让真诚的纯真被世俗的风尘所污染。

1989年，宋鱼水从中国人民大学法律系毕业后被分配到海淀法院，4年后开始独立办案。她办的第一个案件很不起眼，是一个只有几百块钱的小案。原告是位民工，穿得非常单薄，破旧的衣服已看不出颜色，在有暖气的房间里依然瑟瑟发抖。他状告一家饭馆的老板欠钱不还，还数次粗暴地把他赶了出来。这是他起早贪黑给这家饭馆送菜一年的全部所得，患重病的妻子和上学的孩子，都眼巴巴地盼着这点微薄的薪水。

为了办好这个案子，宋鱼水亲自找到这家饭馆了解情况。老板也喊冤枉，说这家饭馆因为经营不善多次倒手，买民工蔬菜的老板早就没了踪影。宋鱼水认真听完后说："你说你冤，这位送菜的农民也就更冤了。这账虽不是你欠的，但你承租了这个店，你就应该先还上。关于这一点，法律上是有明确规定的。"当被告表示听从调解之时，宋鱼水也充分考虑到被告的合法权益，提醒他可以依法向过去的承租人追偿。案子圆满了结。那位农民拿着自己的血汗钱含泪而去，被告也为宋法官的真诚之心深深感动。

诚实乃是高于云天的品格,是种子对泥土的一生的承诺。一个人只要至真至诚,实实在在,就能成事,就可感天动地。有了诚实守信的光辉,美丽的心灵和高尚的人格会溢彩流光。诚实守信的品格就像丰厚的储蓄,会带来源源不断的"利息"。心怀真诚,执着守信,即使有了过错,也能得到别人的原谅和理解。

为人处世,如果不够诚实守信,总爱"忽悠"别人,标榜自己如何如何正直和真诚,实际上却是看风使舵、媚上欺下、说话没有准儿,办事不靠谱,总言自己多么仁义,实际上却干两面三刀的事情,就迟早迟晚会被人识破,原来是个金玉其外、败絮其中的绣花枕头,是个"兵法"太多、"机谋"太深、"包装"太靓的官场滑头,其本身就是做人的失败,还有什么成功可言呢?

《人民日报》《新京报》、荆楚网等媒体指出,"官员失信"不仅仅是个人的私事,而是关乎政务诚信的大事。官员一旦失信,其私德减分,政府形象也会因之受损。"官员失信"现象频发,究其原因,有的面对问题知情不报,有的朝令夕改、出尔反尔,开空头支票;失信成本低,监管执行弱,责任不到位;问责惩戒乏力,失信成本过低。

有句老话:上梁不正下梁歪,中梁不正倒下来。"上行"往往会带来"下效",官员守信就能带动社会诚信的风气。要高悬惩戒之剑,尽快构建"不敢失信"的惩戒机制,让官员为自己的失信行为付出很大代价。

浙江省温州市委组织部已作出规定,在干部任职选调、晋职晋级、评优评先等考核中,对考察人员进行法院判决执行情况审查,若有失信行为,将被"一票否决";在对提名的人大代表、政协委员候选人进行资格审查时,若有失信行为,同样"一票否决"。

要扎紧制度之笼,着力构建"不能失信"的防范机制,严格落实失信被执行人"黑名单"制度,对积案专项清理,构建定期通报长效机制,让"官员失信"现象无处遁形,让"官员守信"成为诚信社会的"压舱石"。

信任给人力量

信任,代表一种对人格的积极肯定与评价,是人的精神生活中所不可缺少的。每个人都有获得别人信任的需要,当这种需要得到满足,就会受到鼓舞、为之振奋,从而使得这种信任成为一种精神动力,推动他去完成某种行为。

古希腊神话中有一位王子皮格马利翁,十分喜爱雕塑,用名贵的象牙,呕心沥血地塑造了美丽姑娘的形象,倾注了全部心血和感情,每天以深情的目光观赏不止。最后使雕像姑娘获得了生命。这种由信任、关心、期望、赞美、激励基因构成的期待心理,引起对方的思想与行为发生积极的变化,被社会心理学家称之为"皮格马利翁效应"或"期待效应"。

皮格马利翁效应给人的启示是:赞美、信任和期待具有一种正能量,它能改变人的行为:当一个人获得信任、赞美时,他获得了支持,增强了自信,产生了向上的动力,并尽力达到对方的期待。

信任下级,要取得其他人的信任,就必须做出让其他人信任的事情来,换言之,必须付之于行动才能看见效果。战国时期,秦始皇用王翦为将,屡建战功。王翦得胜回朝后,秦始皇赐给他一个盒子,回家打开一看,全是弹劾自己的奏章,吓得出了一身冷汗。王翦再次面见秦始皇时,秦始皇却将所有奏章付之一炬。由此,换得了王翦的更加忠心耿耿。

信任别人和被人信任,这是一个人高贵品质的表现。信任是在相互间的交往中产生的。只有信任对方,对方才会感到你的诚意,摒弃戒备的藩篱,把你作为朋友,乐意和你共事。

信任是对下级的最有力支持。刘邦曾问群臣:"吾何以得天下?"群臣回答皆不得要领。刘邦遂说:"我之所以有今天,得力于三个人,运筹帷幄之中,决胜千里之外,吾不如张良;镇守国家,安抚百姓,不断供给军粮,吾不如萧何;率百万之众,战必胜,攻必取,吾不如韩信。三位皆人杰,吾能用之,此吾所以取天下者也。"从这段经典的话语中,我们可以看出，汉高祖刘邦开国初期对张良、萧何、韩信三位人杰的充分信任与肯定。

可是，刘邦随着权力越来越大，得到的越来越多，对三位人杰的信任却越来越少了。韩信可以算得上是千古难得的帅才了，他能够把弱小的军事力量的潜能发挥到极致，以至于最后在垓下设下十面埋伏，将不可一世的楚霸王项羽彻底击败，一举奠定了建立汉王朝的基础。为刘邦可谓出生入死、鞠躬尽瘁了。

打下江山之后，有一次，刘邦与韩信闲谈。韩信认为刘邦最多能指挥10万军队，而他自己指挥军队没有数量限制，越多越好，即："韩信将兵，多多益善"。此时已稳得江山的刘邦与手握重兵、功高震主的韩信相处，感到了威胁，产生了猜疑，于是不再信任韩信了，后来导致韩信被诱骗至未央宫，死于吕后之手。刘邦和吕后害死一员大将，其他一些忠臣纷纷离他远去。这一历史教训，令人深思。

信任是人与人之间交往、合作的基础，是人与人交往的前提，通常是你信任他人，他人就信任你。信任给人以力量，往往会改变人的一生。希腊哲学家狄奥格尼斯说："你不信任别人，别人也不会信任你。"信任是相信他人在某些方面具有相应的能力、品格或承诺的托付。领导干部只有对下级建立了充分的信任，才会放心地与其交往，才会把重要的工作交给下级去做。如果下级觉得领导不够信任自己，信任的需要得不到满足，精神上就会受到挫伤，工作动力就会减弱，因而无法完成他应该完成的某种行为，而且上级与下级的友好交往也会受损。

上下级之间、同级领导之间出现这种情况，除了与本人修养不高外，还与"第三者"的"添油加醋"、拨弄是非有关。对此应特别注意，不要轻信不实之词，最好的办法是不去理睬它。

在交往过程中，"耳朵比较软""听风就是雨"，不仅会伤害感情，有损团结合作，而且会孤立自己，影响工作。与他人交往若能以诚相待，对方就能以礼相还，双方就会消除猜疑，弱化矛盾，减少工作阻力。

人际交往成败的基本因素，就在于是否互相信任。自己相信别人是真诚的，是因为自己首先就是真诚的。你对人敞开心扉，才能获取别人的信赖、理解和支持。用人不疑，就要相信下级。信任下属，下属就会努力工作，做出业绩来。可见信任和干劲成正比。下属能把工作做得出色，也是领导高度信任的结果。

要相信下级的能力，委以职位、授予权力，使他们明确职责、忠于职守、敢于负责、大胆工作，让他们创造性地开展工作，不要束缚他们的手脚。当他们工作中出了毛病、走了弯路时，要勇于承担领导责任，帮助他们总结教训，鼓励他们继续开拓进取，创出新的业绩。

莫为铜臭丧人格

金钱，在人世间有巨大魔力，正当得到它时，它是天使；谋取不义之财时，它是魔鬼。追求财富，必须选择正确的途径。

今天的官场高危岗位不同于古代，但封建官场文化的胎毒和烙印，在短时间内还挥之不去。市场经济的存在离不开钱这个媒介，而钱本身没有臭味，不能说明持有者是用什么手段获取来的，这就容易使一些人产生拜金主义思想和行为，以至于迷住了自己的心窍，成为金钱的奴隶。

在一些人看来，金钱是人的本质和价值这架天平上闪光的砝码。他们天真地以为金钱可以决定自己的一切，改变自己的命运，这就是拜金主义，或称货币拜物教。唯钱是视，唯钱是求，一钱障目，屡见不鲜。

近些年来，林林总总的领导干部收贿赂等腐败丑闻，这是人民群众最不满意的地方。有的贪官手中掌握资源，刚开始是理想信念滑坡，在一些小事情上放松了对自己的道德要求，忽视了自身修养，被贪欲吞噬，最终抵挡不住金钱、美色的诱惑，不择手段捞钱，甚至铤而走险，走向腐化堕落的深渊。正如一位哲人所说，从不要人格开始就必然步入毁掉自身的"魔区"。正是："忧劳可以兴国，逸豫可以亡身。"（欧阳修）

《红楼梦》第二回写贾雨村当上了县太爷，因"贪酷"而被罢官。有一天他来到郊外智通寺，见到门两边有一副对联："身后有余忘缩手，眼前无路想回头"，觉得"文虽浅近，其意则深"。其实这也是贾雨村的形象写照，因为他就是这样一个在名利场上不肯"缩手"的人。

金钱给人们的并不都是幸福——不是正道来的金钱，又是个沉重负担。它像水一样，既可载舟，也可覆舟。应认清"贪"字近乎"贫""婪"字近乎"焚"的道理，切不可掉进"钱眼儿"，成为金钱的奴隶。不少贪官思前想后，实在是得不偿失：自毁前程，倾家荡产，身败名裂，痛不欲生。

我们要珍惜名节，视人格、党性如生命，守住思想道德防线，还是把金钱看得淡一些为好。要把恪守廉洁自律准则、保持廉洁作为伴随终身的"必修课"。《准则》仅281字，做到了要义明确、一目了然。广大党员特别是领导干部要自觉践行《准则》，"不戚戚于贫贱，不汲汲于富贵"，绝不能追随拜金的尘嚣，绝不能为了物质利益而牺牲人格和尊严，绝不能沦为金钱的俘虏，为金钱所左右。

人有欲望很正常，关键看有什么样的欲望。一旦有了贪欲，就会变成金钱的俘虏。刘孟扬《戒贪铭》诗云："财富人所羡，但须问来源。来源果正当，虽多不为贪。来源不正当，清夜当自惭。"

现实中诱惑多多，应慎待诱惑，以不变应万变，切莫花了眼、昏了头，眼里看得破、肚里忍不过，明知道对方的做法是个圈套，还硬往里钻。要做好人和好官，必须谨防金钱的诱惑，警惕被人投己所好，拉拢利用。

在金钱面前，人性的善恶、良莠、高下，分毫毕现。金钱是身外之物，就看如何对待它。没有金钱，许多事就办不成；取之有道的钱，是血汗钱，问心无愧，越多越好。但如果有了钱就去拉拢腐蚀、追求奢华，就去找情人包二奶，就会迷失自我、糟蹋身体、毁坏家庭、败坏风气。

冯梦龙说过："得便宜处失便宜。"——贪得好处的地方，也是遭受损失的地方。"喝冷酒，睡凉炕，花官钱，迟早是病。"有的贪官不择手段攫取权力、用钱买官，再用得到的权力获得更多的金钱，成了权力金钱的奴隶，在权力与金钱的驱使下一步一步走向审判台，终于成了人为财死、轻于鸿毛的败类。

贪婪的心远满足不了的,永远在苦苦地追求更大的权力、更高的地位、更多的金钱,在恶性循环中耗尽生命之能,因而金钱是身外之物,给人们的并不都是幸福——不是正道来的金钱,又是个沉重负担。一些贪官敛的钱多了,良心却黑了,守着不义之财不敢花,而每天提心吊胆,见到别的贪官纷纷落马,就倍感"忧心惊魂、草木皆兵"。过重的金项链,会成为人的枷锁。巴尔扎克说:"贪心好比一个套结,把人的心越套越紧,结果呢,把人的理智也窒息了。"

季建业在忏悔中说:"私念一箭穿心,灵魂失落害了自己。"刘志军在接受审判后感叹:"人生要到60岁才能懂事。"他们都有着光辉的过去,都曾经是家人和周围人的骄傲,却在人生的巅峰之时,被自己的贪欲拉到了万丈深渊,过去拥有的地位、权力、事业和荣誉,一切都化为乌有,由昨日的座上宾,变为今日的阶下囚,同时也失去了幸福、自尊和自由。

一位贪官写道:当我被关进看守所的时候,有一种跌入万丈深渊的感觉。知道了什么叫天壤之别,懂得了什么叫人生沉浮。当第一次剃去留了几十年的头发时,忍不住的泪水向心里流。由于20多天无心剃胡须,又没有镜子照,我不知道自己变成了什么样子,别人是否还能认得出我;当我穿上囚衣,与那些曾嗤之以鼻、不屑为伍的罪犯站在一起时,内心比他们更难堪。

鸟之将亡,其鸣也哀;人之将死,其言也善。原本优秀的领导干部,伴随着得志环境,围绕着鲜花掌声,人前风光无限时,是绝不会想到还会成为失去自由的阶下囚。如果他们在违反党纪、滑向犯罪深渊之路上早些警醒,不让拜金主义的尘埃蒙蔽了双眼,不让邪道来的金钱给心灵套上沉重的枷锁,可能结局会完全不同。

淡泊名利的人,能正确对待进退去留,正确对待名利得失;不在职务上嫌低,不在待遇上嫌差,不在荣誉上嫌少;常思贪欲之害,常怀律己之心;常除非分之想,抗得住腐蚀,保得住气节。淡泊名利的人,往往为社会作出了很大贡献，却毫不为自己邀功请赏，只求留一份正气还天地。

侥幸之心不可有

何谓侥幸心理？是指偶然地、意外地获得利益，或躲过不幸，引申为人们贪求不止、企求非分，意外获得成功或免除灾害的心理活动。侥幸心理是催生贪官腐败的内在驱动力。所谓"眼里看得破，肚里忍不过"。贪官在侥幸心理的驱动力，便会在腐败犯罪的道路上越走越远、越陷越深，最终不能自拔。

有的官员利用自己的职务之便，或钻政策的空子，或违法乱纪，帮他人"成事儿"，认为自己办事巧妙，然后自己从中捞好处，结果导致触犯法律、身败名裂。

上海市长宁区原区委副书记、区长陈超贤，受贿312万余元，获刑13年。他在忏悔时说："面对高墙铁窗，面对牢狱生活，除了以泪洗面，用余生来洗刷耻辱，用劳动来改造人生，我只有不断地忏悔……也许，这迟来的忏悔对我自己而言已没有太大的意义，却足以警醒他人。当拿第一笔钱的时候，我也知道要承担什么样的法律责任，也紧张过、颤抖过、斗争过，但侥幸二字害了自己，侥幸过一次，也就有了不可收拾的开始。"

侥幸心理是一种自我欺骗行为，具有很大的冒险性和危险性，会带来灾祸和痛苦。凶贪的大嘴鳄鱼，伪装的再巧妙，只要你贪嘴，早晚会有被钓到的时候，要想人不知，除非己莫为。

侥幸有时会给我们带来惊喜，更多时候是一种始料未及的失败。有的领导干部曾经有过众星捧月般的荣耀，可后来怎么变成深陷囹圄的凄凉？一个重要原因是受严重的侥幸心理驱使，以为自己的贪腐行为，别人发现不了，常做一些廉洁假象来掩盖自己的问题；一旦家里来人送钱，由家属去接收；到处转移财产；认为不大可靠的人退了钱物。其实，是掩人耳目，只是求得一个心理的"平安"。

有些违法犯罪的领导干部认为以往有违法行为却没暴露，其周围有类似犯罪案件未暴露；有的以为自己有巧妙的作案技巧、苦心经营形成了保护网，铁哥们不会举报我……正是由于侥幸心理时时存在，才使其走上犯罪的不归之路。

一些落马的贪官忏悔自己"总是存有侥幸心理，最终害了自己""侥幸心理真是害死人呢""我走向犯罪的主要原因是心存侥幸""……最后还是侥幸心理占了上风""受侥幸心理支配，是我犯罪的重要原因"。

哲人有言："被同一块石头绊倒两次是一种耻辱。"那些贪官违法犯罪的忏悔，揭示了当初他们是如何因贪腐和侥幸走向不归路的。只有破除贪婪和侥幸心理，走好脚下的路，才能避免干出让后人笑话、使后人复哀之的蠢事。

狐狸再狡猾，也斗不过好猎手。许多大案要案被查处，一再说明，任何玩弄权术、疯狂敛财的腐败分子，不论伪装得多么巧妙，手段多么高超，隐藏多么深久，也只能隐藏于一时，不可能隐藏于一世，最终都会败露落马，今天你还在主席台，明天就可能沦为阶下囚。不守规矩、不遵纪律，今天作报告，明天戴镣铐，这是对履行职责的公职人员，尤其是对那些至今仍抱有侥幸心理的领导干部的深刻的警示！

杜绝奢靡之风

"奢"是一种恶俗、一种败兆，用以治家则家败，用以做事则事砸，用以治国则国衰。近些年，有些领导干部对待工作玩虚招、不务实、不作为，利用职权挥霍公家的钱财，生活上骄奢淫逸、贪污腐化，借婚丧嫁娶巧立名目、大量敛财。这些问题，从其道德根源来说，既有封建的等级特权道德观念的影响，也有官僚主义、享乐主义、拜金主义等腐朽落后思想的侵蚀。如不自醒，任其发展下去，挥金如土，奢侈享乐，贪财好色，终究要自食苦果的。

十八届六中全会通过的《关于新形势下党内政治生活的若干准则》指出："全党必须坚决反对形式主义、官僚主义、享乐主义和奢靡之风，领导干部特别是高级干部要以身作则。"

历史的教训应当汲取。历史上不少为政者因为一味奢侈享乐而走下坡路，甚至短命早亡。欧阳修所谓："忧劳可以兴国，逸豫可以亡身"，实为智者哲言。

西晋结束了东汉末年以来近百年的战乱分裂局面，却在52年后亡国。一个重要原因，是上层统治者完全沉湎在荒淫无度的生活里，肆无忌惮地挥霍、骄奢淫逸，整个社会充满了奢靡、腐败之风。石崇富甲天下、财色俱贪、狂傲斗富，是西晋王朝奢靡、腐朽、败亡之风的缩影。

陈后主陈叔宝以淫侈亡国：通宵达旦地吃喝玩乐，沉溺于荒淫之中，宠幸张贵妃、孔贵人，荒废政事，身处危亡之境，却还高枕无忧。外敌压境之时，仍未醒悟过来，最后自投枯井，企图苟且偷生。像他这样求生，就算是平民百姓也是荒唐，让人耻笑。

陈叔宝到了隋朝，受到杨坚的礼遇。一次，陈叔宝应约赴宴，向杨坚建议修宫殿，以示文治武功。杨坚表面上没有说什么，等陈叔宝走远了，就对群臣说，他就是因为贪图享乐才落到今天这个地步，现在又来劝我学他那样。

宋朝的腐败也是很出名的。宋徽宗为帝时不励精图治，唯穷土木，崇奉道教，大兴苑囿，专务游乐，与高俅等一帮市井无赖混迹于球场，重用蔡京、童贯等一群奸臣。政治腐败，民不聊生。金兵攻破汴京后，夺去宋朝大半江山，1127年，掳徽宗、钦宗北去。8年后，宋徽宗客死于金国的小镇，终年54岁，延续167年的北宋江山，被胡人画上了句号。宋朝南迁，也把腐败奢靡之风带到了江南，暖风熏得游人醉，直把杭州当汴州。

朱元璋认为，"安危治乱，在于能谨与否耳。自昔日有国家者，未有不以勤而兴，以逸而废。勤与逸，理乱盛衰所系也"，他劝诫官吏要兢兢业业，一心为民，"居安思危，处治思乱"，不要贪图享受。

吕坤对物欲横流的晚明社会里蔓延的贪婪之心有着细致的剖析。他指出："只一个贪爱心，第一可贱可耻。羊马之于水草，蝇蚁之于腥膻，蜣螂之于积粪，都是这个念头。"(《呻吟语·修身》)他希望人们按照儒家的道德要求和原则，控制自己的欲望和行为。

这些年，我们国家的经济发展较快，人民生活水平也有提高，也出现了令人担忧的奢侈浪费现象和不好的风气，如生活讲究高档化，穿戴讲究名牌，消费的胃口吊得很高。有的领导干部见钱眼开、见利忘义、骄奢淫逸，追求感官刺激、拈花惹草、包养情妇。为了支撑享乐的奢侈性，贪官们循环往复于"敛财—享乐—再敛财—再享乐"，以至于陷入这个"魔圈"而不能自拔。

共产党人如果以奢为荣，轻则败坏党和政府的形象，影响党群关系，重则有可能葬送江山社稷。对于奢侈淫逸等腐败行为，要予以纪律约束和及时惩罚。对于那些道德败坏、奢侈挥霍公款、追求享乐的党员干部，对于权色交易、包养情妇的党员干部，对于那些热衷于公款吃喝玩乐和旅游的党员干部，必须坚决果断地按照党纪政纪条规给予降职和撤职等处分。

节俭能使人对各种自发的物质欲望进行节制，从而奠定道德自律的基础。物质欲望的节制，可以使人追求高尚的道德精神境界；而奢侈和纵欲，沉湎于酒色之中，坚强意志和刚毅精神则荡然无存。范尧夫曾告诫他的子弟说："只有节俭，才能帮助你清廉；只有仁恕，才可以使你修养道德。"

节俭在"修身"中有着最基本的作用。鲁迅一生俭朴。帽子破了照样戴，也不穿皮鞋。是因为鲁迅穷吗？显然不是。鲁迅一生总收入（含稿费），相当于今392万元以上，是个"中间阶层"，他的钱足够使他过上奢侈的生活。可他为什么要这样克制自己日常的用度？因为节俭是人格与品质的表现。

电视纪录片《毛泽东》有这样一个镜头，毛泽东的保健医生拿起一条毛泽东生前用的毛巾毯，上面满是补丁。他曾多次劝主席换条新的，都被拒绝了。这是毛泽东真实生活的写照。毛泽东在延安时穿的一套旧军装洗得发白，补丁就有16块。他的一双旧拖鞋，鞋底都出了洞，鞋帮绽了线，缝补好继续穿。他曾说："一条毛毯我换得起，但共产党人艰苦奋斗精神丢不起。"

"事能知足心常泰，人到无求品自高。"法国作家雨果说过："鸟儿在空中飞过，没有留下任何痕迹，但没有遗憾，因为它曾经飞过。"节俭会营造整个社会良好的道德风尚，使社会保持稳定且具有凝聚力，有利于国家的长治久安。

谦卑做起乃赢家

在进步与成功面前，谦虚是一种清醒剂，是一个加油站，是一股原动力。在胜利、顺境、成绩面前，谦虚犹如一个冷静的使者，它教人自省自问，与心灵对话。谦卑总是以自律和容人为前提的。正确处理主体与客体、个体与群体的辩证关系，是人生的永恒课题。只有保持谦卑，才可能有学习机会，才可能敞开心扉，坦诚地交换意见；只有保持谦卑，才可能避免傲慢与褊狭，从他人的角度看待事物，避免纠纷和争端。

春秋时的宋国大夫正考父是数朝元老，他在家庙的鼎上铸写铭训："一命而偻，再命而伛，三命而俯……"每逢任命总是愈加谨慎，一次提拔要低着头，再次提拔要曲着背，三次提拔要弯下腰，连行路都注意靠墙边走。这种"低姿势"使正考父为官一直如履薄冰，克己奉公，政绩斐然。"如临深渊，如履薄冰"，出自《诗经·小雅·小文》，大意是好像走近深渊怕坠落，好像踩在薄冰上怕陷没。

卫青，可以说是从奴隶到将军的典型。他有才能、重修养、不专权，成为历代人才的表率。卫青并没有因为姐姐卫子夫受到汉武帝宠幸而骄傲，也没有因为多次击败匈奴有功而擅权。

汲黯常犯颜直谏，被汉武帝称为"社稷之臣"。卫青不挑汲黯"不跪拜"的理，还登门拜访，主动与他交朋友，多次恭敬地向汲黯请教朝廷中的疑难问题。汉武帝很欣赏卫青的谦逊，对他始终宠爱不衰。《汉书》称赞卫青遇到士大夫以礼相待，给小人施以恩惠。……举止言行，应深宜鉴此。

"桃李不言，下自成蹊"，这句话是司马迁对勇猛善战的将军李广的由衷赞誉，意味深长：桃李有着芬芳的花朵、甜美的果实，尽管它们不会说话，但仍然会吸引人们到树下赏花尝果，以致树下都走出一条小路。

李广身居高位，统领千军万马，是保卫国家的功臣，深受官兵和百姓的爱戴。他一生跟匈奴打过七十多次仗。"但使龙城飞将在，不教胡马度阴山"，也是赞扬李广的，意思是只要有李广将军在，匈奴人就过不了阴山。李广战功卓著，但他一点也不居功自傲，待人和气，还能和士兵同甘共苦。每次朝廷给他的赏赐，他首先想到的是他的部下，就把那些赏赐统统分给官兵们；行军打仗时，遇到粮食或水供应不上的情况，他自己也同士兵们一样忍饥挨饿；打起仗来，他身先士卒，英勇顽强，只要他一声令下，大家个个奋勇杀敌，不怕牺牲。这是一位多么让人崇敬的大将军啊！

骄慢者常常旁若无人、唯我独尊、自吹自擂、好大喜功，总以自我为中心。在与人交谈的时候，喜欢把话题围绕在自己身上，说话中常出现"我"字，自己如何如何，强调"我""我的"，动不动就自我吹嘘。有的人觉得自己聪明，总是认为别人说得不好，考虑得不够周全，其实他的意见也并不高明。自作聪明，显得很强势，容易让人厌烦、反感。

有一次，汉高祖刘邦与韩信谈论诸将才能高下，韩信在刘邦面前自矜其能。刘邦问道："你看我能指挥多少兵马？"韩信回答："陛下至多能指挥 10 万兵马。"刘邦又问："那么你呢？"韩信哈哈大笑："臣是多多而益善耳！"刘邦笑道："既然你带兵的本领比我大，却为什么被我控制呢？"韩信说："陛下不善于指挥兵，但善于驾驭将，这就是我被陛下控制的原因。"此言引起刘邦酸溜溜的嫉妒，冷冰冰的戒心。韩信也觉得自己失言。他忘记了身份，没有遵守君臣之间的礼仪……

官渡之战前，许攸投奔曹操，献了一系列的妙计，为曹操击败袁绍，夺得河北之地立下赫赫功劳。曹军占领冀州城后，一次聚会时许攸直呼曹操小名："阿瞒，不是我献计，你能得到这座城池吗？"曹操部将许褚大怒，立即拔刀杀了许攸。得意忘形的许攸，当众不给曹操面子，虽然曹操本人当时没说什么，想必也动了杀机，所以事后只是责备了许褚几句而已。

伊索寓言中有个故事：一只山羊爬上房顶，一只狼跑过来，却只能急得在它脚下团团转。山羊得意扬扬地骂它："你这傻瓜，能对我怎么样？"野狼无可奈何，于是骂它："你这胆小鬼，我骂的并非是你，而是你所站的位置！"用这个寓言形容以头衔和身份压人的管理者，是比较恰当的吧？

谦卑万事能成，自满十事九空。如果没有如临深渊、如履薄冰的戒惧谨慎心态，盛气凌人，目中无人，总认为别人不如自己，甚至歧视别人，把自己的一时得志作为骄傲的资本，就会从高处跌下来。

年羹尧曾被康熙委任为川陕总督，成为西部边陲的重要大员，立过卓越功勋。然而，他渐渐居功自傲、狂妄自大，渐渐失去雍正的宠信。公元1724年十月，年羹尧第二次入京觐见，他令总督李维钧、巡抚范时捷等跪道迎送。到京时，黄缰紫骝，郊迎的王公以下官员跪接，年羹尧端坐马上，瞧都不瞧一眼。王公大臣下马向他问候，他也只是点点头而已。甚至他最后连皇帝也不放在眼里了。《清史稿》载："年在皇帝面前'箕坐'（两腿伸直岔开的轻慢坐姿），无人臣之礼。"

有这样一些人，他们在艰难困苦之时常常很谦和、虚心，而在功成名就后就会变得很不谨慎、自以为是、趾高气扬。可见，一个人战胜挫折和失败不容易，承受成功和胜利也很难。感到自我意识太强，会招致大家的反感。在踌躇满志、位尊权重、春风得意之时，要比屡遭挫败、穷困潦倒，更需要加强从政道德修养，以谦抑为上，自我节制、自我调控，筑起抵御骄傲的防线。只有常怀谦虚之心，才能既经得起失败的考验，又经得起胜利的考验。

2009 年 6 月 17 日，面对记者采访，郑州市规划局副局长质问记者："你是替党说话，还是替老百姓说话？"不但摆错了党和百姓的关系，其粗暴蛮横的做派也可见一斑。

2010 年 7 月 28 日，南京化工厂爆炸事件引起全国关注，江苏电视台城市频道中午 12 时 15 分直播爆炸现场情况时，一位江苏省委某官员走上前来质问记者："你是哪里的？哪个让你直播的？"记者无奈中断了直播信号。

当政绩突出、打开局面时,要多想想别人打下的基础,组织给予的支持,群众付出的艰辛。要消除借权力之威带来的强势心态,时时给自己泼泼冷水,切不可因强而骄、侵凌同僚、冷待下属、轻慢民众。要以宁静平和的心态与人相处,于不显不露中成就一番事业,在取得初步成功以后继续向着新的目标前进。

20世纪80年代,季羡林担任北京大学的副校长。季羡林素日里平易近人,受到北大师生的普遍敬仰。在校园里,经常会碰到这样的事情:季羡林走着走着,忽然有一辆自行车停在面前,一位学生模样的人下来问道:"您是季羡林教授吗?"季羡林点点头。学生说:"季先生,我没什么事儿,我只想当面说一句,我敬佩您。"说完,登车离去。类似向季老致敬的情况时有发生,这就是一种魅力。

牛顿晚年说,在科学面前,他只是一个在岸边拣石子的小孩。这是他面对浩瀚宇宙发出的由衷感叹。当你固守谦恭这一人生瑰宝,便会拥有高超的智慧,享有成功的人生,向最高的精神境界迈了一大步。

骄傲是前进的大敌,是失败的祸根。美国汽车大王福特曾说:"一个人如果自以为已经有了许多成就而止步不前,那么他的失败就在眼前了。许多人一开始奋斗得十分起劲,但前途稍露光明后,便自鸣得意起来,于是失败立刻接踵而来。"

爱迪生被视为当代发明最多的人,但是,爱迪生晚年变得骄傲自负,把自己摆到了不适当的位置上,错误地低估别人、高估自己、自以为是,听不进别人的批评和忠告。他甚至对自己的助手说:"不要向我建议什么,任何高明的建议也超越不了我的思维。"这样他就堵塞了智慧的源泉,丧失了前进的动力,以后再也没有新的重大发明了。

有的领导者喜欢被人前呼后拥,习惯于旁人在自己面前唯唯诺诺、绝对服从,甚至有的领导认为自己所说的话就是"圣旨",容不得批评、颐指气使,"官大一级压死人"。究其原因,他们把自己看得过于重要了。

当他们不再掌握权力时，才会体会到自己在别人心目中的真实分量。请谨记：你在别人心目中的地位，永远没有自己想象的那么重要。因此，别把自己太当回事。在人之上，要把别人当人；在人之下，要把自己当人。

维护领导的权威

上一级领导有着比较特殊的身份和地位，负责政策、指令和制度的发布，是组织者和指挥者，因此很重视自己的权威和尊严，很在乎下属对自己的态度。维护上司的权威和尊严就是对组织负责。在保持独立人格和平等相待的前提下，要切记：在领导活动和人际交往中，注意维护领导的权威，为开展工作奠定良好基础。

如果你在一些场合因小事或大事使领导下不了台，或轻易打断领导讲话，或中断领导出席的会议，轻者会得罪了领导，直观认为你对领导不尊重、不友好，或抱有成见，他很可能批评你，维护自己的权威和尊严；遇上素质不高、心胸狭窄的领导可能会打击报复，影响你的进步和发展。

在大庭广众之下，你可能会为了自己的面子而失去冷静和克制，反驳领导的批评以显示自己的无辜。这样逞一时口舌之快，换来同事的一丝同情，却导致领导难堪、发火，他会以为自己的权威被践踏、地位受到威胁。

与领导交往时，不要忘了维护其权威，不可有意无意地让上司丢面子，说话应该慎之又慎，把握好分寸。遇到事情多请示领导，千万别做损害领导权威的傻事，否则你是很难得到领导的赏识，自己的利益会受到损失。

张磊在一家外贸公司工作。一天，他的领导怒气冲冲地来到办公室，看到办公室乱七八糟，不分青红皂白批评了张磊一顿。此时张磊正在认真工作，他认为自己没犯什么错误，却招致一顿批评，一怒之下与领导争吵起来。原来由于上司与外商谈判，谈妥的事情又中途变卦，所以心情特别不好。事后，这位领导向张磊道了歉，这让张磊感觉十分尴尬，连连怪自己不懂事理，不该当面顶撞领导。

由此可见，有时领导对下属的批评并不是没事找碴儿，是因为他有很多烦心事，有时候拿下属煞气。作为下属要学会理解、宽容领导哦。

多请示领导容易得到领导信任。作为领导，对自己的尊严、面子看得很重要，喜欢下属尊重自己，讨厌下属抢镜头、抢次序、当面顶撞。领导提出批评时，即使你觉得自尊心受到伤害，就算是他的错，必须指出来，也要换个恰当的场合、恰当的时间，切不可当众纠正、对领导无礼。任何时候，都要给对方一个体面的台阶。即便你的观点和做法是对的，也要积极地维护、配合领导。领导理亏时，不能戳到对方的痛处，不要揭人老底，给他个台阶下、融洽相处，大有裨益。因为在公众面前，领导的话就是王牌。不是原则问题，无关大局，看破别说破，面子上好过。如果你不识时务，不与领导合拍，次数多了，就会减弱对你的信任。上一级领导也不总是正确的，但他又都希望自己正确，没有必要凡事都与领导争个高低。

当你提出正确的意见时，也许你的领导并不了解你的用心，如果你直来直去说，给领导的感觉就像是抬高自己一样。所以，你的说话态度一定要诚恳和委婉，语气一定要缓和，设法让领导感到你的好意。否则，会让领导感觉你在挑战他的威严。

如果领导的错误比较明显，最好到他的办公室，以不让其他人发现的方式，委婉地提出来，辅之以善意的眼神，让他感觉是自己发现了错误而不是下属指出的，上下级之间的关系也会因此而和谐。

与上级领导共同出现在公共场合，如客人应酬，参加宴会和其他公共集会时，要突出上级，不要张罗过度，过多地显示自己，以免造成喧宾夺主之势。与上级交往时，一定要牢记自己的身份。向上级汇报思想、请示工作，要注意礼节，态度谦虚，表现出尊重上级的样子。出主意、提意见时，讲究措辞的艺术，切不可摆出为人师长、比上级高明的姿态。

尊重、维护领导，不可在外人面前发牢骚，对领导评头品足。任何一位领导都希望下属释放正能量、积极上进、任劳任怨。当面顶撞是最不明智的做法。既然是公开场合，你下不了台，反过来也会使领导下不了台。有这样一位员工，工作能力强，但他多次在背后对领导的能力和生活习惯评头品足，结果是被调离了岗位。

有时候，对方的缺点和错误无法回避，必须直接面对，这时就要采取委婉含蓄的说法，淡化矛盾，以免发生冲突。可惜的是，有些人说话太直，结果好心办了坏事。"你希望别人怎样对待你，你就应该怎样对待别人。"与领导研究、讨论工作时，他有责任让你跟着他的思路走。领导分配任务时，不应该说"难度太大"。纵使领导的思路有问题，你的心理要有一个底线：不可与领导针锋相对地争辩、争执。

领导意图你要懂

勤于捕捉领导思想的"闪光点"，紧紧跟着领导关心的敏感点思考，做善于"领会"的有心人。敏于将领导的思想融会贯通，丰富完善领导意图和思路，做擅长"发挥"的参谋长。

作为部下应善于融会、完善领导意图，看其思路、意图是否正确反映客观实际，反映程度如何，在哪些方面有创见，哪些方面有不足，然后本着遵循而不是拘泥、机械地录制的原则，凡是正确意见要吸收进来，通过调查研究得到合理发挥和多方面论证；如果是领导者原来没有想到或没有想全的，要补充、丰富、完善领导的意见。

应当巧妙地顺势接过别人的话题进行发挥，引出新思路，将话说入对方的心坎里。如果听者不耐心，不时提出相反的意见，说话者的情绪便会受挫，丧失继续说下去的兴趣。

懂得领会上级意图，不是浅层次地捕捉上级弦外之音的小儿科动作，更不是"言必称好"，曲意逢迎，依样画葫芦，做照抄照搬的专家，而是能够深层次地解构领导内心世界的真实需求，理解其工作中的深意和用意，与上级形成默契。

这里所讲的善于领会领导意图，是指及时准确地了解领导以客观事实为根据、反复酝酿、考虑成熟的思路。上一级领导在表达意见时，如果听者十分热心地听，他会倾心投入。注意倾听领导说话，注意到他的言谈神色，判断出他的心理活动，说话的时候就可以有的放矢，使谈话轻松愉快地进行下去。

领悟领导说话的"潜台词"，读懂领导，是作为中层领导和下属不可或缺的能力，是一个关键的环节。我们经常会听到领导说某某人"悟性好，聪明，一点就通"，或是抱怨某某人"脑子不够灵通，交代了多少遍，还不明白"。

"看云识雨、见微知著。"很多时候，听着上司的话，联系他前面的话语，再看着他的表情，你就能够知道他话外之音。领悟这种"潜台词"需要根据领导说话的语气和表情，去捕捉和判断其本意。如，上司对你说："我不必参加这次宴会了吧。"话中的"不必""吧"，带有半推半就的意味，他是希望你再次邀请他。如果上司对你拿出的工作方案，不耐烦地摆摆手，说："好了好了，你看着办吧。"其潜台词不是同意你去办这件事，而是让你回去好好想想，想清楚了再来和我谈。

要想读懂领导的潜台词，准确领会领导的意图，需要平日紧紧围绕领导关心的问题进行思考。领导的话外音能不能琢磨明白，关键的是看悟性。必须要了解上司的语言习惯、表达方式，多揣摩、领会领导的意图，才能开展好工作，让领导满意。

在每次工作例会前，搜集所有相关的资料，做好充足的准备，以便在会议过程中呈报或提出建议；尝试用不同的角度看事物，得出独到的见解，加以综合分析，使上司重视你的意见。想上司所想，思上司所思，分析上司思想的发展趋势，按此去拓展思路；要善于把领导某一方面有指导价值的东西，移植到其他方面去，或者是从这一思想得到启发，进行联想、发挥，产生出辅助决策的新思想，让上司对你刮目相看，感到干工作离不开你。

做大事也要拘小节

在工作和生活中，品德之优劣往往通过小节、小事体现出来的。谁敢想象：千里大堤，竟会被"蚁穴"毁掉啊？然而，这确实是真的，确实教训深刻，确实应该引起警觉。因此，党员干部修养要从大的目标、大的方向着眼，牢固树立"廉洁自律无小事"的观念，从小的方面做起，谨言慎行，慎独、慎初、慎微。

慎初，就是警戒、谨慎于事发生之前，在思想上筑牢"第一道防线"。明成祖朱棣当上皇帝后，认为皇位得来不易，应居安思危，防微杜渐，唯恐有失误。一天，朱棣在右顺门看四方奏牍，精神过度集中，御案上一个金狮镇纸被碰到案边，险些掉到地上。站在一旁的耿通及时扶住了金狮，往里边移了移。明成祖感叹地说："一件器皿虽小，置之危处则危，置之安处则安。"他指着那尊镇纸金狮感慨道："天下犹如大器，岂能置之危处？因此小事上也要谨慎，不然积小成大，终成大患；小过必须改正，不然终成大的变局，乃是致危之道也。"正是为了天下这一"大器"，朱棣才不敢有丝毫的懈怠，处处克己，以求天下之治。

吴官正就任中央政治局常委、中纪委书记后，有一次，他生病住院，急着要出院去出差。吴官正的儿子请秘书向中纪委机关报告。中纪委有个领导听说他住院了，来医院探望。领导走了之后，他问是谁讲出去的，然后批评了秘书。

在个人成长进步比较顺利、某工作取得进展和有了突出成绩之时，在有了丰富的人生阅历与经验、能够处理复杂情况之际，在几历风险、战胜险风恶浪之日，一定要保持清醒头脑，谨慎从事，敬以持躬，不要有丝毫的疏忽，切莫只图一时之快，不注意言语的轻重对错，任性而为。凡事适可而止，公平对待每一位同事。

第一次，往往是沦落的开始。把握不住第一次，有了第一次伸手，就会有第二次、第三次，以至于一发不可收拾，最终滑入奢侈过度、腐化堕落的泥潭而不能自拔，直到露出马脚。正是："早知今日始，悔不慎当初。"

在市场经济条件下，生活丰富多彩了，诱惑也明显增多了。有些人为了达到自己的目的，想方设法与你"私交"，引诱你、笼络你。你能不能挡住诱惑、抵御笼络？把住第一次就显得非常重要。江苏省建设原厅长徐其耀、广东普宁市委原书记李伟斌案发后无不痛悔放松了思想防线,"不该接受他人第一次给的钱。有了第一次,第二次不收人家的就会说你假正经"……

慎微,就是防微杜渐。领导干部违法违纪的轨迹,一般都是从收受礼品开始的,从小东西开始的,直至贵重礼品,直至巨额贿赂,中央纪委调查发现,吕锡文所犯的错误,集中在她从西城区调到北京市担任领导之后。在西城区,她也曾经作风朴素、务实肯干,但随着职务的晋升,她的生活方式和追求,渐渐发生了变化。她从相关企业低价购买了多套住房,第一次购买完之后,她又觉得可以为自己的家人再购买一套,第二套买完之后,她又觉得可以再要第三套,依然是低价,第三套之后又有第四套、第五套。其中,在她自己和直系亲属名下的有三套。她买下这三套房的价格和市场价格之间,相差达到两千多万元。

慎独,是一个人圣洁的内心世界的反映,是古代儒家创造的、有民族特色的修养方法。慎独,是一种"自我约束法"。独身自处、无人监督时,少了外界的压力、没有他人的监督,最见修为。习近平同志说:"每个领导干部都应慎独慎微,从小事小节上加强自身修养,从一点一滴中自觉完善自己,懂得是非明于学习、境界升于自省、名节源于修养、腐败止于正气的道理,始终保持共产党员的本色。"(《之江新语》)

领导干部必须在小事中、细节处,坚守党性原则和做人操守,不做失德失范之事,防止千里之堤溃于蚁穴,防微杜渐,见微知著,以"祸患常积于忽微"之心对待小事、小节、小利,时刻以肩负的责任警醒和鞭策自己,朝过夕改,常修不懈,从"不能贪""不敢贪"升级为"不想贪",追求高尚,远离低俗,远离腐败,展现出高尚的道德品质和人格力量。

倾听:至高的恭维

注意倾听别人说话,是一种艺术,是一种"无言的赞美和恭维"。善于倾听的人,能倾听对方说些什么,能听懂他的意思。仔细聆听才能够把握重点，回答得中肯。不倾听就不能真正交谈。

自古以来，有识之士都很重视倾听。认真倾听，就会赢得友谊，赢得体谅和尊敬。没有倾听，就没有俞伯牙、钟子期"高山流水遇知音"的佳话；没有倾听，就没有白居易面对琵琶女"嘈嘈切切错杂弹，大珠小珠落玉盘"的弹奏而泪洒青衫……

曾经有个小国的人来向皇帝进贡同时出一道题：三个一模一样的金人，哪个最有价值？皇帝请来珠宝匠检查，称重量，看做工，都是一模一样的。怎么办啊？泱泱大国，不至于弄不懂这个小事吧。有个退位的大臣说他有办法。

老臣胸有成竹地拿着三根稻草，插入第一个金人的耳朵里，稻草从另一边耳朵出来了；第二个金人的稻草从嘴巴里直接掉出来；第三个金人，稻草进去后掉进了肚子，没有什么响动。老臣说：第三个金人最有价值！使者点头，答案正确。

群臣们不明其究竟，老臣侃侃而谈：第一个小金人是左耳朵进右耳朵出，这种人最没有价值；第二个小金人只要听了就会和盘托出，处世没经验，做事无原则；而第三个小金人，能听得进意见，而且会记在心里，做事有分寸……

这个故事启示人们最有价值的人，不一定是最能说的人。哲人有言："人之所以长两只耳朵、一张嘴，就是要让我们听的比说的多。""红顶商人"胡雪岩会说话，更会听话，不管那人是如何言语无味，他能一本正经，两眼注视，紧要关头补充一两句，引申一两义，那人自然觉得投机而成至交。

交谈是两个人的事，应该形成一种交流。如果你给别人说话的机会，认真倾听，也就给别人留下了一个好印象，在接下来的交谈中你就更容易乘风远扬，顺利抵达自己说话的目的地。说和听是不可分割的两个方面。在考虑自己要说什么的同时，更要多听听别人说的是什么。让对方多说话，能借着相互间的交谈来透视对方。韩非子认为，如果要听取对方的意见，应该以轻松的态度来交谈，让对方多开口说话，进而分析透视他的心意。

让对方尽量地去发挥，以此作为判断的资料。

开国总理周恩来之所以被亿万人赞颂，其中突出的一点，就是他在听别人讲话时态度极其认真，不论对方职位高低、年龄大小都同样对待。对此，美国一位外交官曾评价道："凡是会见过他的人，几乎都不会忘记他。他身上焕发着一种吸引人的力量，长得英俊固然是一部分原因，但是，使人获得第一印象的是他的眼睛……你会感到他全神贯注于你，他会记住你和他说的话。这是一种使人一见之下顿感亲切的罕有天赋。"

人们往往对自己的事更感兴趣，对自己的问题更关注，喜欢自我表现，一旦有人专心倾听时，就会感到自己被尊重和被欣赏，于是以热情和感激来回报你的倾听。谈话投机，有一半要靠倾听。一位心理学家曾经说："以同情和理解的心情倾听别人的谈话，我认为这是维系人际关系、保持友谊的最有效的方法。"英国联合航空公司总裁费斯诺：人有两只耳朵却只有一张嘴巴，这就意识着人应该多听少说。

用好耳朵，多听、会听、善听，是领导干部最基本的素质，是对别人最好的尊敬、至高的恭维，更是对党员干部的能力要求。一个健谈的人，同时也是个耐心的倾听者。心理学家杰克·伍德说："很少能拒绝接受专心注意、倾听所包含的赞美。"法国传记作家拉罗斯福说过："我们与人交谈，觉得知音难觅、和者寡鲜，其原因之一，就是人们几乎都对自己要说什么想得太多。"请记住，少说为佳。你说得越少、说得越好，在交往中就愈容易成功。

大庆市副市长、公安局长曹力伟自2004年7月上任以来，把每周三定为公安局"一把手"接访日，认真倾听百姓的意见，不间断地倾听同一个上访者陈述；上访者没有表达完自己的意见，他绝不会离开，哪怕到了吃饭时间，也继续听下去，直到听完为止。

在接访中，有时遇到年龄偏大、听力不太好的上访人员，他谦让对方多开口，自己俯身倾听，附在对方耳朵旁解释；有些上访者出言不逊，他都表现出倾听者的最大诚意和对上访者的尊重，为公平公正地处理问题提供了良好的基础。7年间，曹力伟接待上访群众12000多人次，公平公正处理上访案件6200多件，做到了"坐得住、听得进、查得实、处得公"的要求。

受过4年小学教育，23岁创业、7年后成为日本收入最高的人，当1989年逝世时，留下了15亿多美元的遗产。这就是被称为"经营之神"的松下幸之助传奇的一生。松下幸之助被问到他的经营哲学时，只有简单的一句话："首先要细心倾听他人的意见。"

每个人都希望被人尊重，在侃侃而谈的时候被人打断，无论是谁，心情都不会好。你对这个话题不感兴趣，就打断别人的谈话，或抢接别人的话，把注意力分散到别的地方，貌合神离，心不在焉，这样是有失礼貌的行为，不但会搅了别人的兴致，还会阻碍别人的思想，破坏别人的情绪，引起别人的反感。人有两个耳朵，一个嘴巴，就是让我们在听别人说话的时候，要多用到我们的耳朵。

以"我"为中心的人，随便解释某种现象，东拉西扯，轻率地下断语，借以表现自己是行家，轻易地从一个话题跳到另一个话题，说些与主题风马牛不相及的东西，让人不得要领。

一个成熟的领导者能够细心倾听他人的说话，能在交谈时适当点头，保持沉默或改变语调，从而使他人融入交谈。听者在采取专心倾听的态度后，还要对谈话内容进行能动性理解，就是对谈话内容自觉努力地去接收和处理。

我们在听话时，需要注意琢磨对方话中的微妙感情，从中得到有效的信息。一个好的倾听者应当善于通过交谈捕捉信息。韦恩是罗宾见到的最受欢迎的人士之一。他总能不断地受到各种邀请。一天晚上，罗宾碰巧到一个朋友家参加一次小型社交活动。他发现韦恩和一个漂亮女孩乔安坐在一个角落里。出于好奇，罗宾注意观察，得知韦恩受欢迎的秘诀：他只是让乔安谈自己。他对每个人都这样说："请告诉我这一切。"人们喜欢韦恩就因为他愿意倾听他们讲话。

交流的双方基本上是用眼神的，要认真地注视着对方，让对方觉得你在认真倾听，从而感受到你内心的那份真诚。当然不能眼睛一眨不眨地盯着对方的眼睛，这样一来让对方感觉不好意思。眼光不能东张西望，手头的东西要放下来，面容常带微笑为好。

在倾听过程中不要随便插话打岔、随意打断对方，改变说话人的思路和话题、任意评论和表态、把话题拉到自己的事情上来，或一心二用做其他事，要让对方把话说清、说完整。

如果能在对方说的过程中不时地随内容的变化而相应有感情地"啊，嗯，嗬"几声，感觉会和谐许多。如果你是经理、书记，难免会有人来访或电话干扰，这时你得很抱歉地先说声："不好意思，稍等一下。"

有时候可通过肢体语言，表示自己在认真倾听。在倾听时最好身体向说话者的方向稍稍前倾，表示在全力关注他的话。听别人讲话，思想要集中，微微点头示意，表示认同对方的观点或列举的事例。用微笑，表示鼓励对方继续往下说。如果你希望他人喜欢，增强领导力，就应做一个有耐心的听众。一位钢铁大王说："倾听是我们对任何人的一种至高的恭维。"善于倾听无形中起到了褒奖对方的作用。

"胸怀"古今谈

能容人，气量大，是处理人际关系时所持有的一种友善的态度，表明处理人际关系的主体对客体人格的尊重。雅量容人是风度，是胸怀坦荡，是看透了人生之后获得的从容。

习近平同志曾引用"海纳百川，有容乃大"。宽容、谦让，是一条从理解走向信赖的小路，是一团消除对方误解的火焰。面对缤纷的世界、多元化的生存空间，应该学会宽容，容人之短，更要容人之长。易事、苦事、难事、好事、窝囊事，凡事皆能装心中。宽容的人给别人留条路，也给自己留了路。一个人的胸怀能容得下多少人，才能够赢得多少人。

豁达大度是一种理解的包容，是人类的最高美德之一。《尚书·君陈》：

"尔无忿疾于顽。无求备于一夫。必有忍,其乃有济。有容,德乃大。"一个人有包容的雅量,他的德行就伟大。《礼记》中讲究"君子尚宽"。老子也曾说过:"上德若谷。"一个有良好教养的人,必然有其容人之雅量。

北宋一代,名臣辈出,如王安石、苏轼、范仲淹、包拯。王旦和寇准都是宋代名相,几度同朝共事。寇准为人性情刚褊,做了副宰相以后不注意处理同事间的关系,几次在真宗面前说王旦的短处。王旦却经常在真宗面前称赞寇准的优点。真宗对王旦说:"你虽然常称赞寇准,他专门说你的缺点。"王旦反应平静,从容回答道:"因为我担任宰相职位很久,处理政事过失也必定多。寇准对陛下不隐瞒,表明他忠诚正直,这就是我看重他的原因。"

有一次,王旦所在中书省有一文件送达枢密院,寇准发现文件违反格式,马上报告宋真宗。真宗随即责备了王旦,又处罚了有关人员。王旦主动承担责任,还到寇准家表示认错并致谢。不到一个月,枢密院有文件送达中书省,办事人员发现这份文件也违反格式,兴冲冲地呈给王旦,建议他报告皇上。王旦却让部下把文件退还枢密院。寇准颇为惭愧,见到王旦,忍不住问道:"我的老同年,您怎么有如此大度量?"王旦笑而不答。

后来朝廷任命寇准为武胜军节度使、同平章事、判河南府。寇准进宫谢恩时感动地对真宗说:"非陛下识臣,安能至此?"真宗告诉他是王旦全力举荐你啊,寇准方才恍然大悟,"准愧叹,以为不可及。"

有一次,宋真宗作了一首《喜雨》诗,拿给枢密院和中书省的官员看。王旦看后,在退朝后对王钦若说:"皇上的诗中有一字误写,是不是呈进去改正过来?"王钦若说:"一字之误,没大妨碍,不必改了。"背后却把诗中有误告诉了宋真宗。真宗有些不高兴,对王旦说:"昨天的诗中有一错字,为何不告诉我?"王旦只是说:"我拿到诗稿没有仔细拜读,没能及时奏明皇上。"遂向皇帝请罪,其他大臣亦随之下拜。只有大臣马知节知道实情,便以实相告皇帝,并感叹说:"王旦没有错,却不为自己开脱,真有宰相气度啊!"

要容个性不同的人，容持不同意见的人，容有缺点弱点的人，容比自己能力强的人，容功高盖主的人。当对方无意出错、无心出错时，要多一分宽容和鼓励、少一分指责和冷酷，多一分热情帮教、少一分求全责备。当工作中出现矛盾或异见时，要多一分大度释怀，少一分耿耿于怀。

有一位哲人在回答弟子"如何摆脱烦恼"时，精彩地回答"宽容"。宽容忘却的是过去，得到的是未来；郁闷维护的是过去，失去的是未来。仔细想想，生活中出现的不少烦恼之事，不正是缺少宽容造成的吗？所以说宽容是豁达大度，也是一种理解的包容。宽容之心是由和谐之心做基础的。人有了和谐之心，一切从和谐出发，才能产生、丰富、拓宽宽容之心。

朱德胸怀宽广，勇于做自我批评，极力维护革命队伍的团结。在延安的"抢救运动"中，在庐山会议上，他都本着实事求是的态度，不去整人。在党内政治运动中，朱德特别注重团结，严格掌握党的政策。他不搞宗派，处处以革命大局为重。他说："我们共产党人胸襟要广阔，气量要宏大，要求自己比要求别人要严格一些，有功先归群众，有过勇于担当。"

周恩来是一位具有宽广胸怀的人。1973年2月美国总统尼克松访华期间，由于尼克松没有安排随行的国务卿罗杰斯参加与毛泽东的会见，罗杰斯十分恼火，打算给中美联合公报的发表制造麻烦。周恩来得知这一情况后，非常宽容大度，不去计较美国方面安排不周给我国带来的负面影响，而是通过自己的努力去化解矛盾，主动去见罗杰斯。

一见面，周恩来就说："国务卿先生，我受毛泽东主席的委托来看望你和各位先生。这次中美两国打开大门，是得到罗杰斯先生主持的国务院的大力支持的。我尤其记得，当我们邀请贵国乒乓球队访华时，贵国驻日本使馆就英明地开了绿灯，说明你们的外交官很有见地。"

罗杰斯听到赞扬十分高兴，笑着说"总理先生也是很英明的。我真佩服你想出邀请我国乒乓球队的招，太漂亮了！"几句话，一下子就将打消了罗杰斯的不满，两国疏远的距离拉近了，中美联合公报得以如期发表。

只有胸怀宽广的人，才会慷慨地给予别人以赞美，用诚恳的态度客观地评价他人。周恩来以宽容大度的胸怀,化解了罗杰斯的怨气,显示出了高超的交往水平。

与异性交往有分寸

按自然法则,人与人之间普遍存在着"异性相吸"的现象。如男性在女性面前,往往表现得举止潇洒、气度慷慨、胸怀博大、才华出众,以唤起女性的好感;女性在男性面前,往往希望所有的男性都为自己的美貌、温柔、贤淑所打动,从而对自己产生一种特殊的情感。

有异性在场,产生绝妙的吸引力,能够激起热情和灵感,是我们工作、学习的一个动力源,从青年到中年再到老年,魅力不衰。这种异性之间在交往中表现出的超常热情,能促进事情的成功,它是交往中异性效应中的正效应。

要学会利用异性的优势,增强群体意识,提高单位工作效率。与异性交往,基本定位是"有利于工作、有利于情谊"。农村搞集体大生产时期,有个生产队长深谙异性之间的心理,将男社员与女社员穿插安排,让年龄相当的组成一个分队,男女之间有说有笑,周围气氛就变得轻松、活跃,总是先干完活,真是"男女搭配,干活不累"。

同在一个单位或部门,彼此相处是缘分,也是情分。与异性上司关系处理得当,工作环境往往比较宽松,容易得到领导的支持和帮助。在公共关系和集体活动中,合理安排男女比例,把异性的吸引力转化为领导力,使这个集体有吸引力、凝聚力。领导干部在工作中与异性的交往,体现着的内在素质,应加强自身修养,以诚待人,举止文明,恪守规矩,行为规范,把握好交往的分寸,以德树威。

与异性交往,在一言一行中以德律己,体现道德规范的要求。一方面,要有"心底无私天地宽"的境界;另一方面,尽可能选择合乎身份、不致引起别人猜疑和误会的场合(尽量选择三个人以上的场合),让双方都感到和谐、自然和融洽,免得爱"整事"的人说三到四,授人以柄。

强化自尊自爱意识，语言文明，行为礼貌，举止高雅，谈吐由衷；注意细节，把握好分寸，包括说话、神态、笑容和一些动作都要细心加以注意，不要随随便便、大大咧咧，不能嘻哈打笑、故意出洋相，让人觉得"不像话"。不要说能引起"歧义"或有暗示意义的话，不说跨越性别界限的话，开玩笑适度，不要说低俗的话，不讲"黄段子"，保持健康向上的心理状态和良好的自制力。

异性往往比同性更在乎"被人尊重"。因此，必须尊重女性的人格和尊严，不宜高傲无礼，不必拘谨、缄口无语，不宜无话不谈；理智地把握自己的感情，管住自己的情感闸门，不宜与异性动手动脚、打打闹闹、过分亲昵、迷失心志，避免与异性发生"感情错位"防止触碰男女之间的敏感神经，避免做暧昧色彩的动作，引起异性的反感，自讨没趣，自己伤自己的面子，让别人产生误解。异性之间有些话不能说，有些事也是不能做的，说话办事尽量不给异性造成麻烦和困难。

有时与异性交往，对一些决策和决定，会产生误导，所谓的"美人计、攻心战"就是如此。面对涉及原则的事，不要突破正常交往，防止跨越道德的、法律的界定而发生越轨行为。

男下属与女上司共事，开始时会不怎么适应，觉得女上司难以捉摸，不好相处，于是敬而远之，甚至有些冷淡、冷峻，避之唯恐不及。这样一来会让女上司觉得你对她个人有什么看法和意见。与女上司说话办事，要把握分寸。但不能疏远，应该尝试多一些接触，加深对方的了解，以减少误会。如，发现女上司生病了，你可以适时问候一句："这几天天气不正常，可要注意身体啊！"

女性领导者在工作中与男性同事、下属交往相处，包括一起研究工作、下基层检查、调研，这是不可避免的。作为女性领导者，应当清醒地认识到，这是工作上的关系，而不是生活中的关系，保持好这种同志式关系的纯洁性。在正常情况下，与异性往来的次数还是不要太多、太密为好。双方接触过多，不一定有助于友谊的长久维持。对于有的异性同事因欣赏你的容貌、爱慕你的才华而产生的不健康的感情，要理智地处理，不为感情所惑；对于某种"试探"的言行，应巧妙地处理，不伤和气，必要时装糊涂，听而不闻，知而不理，或答非所问，转移话题。

男性同志在女上司面前，言谈不要太随便，要注意男女有别。处理事情应格外谨慎。在同性间开的玩笑，一般不要用在异性身上。

异性交往，除了相吸引的物理性能外，阳刚阴柔相济、相容也是重要的因素。女性干部要充分发挥女性优雅的外表和婉约、细腻的性格特征，要掌握分寸，检点自己的行为，在对方的情绪与要求显得迫切与高涨时，善于抑制自己。

在处理具体事务时，坚持有情有义，有热情而不轻浮，有激情而不轻率，不能盲目和肤浅，不要随随便便谈论不合时宜的话题，也不要在谈话时故意搔首弄姿、眉来眼去、打情骂俏，严格防止感情用事。要培养自己的气质，提升文化教养，增添内在的魅力，从而赢得男性的尊重和欣赏。

要正确运用两性间相互吸引的自然倾向和规律，发挥异性之间的吸引力，激发部属的工作热情，成为开展工作的牵引力和推动力。与异性交往公开、透明，待人热情、友善，落落大方，是党员干部该有的范儿。

心态关乎成败

一个人的成功，智力因素当然很重要，而情感因素，如情绪、意志、性格、热情等也不可忽视，往往起着决定作用。因此，领导者需要具备高智商，运用良好的思维能力，及时采取正确决策，同时还要具有高情商，即有把握自己心态的能力，有效控制喜、怒、忧、思、悲、恐、惊等情绪，树立积极乐观向上的情感，尤其是要在工作中寻找快乐，达到工作着并快乐着。

人与人之间并没有多大的区别，但为什么在实践当中往往会有差别？其秘密还是在于人的心态。人生的成功或失败，幸福或坎坷，快乐或悲伤，有相当一部分是由人自己的心态造成的。心态就像影子一样每天与人相随，而且心态能够影响自己周围的环境和团队。美国心理学家威廉·詹姆斯说："我们这一代最重大的发现是，人能改变心态，从而改变自己的一生。"生活与工作的快乐与烦恼，常常取决于你的心态。

心态决定状态。相传苏东坡一日与佛印和尚对饮。佛印和尚吟诗一首："酒色财气四道墙，人人都在里面藏。只要你能跳出去，不是神仙也寿长。"南宋诗人陆游怀才不遇，官场失意，坎坷一生，却活到耄耋之年。他平时爱种花、赏花。每当心有愁怒，就去赏花，"放翁年来百事情，唯见梅花愁欲破"。

我们不能决定一件事情的发展方向，但可以左右自己当下的心态。面对挫折时，必须及时调整心态，培养自己向上的乐观的心态。人生在世，挫折难免。失败者总是把挫折当作失败，从而打击了自己取胜的勇气和锐气。挫折不是失败了，而是还没有成功。作为成熟的领导干部，在面对挫折时，既不会被挫折所累，又不会被挫折所困。恰恰相反，一定会在全面认识挫折本质的基础上，从中吸取教训，调整自己的心态，积极参与新的竞争，提高自身抗挫折能力，成为一个强者。

常言道，心病还得心药医。自己的不良情绪靠自己来控制和调节。为官的生涯一路走来，宝贵而短暂，需要珍存的是美好的一切，避免烦恼成心病，消除烦恼的记忆，给心灵松绑，经常地自我激励、自我抚慰。人生短短几十年，不要给自己留下更多的遗憾，日出东海落西山，愁也一天，喜也一天。释放心灵的重负，忘却那些应该被淡忘的人与事，是一种快乐。

"把脾气拿出来，那叫本能；把脾气压下去，那叫本事。"苏格拉底妻子是个悍妇。一次，她将苏格拉底臭骂一顿，又把一盆脏水泼在他的头上。苏格拉底幽默地说道："一阵雷电之后，必会有倾盆大雨。"

控制自己的情绪没有想象中的那样困难。怒火中烧，告诫自己：5秒钟之后再开口。如果一怒而发，冒出来的话肯定会让自己也吓一跳，5秒钟之后，怒气可能会消掉些。

解决冲突还须考虑对方的观点，找出合理之处以及不合理之处。先接受对方的合理之处，就等于营造了一个宽容的气氛，解决问题就容易多了。在综合考虑的基础上如能坦诚的交流，那问题就可消除了。

理智是情绪的导航仪、控制器。我们要学会理智地控制情绪，处事要豁达，不要感情用事，不要在非原则问题上较真，不要在细枝末节上纠缠。学会控制情绪是我们成功和幸福的要诀之一。

人的一生是"螺旋式发展，波浪式前进"的，不可能一帆风顺、永远春风得意的。应坦然面对挫折，控制和调节情绪，减压调适心理，寻求理智与情绪平衡，避免情绪化决策办事而误事、坏事、犯事。

在与人发生矛盾、对方出言不逊时，应多一些容忍和体谅，把酸甜苦辣咽在肚里。你能容忍多少人，就能领导多少人。有容德乃大，能忍人所不能忍，才能立人所不能立之事功。当别人出难题或胡搅蛮缠时，你首先要克制住，心平气和地接受下来，不要马上觉得失了面子而发火。

尼克松曾回忆赫鲁晓夫易怒："有的时候，特别是如果他面前有很多人的话，他就会变得言行粗鲁、暴跳如雷、盛气凌人，成为他自己独创的高分贝外交的专家。在他对我大喊大叫时，他会站在我对面，用食指捅我的胸部，似乎他嘴上讲的刺人的话还需要配上捅人的动作来加重语气。他往往会像一名机枪手瞄准目标那样，眯起眼睛，滔滔不绝地发表他的论点，并吐出一大堆夸大、亵渎的言辞来。在我们每次会晤结束之后，我常常情不自禁地想，在讲究礼貌外交的时代，赫鲁晓夫在盛怒中说的许多话足以挑起一场战争，而在我们的时代，这些话仅仅使译员脸红而已。"

"猝然临之而不惊，无故加之而不怒。"良好的自制能力是领导干部重要的意志品质，也是衡量领导者涵养气度的尺度。领导工作责任重、困难多，遇到外界误解、刺激是一种必然发生的现象，难免也有生气发怒的时候，关键是要有自控能力，开阔心胸，事前多想想，时刻把握好自己的情绪，控制住冲动，保持冷静和理智，并始终处于最佳状态。

急躁是主体受客体的影响而产生的一种焦躁不安的心态，是一种急不可耐的情绪性反映，是缺乏自控的表现形式。有的人特别急躁，做事急于求成，没有周密计划就开始行动，结果欲速则不达。当事情不顺利或遇到挫折时，要冷静分析原因，考虑好当前如何行动，不能凭一时的情绪冲动。

我们不能控制自己的遭遇，却可以控制自己的心态。你是心态的主人，心态的好坏靠你自己选择哦。一位哲人说过："你的心态就是你的主人。"心态关乎成败，往往决定成败。

第三章 提升交往的说话能力

说话有学问

该说话时说话是一种水平,该沉默时沉默是一种聪明。不该说话的时候说了,是犯了急躁的毛病;该说话的时候却没有说,从而失掉了说话的时机;不看对方的态度便贸然开口,叫作闭着眼睛瞎说。

在交谈的过程中,双方的心理活动是呈渐变状态的,这就要求我们在和人交谈中应兼顾对方的心理活动,使谈话内容和听者的心境变化相适应并同步进行,这样才能让交谈达到明朗化,引起对方共鸣。

英国陆军元帅蒙哥马利,是第二次世界大战的风云人物。他于1961年9月第二次访华,对各地进行了参观访问,9月20日傍晚回到北京。21日凌晨2时许,周恩来电召熊向晖前往中南海西花厅汇报。熊向晖谈到陪同客人在洛阳时,说蒙哥马利不看已准备的专场文艺演出,晚饭后让大家陪同他到街上散步。走过一个小剧场,他闯了进去,里面正上演豫剧《穆桂英挂帅》,翻译向他介绍了剧情。中间休息时,他离开剧场回到宾馆,与熊向晖闲谈,说:"这出戏不好,怎么让女人当元帅呢?"熊向晖解释:这是中国的民间传奇,群众爱看。蒙哥马利说:"爱看女人当元帅的男人不是真正的男人,爱看女人当元帅的女人不是真正的女人。"熊向晖听了不服气,说中国红军就有女战士,现在解放军有位女少将。蒙哥马利先扬后抑地表示,他对红军、解放军一向很敬佩,但不知道还有女少将,这有损解放军的声誉。熊向晖反驳说:"英国的女王也是女的,按照你们的体制,女王是英国国家元首和全国武装部队总司令。"一句话戗得蒙哥马利哑口无言。

周恩来严肃地批评熊向晖:"你讲得太过分了。你说这是民间传奇就够了。他有看法,何必驳他。他提出和平三原则,难能可贵。你搞了这些年外交工作,还不晓得求同存异?弄得人家无话可说,就算你胜利了?鲁迅讲过:'辱骂和恐吓决不是战斗。'引申一下,'讽刺和挖苦也决不是我们的外交。'"

熊向晖心悦诚服地接受了总理的批评，协助周恩来在为蒙哥马利安排的专场文艺晚会中，撤掉了《木兰从军》，添加了蒙哥马利最喜欢的文艺节目——杂技、口技等，并指定了演员。

说话要避免啰唆，没有重点，要尽量简明扼要，一般情况下是越简明越好，简短精练，宜短则短，能短不长，解惑悟道，思想深刻。有些人在叙述一件事时说了很多话，但还是无法把他的意思表达出来。听者花了很多时间和精力，仍然不知道他想说明什么。

有些人在交谈中爱说口头禅，诸如"应该""那么""我以为""绝对的""没问题"之类的话。调查显示，国人最爱说的"十大口头禅"，按排名分别是："随便"（10.5%）"神经病"或"有病啊"（8.1%）"不知道"（7.2%）脏话一类（6.7%）"郁闷"（6.5%）"我晕"（5.6%）"无聊"（5.5%）"不是吧？"或"真的假的？"（4.8%）"挺好的"（4.6%）"没意思"（4.6%）。这些口头禅，负面以及中性的口头禅占绝大部分，积极向上的口头禅所占比例较少。还有一些"孩纸""肿么了""亲"等词汇，让人莫名其妙。负面以及中性的口头禅说多了，与所说的内容有关联，就会影响说话的效果，显得啰唆，还容易被别人当作笑柄。

应尽量让对方把话讲完，不要在中间乱插杠。即使你不同意对方的看法，也要耐心等对方讲完后再阐明自己的观点、列举论证的事例。在倾听和等待中，考虑自己讲点什么。如果确实有必要中间插话或打断别人的谈话时，应礼貌地征求对方的同意。当然，若是对方对某一问题表述不清或者出现遗忘现象而窘迫时，则应及时插话或提醒，这样既可以调节气氛，又能引导对方把话继续下去。

说话要控制好声音和语调，提高自己的"声音魅力"。说话时的音量要适度，声音大小要适当，以对方听清楚为准，切忌大声说话；语调应平和沉稳，把握好轻重缓急、抑扬顿挫，咬字要清晰。说话时的音质圆润，富有磁性和吸引力，使听者感到亲切自然。

说话离不开语气,在一句话中,不但有遣词造句的问题,而且有用怎样的语气表达,说话才准确、鲜明、生动的问题。声音运用得不好,会带来负面的影响。

在语言交流中讲究讳饰。"矮子面前莫说矮""哪壶不开就别提哪壶"。用餐时需上厕所,说去"洗手间"。长途汽车走远路,中途停车在路边,说"让各位方便一下"。在社交场合用这些讳饰式的委婉语,临场可不至于大煞风景。

在中国北方,老人故世了,说"老了"。老干部故世了,以"见马克思去了"。再如:生活中对跛脚老人,改说:"您老腿脚不利索"。对耳聋的人,改说"耳背"。对妇女怀孕说"有喜"。

说话要掌握节奏,停顿恰当,让对方明白你想表达的意思。说话节奏松散缓慢,听者容易分散注意力;说话节奏太快,会使听者反映的速度跟不上,不能都理解消化,由亢奋转向抑制。说话时,注意节奏,快慢适中,快而不乱,慢而不断,增强语言形象的美感。

说话的节奏该快的时候快,该慢的时候慢,形成了口语悦耳动听。应有一些间歇性停顿,辅以态势语,以延缓嗓子的疲劳。还要注意心理的调节与保健,可以侃侃而谈,或娓娓娓道来。

叙述一件事情,描写一处景物,表现一次行动的迟缓,节奏宜慢;表现平稳、沉郁、失望、悲哀的情绪,节奏宜慢。表现情绪紧张、热烈、欢快、兴奋、慌乱、惊惧、愤怒、反抗、驳斥、申辩时,节奏宜快。

把握说话的节奏应掌握如下的方法。阐述性的语言,一般是讲述原理或观点,涉及一些专业领域的知识,听者往往不熟悉,需要放慢速度讲清楚。艰深难懂的内容如果太快,听者很难理解,应放慢说话的节奏,让听者跟得上说话的速度,能够听懂。浅显易懂的内容,说话的节奏可以加快些,听者也能听懂表达的意思。

描述性的语言一般是叙述事件、讲述故事,内容比较浅显易懂。抒情的语言要感染听者,说话者需要表达自己的某种感情,故而不可太快。

欢愉时，语气比较轻快，语调也比较高昂，加快语速，有助于传达一种轻快高兴的语意。而忧伤的语言，一般都是低沉的，说话者的反应速度也是很慢的，语速不要快，使对方听出来你的真实感受。

活泼的语言语速应该快于稳重的语言语速；用很快的语速表达持重的话语，显示不出稳重。要表达激烈的语气，不用较慢的节奏。要表达轻松的语气，也不能用太快的语速。

习近平的语言技巧

拥有良好谈吐的人，能够跟他人进行有效沟通和交流，而且能征服他人的心灵，达到自己说话的目的。正如一位同志所言："好的话语是你生活的调味剂，是你事业的推进器，是你社交的和谐曲。"

语言表达是一种特殊的社会实践活动。口语能够直接、感性的表情达意。日常说话，即兴发言，脱稿演讲，是领导者思想观点和能力水平的展现，也是领导艺术和技巧的反映，需要长期修炼，正所谓"台上三分钟，台下十年功"。

近年来，习近平同志讲话、演讲、谈话的语言风格、语言魅力，受到了广大党员干部的普遍关注和一致好评。这是他长期以来学习、积累和实践的结果，绝非朝夕之功。

习近平同志善于巧妙地用生动形象的比喻等修辞手段阐述深刻道理，善于用讲故事、举事例、摆事实的方式凝聚共识，善于运用古语、俗语、典故、诗词、格言、歇后语和网络用语增添论证的力量，善于用中国优秀文化传统元素来提纲挈领，即使到国外的一些演讲，也都顺手拈来，恰到好处，一扫人们反感的大话、套话、空话和官腔，比干巴巴议论生动得多。

习近平 2014 年 11 月 17 日在澳大利亚联邦议会演讲，当谈到国际社会对中国崛起的忧虑时风趣地说："中国是一个拥有 13 亿多人口的大国，是人群中的大块头，其他人肯定要看看大块头要怎么走、怎么动，会不会撞到自己，会不会堵了自己的路，会不会占了自己的地盘。"

2015年11月7日,在新加坡香格里拉酒店,习近平与马英九会面。习近平表示,7年来两岸关系能够实现和平发展,关键在于双方确立了坚持"九二共识"、反对"台独"的共同政治基础。没有这个定海神针,和平发展之舟就会遭遇惊涛骇浪,甚至彻底倾覆。

习近平在2016年杭州峰会致开幕词很精彩。以诗的语言结尾:让我们以杭州为新起点,引领世界经济的航船,从钱塘江畔再次扬帆启航,驶向更加广阔的大海!

习近平同志长期在基层工作,与人民群众有密切联系,他的从政生涯,使得他充分了解国情民情,也为向人民群众学习语言提供了许多机会。一位搞教育的同志评价习近平的语言风格:"典故旧事随机而用,警句名言信手拈来,谚语俗语援引成趣,透着一种强烈的个人风格:平白而灵秀,朴实而意长,机敏而不失幽默。"

习近平同志的讲话,在清晰论证基础上,注重形象思维,将复杂抽象的事物通过比喻、排比、对偶、讲故事、引经据典等方式深入浅出地娓娓道来。如用"益智补脑"来比喻学习;把"理想信念"比作"共产党人精神上的'钙'""'缺钙'就会得'软骨病'";用"盆景"比喻"蜻蜓点水式的调研";"公务员培训不能'一锅煮'";"把权力关进制度的笼子里"。这些形象语言让人体味其中蕴含的深刻哲理和事理。

习近平同志的讲话高瞻远瞩,立意深远,思想深邃,思路开阔,有很强的气场,有很大的气势。在2014年3月27日举行的中法建交50周年纪念大会上,习近平引用拿破仑的话,巧妙地将中国比喻成一头睡醒的狮子。他说"中国这头狮子已经醒了,但这是一只和平的、可亲的、文明的狮子。"

2014年11月,习近平在APEC多场会议发表的讲话中,妙语连珠,比喻、排比相映成趣,古诗文、民间俗语交相呼应:"2000多年前,老子说:'上善若水,水利万物而不争',意思就是说最高境界的善行就像水一样涓涓细流,泽被万物。亚太经合组织以太平洋之水结缘,我们有责任使太平洋成为太平之洋，友谊之洋，合作之洋，见证亚太地区和平、发展、繁荣、进步。"

2014年11月8日，在"加强互联互通伙伴关系"东道主伙伴对话会上，习近平在一句话中通过两个生动的比喻，说明了"一带一路"和互联互通相辅相成的关系。他说，如果将"一带一路"比喻为亚洲腾飞的两只翅膀，那么互联互通就是两只翅膀的血脉经络。

2016年10月21日，在纪念红军长征胜利80周年大会上的讲话中，习近平同志说："党和红军几经挫折而不断奋起，历尽苦难而淬火成钢，归根到底在于心中的远大理想和革命信念始终坚定执着，始终闪耀着火热的光芒。""长征途中，英雄的红军，血战湘江，四渡赤水，巧渡金沙江，强渡大渡河，飞夺泸定桥，鏖战独树镇，勇克包座，转战乌蒙山，击退上百万穷凶极恶的追兵阻敌，征服空气稀薄的冰山雪岭，穿越渺无人烟的沼泽草地，纵横十余省，长驱二万五千里。"

习近平同志喜欢用生动的故事来说明道理，尤其是从历史故事中寻找借鉴。春秋时宋国的上卿正考父，德高望重，博学多才，文武兼备，谦恭平和，深受宋国几代国君倚重。2013年6月28日，习近平在全国组织工作会议讲话中，讲了这个故事——

春秋时期宋国大夫正考父是几朝元老，但他对自己要求很严，他在家庙的鼎上铸下铭训："一命而偻，再命而伛，三命而俯。循墙而走，亦莫余敢侮。饘于是，鬻于是，以糊余口。"意思是说，每逢有任命提拔时都越来越谨慎，一次提拔要低着头，再次提拔要曲背，三次提拔要弯腰，连走路都靠墙走。生活中只要有这只鼎煮粥糊口就可以了。我看了这个故事之后，很有感触。我们的干部都是党的干部，权力都是党和人民赋予的，更应该在工作中敢作敢为、锐意进取，在做人上谦虚谨慎、戒骄戒躁。

习近平的讲话善于利用排比、对偶、叠词、对比等多种方式，节奏明快。如对偶及排比的使用："凭经验办事，拍脑袋决策。""不贪一时之功、不图一时之名。""落后就要挨打，发展才能自强。"

让语言表达出口成章

孔融10岁那年，有一次到李膺家做客，在场的人都是社会名流，孔融应答自如，得到宾客的称赞。有一位叫陈韪的大夫却不以为然，讥讽他说："小时候聪明，长大了未必也聪明。"孔融立刻回答道："我想先生小时候一定很聪明吧？"孔融以问作答，把对方射过来的"炮弹"又原样给弹了回去。

1959年至1961年是我国极为困难的时期，全国人民都在饿肚子。1961年春节，周恩来招待科技工作者，他说了一句话："今天只有一个主题，吃肉，请同志们放开肚子吃肉啊！"这句话至今催人泪下，体现了总理的深情。

在人际交往和领导活动中，语言表达是重要的交际工具。语言是个神奇的东西。西方一位哲人说："世间有一种成就可以使人在短时间内完成伟业，并获得世人的认识，那就是讲话能够令人喜悦的能力。"提高领导水平，很好地表达思想、沟通感情，必须多下功夫掌握语言表达艺术。

习近平同志在任浙江省委书记时，曾就一些干部不会说话而批评道：他们与新社会群体说话，说不上去；与困难群体说话，说不下去；与青年学生说话，说不进去；与老同志说话，给顶了回去。党员干部要联系上级、沟通下属，协调各种关系，都离不开语言表达。善于语言表达彰显了领导形象，体现了一种梳理工作、开创新局面的能力。

我们天天都说话，不见得会说话，有多少话说得漂亮，体现人情世故，符合领导身份，说得恰到好处？我们说了半辈子的话，有多少话能得很贴切，使人家心服口服？话说得好，听众接受、钦佩，领导威信提高；话没说好，讲砸了，那可亏大了。领导讲话时应说理虔诚，语调亲切、激情迸发、内容充实，达到字字蕴含深情、句句感动人心。

在领导活动和交往中，巧妙地使用比喻、谚语、歇后语、典故、箴言、格言、警语可以使你的谈话生动形象，富有美感，说理深刻，增强说服力和震撼力。

有一天,苏东坡与友人承天寺的住持一起渡河,见一条狗在河滩上啃骨头,马上灵机一动:"狗啃河上(和尚)骨。"住持一听,觉得话中有话,马上回敬一句:"水流东坡诗(尸)。"两个人听罢都哈哈大笑。因为,从表面上听来,是吟诗写实、唱和风雅,实际是互相戏弄、互相嘲笑。

传说乾隆皇帝下江南时,有一次看江中无数的船驶来驶去,就问随从的大才子纪晓岚:"这江上有多少条船?"这是一个难题,但是纪晓岚深思片刻答道:"只有两条船。一条为名,一条只为利。"乾隆听了很是满意。

运用谐音词,除了可以使语言变得生动有趣外,还可以使语言含蓄委婉,意在言外。同样一个意思,说得好使人高兴,说得差惹人烦恼。管理学大师沃伦·本尼斯说过:"领导者与常人的区别在于,领导者能够把握说话的技巧,清楚明白地表达人类共同的梦想。"党员干部在工作中要说服他人,激励下属和员工,必须掌握语言的表达技巧,以激发对方的兴趣,调动对方的情绪,点燃对方的热情。

下属和群众总希望领导者讲话生动活泼、激情澎湃、异彩纷呈、富有幽默感、有人情味。因此,应尽量多用群众语言,使语言表达多样化。不要把一个名词来回用,显得语言贫乏,使人产生厌倦感。

1965年8月,周恩来在上海为庆贺美国记者斯特朗80岁寿辰举行的宴会上致辞:"今天为我们的好朋友、美国女作家安娜·路易斯·斯特朗女士庆贺40公岁寿辰……40公岁就不是老年,而是中年啊……"不说80岁,而说40公岁,真挚地表现出对斯特朗健康的良好祝愿;希望她永远年轻。有些内容不便于直接、正面说明,可采用婉转的方式表达出来。

1947年3月,胡宗南按照蒋介石"对山东、陕北解放区实施重点进攻"的密令,亲率23万大军直扑延安。当时西北野战军只有2万人,党中央只好决定暂时撤离延安,可是,有许多战士想不通,舍不得老百姓,舍不得坛坛罐罐。

周恩来了解到这些情况,及时召开会议,耐心地向战士们讲道理,他风趣地说："你们一天吃几顿饭？"战士们答道："三顿！""三顿吃多少粮食？""一斤多！"周恩来又问："如果把三顿饭的粮食蒸一个大馒头，让你们一顿就吃下去行不行？"战士们回答："不行！"

周恩来笑着说："是不行嘛！怎能一顿吃下三顿的呢？我们必须把一斤多面蒸成几个馒头，分顿吃才行。同志们，消灭敌人也是一个道理，只能一仗一仗地打，一个敌人一个敌人地消灭。现在，胡宗南率23万大军攻打我们，2万人对付得了吗？只有战略转移，才能一口一口地把敌人吃掉！"

接着，周恩来又说："同志们，我们暂时放弃延安，是为了长期地保卫延安。毛主席的英明决策，我们要坚决执行！""我们坚决执行毛主席的战略部署！"会场上响起了口号声。周恩来继续鼓励大家："我们有毛主席、朱总司令的直接领导，战略转移后，一定能打胜仗，一定能收复延安！"

周恩来将打敌人用吃馒头作譬喻，这些通俗的语言，达到了启发战士，使他们明白："只能一仗一仗地打，一个敌人一个敌人地消灭。"

语言的正确与否，感染力强弱如何，主要取决于说话者的思想水平、文化修养、道德情操。然而，讲究说话的艺术也十分重要。说话要把握时机、言语得体、说得好不如说得巧、语言风趣。不看场合，想到什么说什么，这是一种拙劣的表现，往往会事与愿违。

1935年在巴黎大学的博士论文答辩会上，主考人向年轻的中国留学生陆侃如提出了一个问题："《孔雀东南飞》这首诗里，为什么不说'孔雀西北飞呢'？"陆应声而答："西北有高楼。"陆侃如引用了我国《古诗十九首》中的名句"西北有高楼，上与浮云齐"，孔雀自然飞不过去，只好向东南飞去了。

著名学者冯文彬教授有一次上街，看到路旁一忠厚憨实的老农在摆摊卖夜壶，有心买一把。他相中了其中的一个，自言自语道："好是好，只是大了些。"这时卖主冲他实诚地说道："老哥，冬天，夜长啊。"这种回答用的是礼貌的语言，很得体。冯老先生认为这位老农是语言高手。

世界上第一架飞机的制造者美国的莱特兄弟试飞成功后，前往欧洲旅行。在法国的一个欢迎酒会上,各界人士集聚一堂,主持人再三邀请莱特演讲。莱特盛情难却,他只好上台说:"据我所知,鸟类中会说话的只有鹦鹉,而鹦鹉是飞不高的。"这只是一句话的演讲,博得了经久不息的掌声。

领导者谈话时,首先要尊重对方,要设身处地为别人着想。要掌握分寸,避免任何可能伤害别人的成分。即使对方确有缺点也不可抓住不放,喋喋不休,礼貌的做法是委婉提醒,适可而止。总之,不论谈话内容如何,只要你对别人尊敬,就能得到相应的回报。

口才这样练出来

能言善辩的人,说话总是充满机智、讲究方式和方法,并且在语言上下一番功夫。说出的话没有教训人的语气,不是危言耸听,而是明白晓畅的口语白话。多谈对方感兴趣的话题,主动回避格调不高的问题,让人爱听,易于接受,使人尊敬,受人爱戴,得人拥护。那些口才好的人,使其才学充分拓展,熠熠生辉,事半功倍,在人际交往中受到欢迎。

坚定自信心是口语表达成功重要的前提。有了自信才能克服怯场、镇定自若,言语才能流利、左右逢源。好口才的形成是建立在善于思考、兴趣广泛、知识丰富、勤学苦练的基础之上的。换言之,口才并不是一种天赋的才能,要靠一丝不苟、刻苦训练得来。古今中外历史上一切口若悬河、能言善辩的演讲家、雄辩家。他们无一不是靠刻苦训练而获得成功的。

晏婴,又称晏子,历仕灵公、庄公、景公三世,是齐国的名相,也是我国古代杰出的政治家和外交家。晏婴以能言善辩闻名于诸侯。《晏子春秋》通过一系列故事再现了他高超的言辞艺术。他善于审时度势、因势利导,敏于趁时应变、曲意讽谏,精于借题发挥、巧抒己见,擅长运用逻辑推理,而且极富创造性。

有一次,晏子奉命出使楚国。楚王知道晏子身材矮小,就叫人在城门旁边开了一个五尺的洞,守门人奉命,让晏子从这个洞进去,晏子笑了一笑,言道:"只有出使狗国的人,才从狗门进,出使人国的人从人门进。

我不知道自己是来到人国呢,还是狗国呢?我想楚国不会是一个狗国吧!"守门人立刻把晏子的话传给了楚王。楚王只好吩咐打开城门,让晏婴堂堂正正地进入楚都。

前日本首相田中角荣口才极佳,然而小的时候有过严重的口吃,说话困难,常常被同学作弄。后来,他发愤学习说话,经常到山上去练习大声说话,放声歌唱、朗诵,还多次牢记台词,上台演戏,终于练出一副好口才。

拿破仑是一位军事家,也是一位演讲家。他的秘书在后来的回忆录中讲道,拿破仑在上厕所的时候,也经常蹲在马桶上喃喃自语,主要是训练嘴巴肌肉的灵活性,掌握语速、语调。

拿破仑成功的每一步,无不与他高超的口才技巧有关。他能用他那热情的语言激励士兵,一鼓作气地去取得胜利。1796年当拿破仑在尼斯建立司令部时,他的四万多人的军队,没有军粮、营帐,而他们要面对的是横贯阿尔卑斯山这道天堑。拿破仑对士兵们说:"我想带你们到世界上最富饶的国家那里去,我知道大家现在一无所有,但是当我们占领了那个国家,所有富饶的地区和繁华的大都市都将受你们的支配。你们在那儿将会得到尊敬、荣誉和财富。"他的这一番演讲,使这些饥饿的士兵们有了奔头和盼头,翻越了阿尔卑斯山隘口,向意大利的北部进军。

轻松自如的对话,生动流畅的演讲,都应拥有自己的风格。说话前想想看是否有更好的表达方式,做好准备工作。无论多么精彩的内容,要是言辞的使用方法很奇怪,或文章本身缺乏风格,或文体和主题不相称,都将使听者觉得扫兴。

美国前总统林肯为了练口才,徒步30英里到镇上去,听法院里律师慷慨陈词的辩护,听传教士高亢激昂、挥舞手臂、声震长空的布道,听政界人士振振有词的演讲,看他们如何论辩,如何做手势,回来后找一个没有人的地方,精心模仿演练。

1830年夏天,林肯为准备在伊利诺伊一次集会的演讲,面对着一大片光秃秃的树桩和成行的玉米,一遍遍地演练,结果登台演讲一举成功。

后来他连任两届总统，成为闻名世界的演说家。

人们常把某个干部的好口才，作为衡量其素质高的一个标准。练就一副好口才可以为你的工作提供帮助，提升你在众人心目中的地位和形象，使你在复杂的人际交往中游刃有余。

"口若悬河""三寸不烂之舌"是对于好口才的一种称赞。美国人类行为科学研究学者汤姆森断言："发生在成功人物身上的奇迹，至少有一半是由口才创造的。"他认为，在很大程度上，口才甚至能够决定一个人的命运。

提高口才，必须加强思维训练。"语言是思维的工具，同时又是思维的成果。"思维的发展可丰富语言的表现力。训练逆向思维，能够打破常规，从常人或普遍观点相反的方向思考问题，开拓新的思路，找到新的办法。训练发散思维，即由一点向四周辐射的开放性思维。针对一个问题，从多个角度开展思考，寻求答案，从而使思维连缀，拓展生发，由此及彼，举一反三。

我国著名的数学家华罗庚，不仅有超群的数学才华，而且也是一位不可多得的"辩才"。他从小就注意培养自己的口才，学习普通话，他还背了唐诗四五百首，以此来锻炼自己的"口舌"。他总结了练"口才"的体会："勤能补拙是良训，一分辛苦一分才。"

丘吉尔原先讲话结结巴巴，口齿不清，没上过大学，曾经在下院最初的一次演讲中，讲了一半便被赶下来了。先天不足后天补。就是这个丘吉尔完全靠自学成才，成了举世皆知的雄辩的演说家。有人曾对丘吉尔的口才做过各种分析，他的儿子却一语中的："我的父亲把他自己一生中的最宝贵的年华都花在写演讲稿和背诵演讲稿上了。"美国前总统肯尼迪曾经这样评价丘吉尔："丘吉尔动员了英语语言并将它投入战斗。"

普京是一位具备超凡领导水平的政治家、卓越口才的外交家。然而，小时候的普京很少说话，口才不佳。当他从克格勃走向权力之路，立志做一名政治家时，开始锻炼口才：废寝忘食地在图书馆博览群书，把那些至理名言或经典段落记到笔记本上，写上评语或感受。他深知：肚子里面没学问是讲不出优雅美丽、睿智机敏的话语来的。他利用大量的时间把记录的知识饱含感情地朗诵出来。渐渐地变得口齿伶俐起来，往往能随机应变、侃侃而谈。

练口才，包括练就一腔悦耳动听的声音，亦即练出一副好嗓子。其方法是：先练吸气，吸气要深，小腹收缩，胸部撑开，尽量多吸气（不要提肩）。呼气时，把两齿基本合上，让气慢慢地呼出。每天可到室外、到公园去练习吸气与呼气，会收到好的效果。

练发声，先放松声带，发一些轻慢的声音；然后在口腔上进行张闭口的练习，活动嚼肌，也就是面皮。挺软腭的练习，可以用学鸭子叫"gā gā"声来体会。练习用鼻腔的共鸣方法是，学习牛叫。

练习吐字发声时，要咬住字头（声母），嘴唇要有力，把发音的力量放在字头上，利用字头带响字腹（韵母）与字尾（韵尾）。字腹的发音要饱满、充实，口形要正确。字尾主要是归音，要把音发完整。咬字清楚、发音清晰响亮的练习，多听新闻联播，经常注意别人的谈话，朗读书报。

说话的速度不宜太慢或太快。说话太慢，会使人着急，给人说话费劲、反应迟钝、过于谨慎的感觉；说话太快，会使人应接不暇，无法领会你说的意思。应在主要的关键的词句上放慢速度以示强调，在一般的内容上适当加快语速，使人感到有一种有快有慢、有起有伏的音乐感。说话的声音以对方听清自己的意思为适度，音调柔美、亲切、自然，不宜高嗓门说话。

好的记忆力，是练口才必不可少的一种素质。大脑储存的知识多了，才可能张口即出，滔滔不绝。背诵的文章必须准确，而且在吐字、发音上也要准确。其方法是：对选定的材料逐句逐段地分析，推敲每个词句，从中体会作者的思想感情，激发自己的感情；对所选的演讲词等找出重音、划分停顿；然后反复背熟文章，大声朗诵，随时注意发声的正确与否，而且要带有一定的感情。

目光亲和效应。讲话者由一直注视文稿到离开桌面而目视听众、环视会场，听众会有一种被领导者重视、"放在眼里"的感觉，从心理上拉近相互的距离，使听众对领导者有了一份注意。

即兴讲话者由于脱稿而讲，身体可坐可立，手势可招可挥，大有挥斥方遒之势。良好的手势动作是语言的必要补充，增添了讲话的风采。

演讲时举止得体、适度，亦即举止动作合乎体统、符合身份、适应场合，并且能够符合礼仪规范标准，使之适时、适事、适人。超过或达不到合"礼"的标准，都是失礼于人。

妙语连珠不光是很会说话、口齿伶俐，尤其需要厚积薄发。如果你能认识一位口才很好的人，那你便应该多和他接近，很用心地研究他怎样说话，怎样的表情，怎样引起别人的兴趣。如果你能遇到一位很好的演讲家，那你更不要放过机会，认真地听他的每一次演讲，记住他的每一个姿态，记住他们说的警句、名言。学习他如何把知识转化为话题，作为自己将来与人谈话的内容。

口才训练重在训练技巧，但必须有知识基础。要博览群书，增强文化底蕴和素养。在读书时要多注意写作文体及文字的使用方法，同时边看边想，琢磨该怎么做才会表现得更好。

做积累资料的有心人，以丰富表达的内容。通过阅读报刊、上网、看书，从中吸收知识，包括把好新闻、好词句、好事例记住或剪裁下来，边积累边运用，就可以在面对大家作即兴演讲时，打好腹稿、胸有成竹、言之有物、出口成章。

开场白与寒暄语

一般来说，开始说话时最能吸引听众，原因是，在这最初的一两分钟内，每个人都会有意无意地表达真实感觉。卡耐基说："开场白是讲话者向听众最先发送的信息，它有如戏曲演出前的开场锣鼓，直接影响到听众的心态。"如果演讲一开始不能吸引听众，则后面再精彩的言论也将黯然失色。

1972年，中美首脑在北京进行历史性会晤。当毛泽东握住尼克松的手时，诙谐地说："我们共同的老朋友——蒋介石先生可不赞成这样做。"美国作家特里尔评论说，"这是一个生动的开场白"，"在场的三个美国人（尼克松、基辛格、温斯顿·劳德）马上感受到毛的意志力。"

豁达幽默的人总是受人欢迎的。1957年1月12日，时任中央政治局常委的邓小平来到清华，用缓慢而清晰的语调开始作形势报告："过去，我们部队有的战士不爱听报告，屁股坐不住，讲怪话，'不怕飞机加大炮，就怕政委作报告。'今天，我这个政委来给你们作报告，你们怕不怕啊？"邓小平这番诙谐幽默的开场白，一下子就拉近了他与听众们的距离，全场响起了欢快的笑声和热烈的掌声。

开场白采取说笑话、讲故事等多种多样形式，都可以在初次"亮相"时，就使人产生好感，收到异曲同工的效果。有经验的演讲者，总是创造出新颖、独特、有奇趣、显敏慧的开场白吸引听众。

一位专家应一个学术会议之邀，来到会场发现只有十几个人。他有点尴尬，于是随机应变："会议的成功不在人多人少，中共第一次党代会才到了12人，但意义非同小可。今天到会的都是精英，我因此更要把课讲好。"这句话把大家逗笑了，激活了气氛，再加上专家讲课充满激情，使得那一次讲座很成功。

以简洁得体又别具一格的方式来做自我介绍，会让对方牢牢地记住你。可以用一句话概括自己的名字的来历和特殊含义。可以采用联想法或谐音法，让别人记住自己的名字。

陈毅是一个爽朗而风趣的人。1938年春，新四军北上抗日，在浙江一个地方休整。在当地政府举行的欢迎新四军的大会上，主持人高喊："请陈毅将军讲话！"陈毅抓住这一句现场发挥。他以洪亮的嗓音说道："我叫陈毅，耳东陈，毅力的毅。刚才司仪先生称我将军，并要我讲话，实在不敢当。我现在还不是将军，当然叫我将军也可以。我是受全国老百姓的委托，去'将'日本鬼子的'军'，这一'将'，要直到把他们'将'死为止！叫他知道中国人民不是好欺侮的！"这个幽默生动的开场白，表现出陈毅谦虚的胸怀和刚强的精神,同时也活跃了会场的气氛。

用三言两语的开场白,瞬间抓住听众的心,为接下来的演讲内容顺利搭梯架桥。20世纪50年代初,陈毅主持上海工作期间,十分重视上海的文艺工作。有一次他来文联作国内外形势报告,报告会在文联大厅举行。有人认为请陈毅市长作报告,总得像个样子。于是讲台上铺了洁白的台布,还放了插上名贵鲜花的花瓶和精美的茶具。

陈毅来到大厅,看到这般情景,略一迟疑,顺手把台上的花瓶和茶具移到了台下,然后风趣地说:"我这个人讲话很容易激动,激动起来就会手舞足蹈,这花瓶和茶具放在台上就有点碍手碍脚了,要是碰翻摔碎了,我这个供给制市长还赔不起呢!"报告还未开始,陈毅这个"开场白",顿时把大家逗得哄堂大笑。

自我介绍切勿采用"背诵"口吻,应避免书面语言的严整与拘束,而应使用灵活的口头语言进行组织。自我介绍还要注意声调,尽量让声调听来流畅自然、充满自信。进行自我介绍一定要力求简洁,通常以半分钟左右为佳,如无特殊情况最好不要长于一分钟。

有一年春节联欢晚会,台湾著名艺人凌峰在自我介绍时说过一段话:"中国五千年的沧桑和苦难全都写在我脸上。一般来说,女观众对我印象不太良好:有的女观众对我的长相已经到了忍无可忍的地步,他们认为我是人比黄花瘦、脸比煤球黑。但是,我要特别声明:这不是我的错,实在是家父家母的错误。当初没经过我的同意就把我生成这个样子……"

这个开场白,由于他的自嘲和幽默,把自己的短处解剖给别人,观众不再计较他的长相,迅即拉近了与观众的距离。豁达幽默的人总是受人欢迎的。

自我介绍时,还要突出个人的优点和特长,你可以使用一些小技巧,比如可以介绍自己做过什么项目来验证具有某种能力,也可以适当引用别人的言论,如老师、朋友等的评论来支持自己的描述。但无论使用哪种小技巧,都要坚持以事实说话,少用虚词、感叹词。

有一次基辛格应邀讲演,等主持人介绍后,听众马上站立,长时间鼓掌。掌声停歇后,听众慢慢坐下来。基辛格开口说:"我要感谢你们停止鼓掌,因为要我长时间表示谦虚是很困难的事。"这一风趣的开场白,表现出基辛格杰出的语言才能,比起连声说"谢谢!谢谢!谢谢诸位!"效果好得多。

李敖的文笔不凡,词锋犀利,又不乏幽默慧黠。2005 年 9 月 21 日,李敖到北大演讲,他的整场演讲都幽默风趣。他的开场白是这样的:"你们终于看到我了。我今天准备了一些'金刚怒目'的话,也有一些'菩萨低眉'的话,但你们这么热情,我应该说菩萨话多一些(掌声,笑声)。演讲最害怕四种人:一种是根本不来听演讲的,一种是听了一半去厕所的,一种是去厕所不回来的,一种是听演讲不鼓掌的。""当年克林顿、连战等来北大演讲时,是走红地毯进入的,我在进门前也问道:'我是否有红地毯?'校方说:'没有,因为北大把你的演讲当作学术演讲,就不铺红地毯了。'如果我讲得好,就是学术演讲;若讲得不好,讲一半再铺红地毯也来得及。"听众席发出了掌声。

著名作家、翻译家胡愈之,也偶尔到大学客串讲课,开场白就说:"我姓胡,虽然写过一些书,但都是胡写;出版过不少书,那是胡出;至于翻译的外国书,更是胡翻。"在轻松的玩笑中,介绍了自己的成就和职业,巧妙而贴切,因此增添亲和力。

冯骥才机智幽默,口才不凡。1985 年,冯骥才应邀到美国做演讲。他的开场白新颖独特、构思奇巧。演讲即将开始,主持人向听众介绍说:"冯先生不仅是作家,而且还是画家,以前还是职业运动员。"简短介绍完毕,只见冯骥才沉默了片刻,当着大家的面,把西服上衣脱了下来,又把领带解了下来,最后竟然把毛背心也脱了下来。听众都愣了,不知他葫芦里卖的是什么药。略停了一会儿,冯骥才开口慢慢说道:"刚才主持人向诸位介绍了我是职业运动员出身,这倒引发了我的职业病。运动员临上场前都要脱衣服的,我今天要把会场当作篮球场,给诸位卖卖力气。"独具一格的开场白,引得全场听众热烈鼓掌。

一个漂亮的"开场白"能够为演讲者增加魅力分值，而且以此为基础，可以顺利开启一段对话。有一名年轻的女研究生第一次到北京某高校讲课。因为紧张，她在讲台上足足站了好几分钟，仍然没有开口。最后，她在黑板上写道：我第一次上课，见你们人多，怕了。这个别出心裁的开场白，引起学生善意的笑声。于是紧张的气氛缓和了下来，她开始侃侃而谈。她的课给学生留下了深刻的印象。

启功是个幽默风趣的人，平时爱开玩笑，上课也不例外，他的第一句话常常是："本人是满族，过去叫胡人，因此在下所讲，全是胡言。"引起笑声一片。

交往的艺术在很大程度上是语言的技巧。寒暄一番，是交往中双方见面时互相问候的应酬话，本意是见面时嘘寒问暖，目的在于表示友好，向人打个招呼。与人初次见面，在相互并不熟悉的情况下，几句恰到好处的寒暄，可让初次见面的人感到亲近，拉近关系，有利于互相沟通。一些暖人的寒暄，能缓解尴尬，为接下来的交流奠定基础。

1949年4月国共和谈期间，毛泽东接见了国民党方面的代表刘斐。见面开始时，毛泽东与刘斐寒暄起来："你是湖南人吧？"刘斐答道："我是醴陵人，醴陵与毛主席的家乡是邻县，我们是老乡。"毛泽东高兴地说："老乡见老乡，两眼泪汪汪哩。"听了这话，刘斐不再紧张了。

巧妙的寒暄是沟通前最好的铺垫，是与之交谈的前奏。寒暄用语应体现出更多关心和亲近，如"多日不见，近来可好""这些日子在忙什么""您的报告很精彩""您比我想象的年轻多了"等，表达说话人的友好和关爱态度，听了让人心里舒坦，自然就拉近了关系。寒暄是为进行交谈营造良好气氛，时间不宜过长，待融洽的气氛形成，即可过渡到交谈正题上去。

古希腊哲学家苏格拉底说："好的应酬是站在对方立场去想。"寒暄的内容应根据对方的情况，因时、因地制宜，予以恰当的选择、灵活的运用，以加深了解、促成合作。可以从时令、气候、环境以及当日新闻、时事等热门话题入手，因为人们对这些话题比较了解，一般能引起交谈兴趣。

1980年8月21日，意大利著名女记者奥琳埃娜·法拉奇访问了邓小平。她的访问过程彬彬有礼，她是从祝贺邓小平生日开始的。她从邓小平传记中知道他的生日是8月22日。

法拉奇说："明天是您的生日，我要祝贺您，祝您生日快乐！"邓小平幽默地说："明天是我的生日？我从来不关心什么时候是我的生日。"法拉奇说："我是从您的传记中知道的。"邓小平说："就算是吧，也别祝贺我。我已经76岁了，到了衰退的年龄啦！"法拉奇说："我父亲也是76岁，如果我对他说那是一个衰退的年龄，他会给我一巴掌呢！"

访问的气氛就这样十分融洽而轻松地形成了，而这应该归功于女记者法拉奇精心安排的那几句"铺垫"了，经过几句闲谈，双方的话匣子一下子打开了，为后来采访的成功做好了充分的准备。

人们说的一些应酬、寒暄话往往与主题不相关，如果说得好，会促成相互之间的合作。如可使短暂的交谈竟能达成共识。寒暄的时候，还要将话题围绕在对方的身上，包括对对方表示关心和祝愿。这样一来，双方在内心之中的戒备便会减弱很多，说起话来才不会藏着掖着。

1984年9月，中国与英国举行香港问题的第22轮会谈。中方代表周南和英方代表伊文思相遇并寒暄起来。周南说："现在已经是秋天了，我记得大使先生是春天前来的，那么就经历了三个季节了：春天、夏天、秋天——秋天是收获的季节啊！"

周南用暗示、双关的手法，巧妙利用交际的时令特征——秋天的特点及其象征意义——成熟与收获，将我方诚恳的态度、坚定的决心和殷切的希望，含蓄委婉地表达出来。

寒暄话语可来自彼此共同点。"酒逢知己千杯少。"两个意气相投的人有说不完的话。如果你与陌生人之间有了共同话题，自然就可以寒暄起来了，这就需要你观察的功夫做到位了。可从一个人的服饰、举止、谈吐找寻他精神状态和生活习惯的影子，再从侧面说一些与之相关的话题做试探，或是在开口之前留意一下对方和自己有没有相同之处。

我们在应酬交际的时候，可以选择人们比较熟悉的热门话题开始自己的交谈，适度聊聊天，如时令、气候、环境以及天下大事、社会趣闻，这都是人们比较了解的客观情况，由此引出话题自然贴切，引起对方的交谈兴趣，往往能得到书本上得不到的东西。谈话人在说到兴头上时，会留下许多空档，及时而准确地说出对方想要说出的内容，就能同他的思想感情融为一体。

对方的心情好了，便会有交流的欲望。可见，与同事或客户交流的时候，适度地恭维和恰当的赞扬必不可少。用肯定的语气表示夸赞。根据对方的所见所闻，针对对方的某些长处和成绩予以诚心诚意的夸赞，以满足对方作为普通人所共有的期望得到肯定与承认的心理需求，引发"认同感"。当一个人听到别人恭维自己、赞美自己，内心之中产生一种愉悦的情绪。

如果双方陷入了交谈的尴尬，不妨开一个无伤大雅的玩笑，把大家逗乐，尴尬的气氛会缓解很多。关键时候不妨不拘一格地调侃一下自己，说自己的缺点和不足，让大家哈哈一笑，放松一下。

任何两个人，只要彼此留意，就不难发现双方有着这样或那样的"亲""友"关系，于是，两个陌生人之间的距离就很自然地近了一些。赤壁之战中，鲁肃见诸葛亮的第一句话是："吾，子瑜友也。"子瑜，诸葛亮的哥哥诸葛瑾也，一句话就定下了鲁肃跟诸葛亮之间的交情。再如："你是北京大学毕业，我曾在北大进修过两年。我们还是校友呢！""您是文艺界的老前辈，我爱人爱好文艺。您和我真是'近亲'啊。""您来自沈阳，我出生铁岭，两地近在咫尺，我们是同乡啊，很高兴在这里相识！"

中国人注重礼仪、讲究颜面。男同志喜欢别人夸其幽默风趣、有风度；女性期望望别人赞美自己年轻、漂亮；领导者喜欢别人说自己经验丰富、平易近人。对年长者要表现出敬重，对年轻者要表现出热情谦虚，对文化水准高的人，用语、口气注意高雅，不要俗气。当有的话一时不宜说出口的时候，到嘴边又咽了回去。需要顾及对方情面的时候，有些话不妨兜着说，需要含蓄委婉的交谈，注意话语的贴切、得体。例如，有人谈及某人相貌丑陋时，含蓄地说"长得困难点"，而不直说"长得丑"。

寒暄语不一定具有实质性内容，而且可长可短、因需而异。特别要注意的一点就是寒暄语应当删繁就简，不要过于程式化。不妨多多寻求彼此在兴趣、性格、阅历等方面的共同之处，使双方谈得投机，获得有用信息，迅速拉近距离，增进彼此感情。

共同话题：交往的金钥匙

古希腊哲学家苏格拉底曾经说过："一个人不是人。"大意是，人都是社会的人，任何人都不能完全独立于他人之外，必须和他人进行交往，运用交往的艺术。那些能成大事的人，往往是理智型的人，而不是情绪化的。作为领导干部，同样离不开与他人交往，他们的事业进展与生活幸福取决于与各类人相处的成功。善于交往的领导干部，能够迅速与周围的人打成一片，与上下左右建立起和谐的关系，轻而易举地解决人际关系难题。

交往是由话题引发展开的。善于说话的人，很重视寻找共同话题。有的人不喜欢去发掘别人的兴趣和爱好，只是一个劲地谈自己津津有味的事情，聊自己擅长或感兴趣的话题，那就会把对方晾在了一边，不受人欢迎。

有人说："不要在一个不打高尔夫球的人面前，谈论有关高尔夫球的话题。"尊重对方，就应避免谈论对方不知道的事、不感兴趣的话题。从另一方面来说，所谈的话题，对方不曾感受过，可能会让对方认为是在炫耀，无视他的存在或鄙视他的无知，如此一来，岂不是又疏远了彼此的距离！

与人交谈时，如果话题选择不当、话不投机，往往会使人觉得尴尬，不知下一句该如何应对。如对专心做学问的学者谈"股票""生意经"，对一位读书不多但经商有道的人谈"治学之道"，交往必然受阻或失败。因此，恰当的话题是一个良好交往的开端，有助于彼此了解，为以后的交往做好铺垫。与熟悉的人，也不能忽略话题选择的重要性。

要想激发大家谈话的热情，打开对方的话匣子，必须寻找大家共同感兴趣的话题，巧借"认同效应"，这是与人交流时关键的一步。谈别人感兴趣的话题，是与人沟通时最好的交流武器。寻找共同点，谈论的观点比较接近或相同的时候，交谈才能深入下去。在谈话的时候，交谈要投机，其乐融融，让别人感到很受用，听起来比较舒服；要以别人为中心，以对方感兴趣的事情为话题，引起对方的谈话欲望。恰当的话题能打开交往的大门。

习近平同志在他的话语中，常常谈及个人的兴趣爱好，以此与广大民众找到更多的"共同语言"、更多的"共同话题"，融入、融合、融洽。他曾谈道，"我也是体育爱好者，喜欢游泳、爬山等运动，年轻时喜欢足球和排球"，自己也是一个足球迷；他甚至会谈论流行音乐，说"歌手梁静茹在中国广为人知，被许多中国歌迷认为是中国人"。这些兴趣爱好带有浓郁生活气息，具有浓厚的大众色彩，都是普通人的喜好。总书记与大众兴趣相投，进一步拉近了距离。

如果在交往中暂时还不了解对方的兴趣，则可以根据对方所从事的某种具体工作、知识结构、兴趣爱好，或者他所擅长的某些方面去选择话题，找准谈话的切入点。如与敬业的人谈如何开拓事业，与生活困难的人谈如何发财致富。不同的兴趣导致人们有不同的"兴奋点"，兴趣相投的人聚在一起交谈，可以激发出话题焦点的"火花"，进而产生思想、感情的共鸣。

从对方的人生经历、家庭状况和子女教育等方面，也可以找到有趣交谈的话题。可以根据对方的所见所闻，针对对方的某些长处或成绩予以诚心诚意的夸赞，以满足对方期望得到肯定与承认的心理需求。有的时候，肯定式的陈述比那种感叹更客观、更具体，容易深入人心。

交谈时，应该如何引起话题，在交谈中处于劣势的一方常常是寻找话题的责任者。例如：在办事过程中，求人者需要仔细地挑选交谈的话题；在谈生意的过程中，希望合作的一方则有选择交谈话题的义务。

每个人的一生中都在寻找一种感觉——重要感，而切入点是找感觉的最佳方式。因此，在与别人沟通的时候，如果你能抓住这种重要感，找到切入点，你就会成为谈话的赢家。与两个以上的人交谈时，不能厚此薄彼，尽量顾及在场所有人员。

有人认为，初次见面，何来共同感兴趣的话题？这就要求我们在说话时细心观察对方，从对方的兴趣、爱好、个性特点以及心情处境入手。如曾经都去过的某个大城市、共同熟悉的某一单位、认识的某个人、共同喜欢的某项体育活动等，都属于共同点。注重语言修养的人，很重视寻找共同话题。

与人交谈时，应有意识地回避一些不宜选择的话题：莫谈格调低下的话题，如谣传小道消息、他人是是非非、黄色下流故事等；莫谈涉及禁忌的话题，如别跟胖人说"肥"，别跟离异者谈家庭生活的幸福。莫谈双方隐私的话题，如收入、年龄、婚恋、职位、资历。

初次交谈一定要小心，要通过询问，选择双方感兴趣而又不涉及隐私的话题。如近日的重要新闻、今天天气之类。交谈时，要适时向对方发问，征求意见，如"您觉得如何？""您怎么理解？"这样，交谈起来就兴趣盎然，不会尴尬、无话可说了。

两个人初次交往，应该说有点缘分，但素昧平生，互相不了解，彼此都有些拘谨，如果能很快找到共同点，顾及对方感兴趣的话题，顺着他的心理倾向而谈，那关系一下子就拉近了。

富兰克林·罗斯福准备参加1912年的参议员竞选时，因为他是一位有名的律师，知名度较高。在一次宴会上，他看得出这些人认识他，表现却不够热情，于是想出个接近这些自己不认识的人并能同他们搭话的主意：他对坐在自己旁边的陆思瓦特博士悄声说："博士，请你把坐在我对面的那些客人的大致情况告诉我，好吗？"陆思瓦特博士便把每个人的大致情况告诉了罗斯福。

了解大致情况后，经过交谈，罗斯福了解到他们的性格特点和爱好，知道了他们曾从事过什么事业，最得意的是什么，于是有了同他们交谈的话题，并引起了他们的兴趣。在不知不觉中，罗斯福便成了他们的新朋友。

1933年，罗斯福担任总统以后，每与别人交谈之前，总是先翻阅对方有关材料，研究对方最感兴趣的问题，从中找到让别人感兴趣的话题，从而使交谈氛围热烈。

话题的选择一般说来没有固定的套路，但是有一些可遵循的原则。要根据不同的对象，选择适当的话题；要根据不同的场合，选择确定话题；根据不同的时机，选择话题。我们开口发言时应多加斟酌，尽量不要将话说入死角，让对方无言以对，不要使对方因为你的话而不能接着说下去。

交谈中，要善于体察对方的心理变化。当对方对某一问题表现冷淡或反感时，应机智地改变话题，可转谈对方关心或感兴趣的问题。当对方对某一话题或某一句话产生共鸣时，应因势利导，迅速向广度和深度扩展。在与人进行交谈的时候，如果你能恰到好处地对对方谈论的事情表示出自己的"不知道"，便会激发对方的表现欲，满足对方的优越感。

每个人跟你谈到他自己引以为荣的事情的时候，往往希望能得到你的肯定和欣赏，希望得到热烈的回应。因此，我们不妨给予适当的赞美。一位领导同志经常自己动手写讲稿，偶尔女秘书为他准备稿子时，他也会事先把写稿的"路子"告诉秘书，供执笔人参考。因此，女秘书对他说："像您这样当领导，我们都快失业了，人家都说写稿子是苦差事，可是为您写稿子是个美差事啊。"由于赞美恰如其分，这位领导愉快接受了。如果过度的恭维、空洞的吹捧，只会使对方感到肉麻、不舒服。倘若秘书说："你真有水平，别的领导都比不上你。"那么这位领导一定不能欣然接受。

怎样在不同场合说话

喜欢直言直语的人，说话时常只看到现象或问题，也常只考虑到自己的不吐不快，而不去考虑旁人的立场、观点、性格，没有考虑对方的感受，不知道直言直语在人性丛林里是一种致命伤。他的直言直语有可能是无稽之谈，对方明知却又不好发作，只好闷在心里。

著名主持人杨澜，应聘《正大综艺》主持人的时候，是这样自我介绍的："父母给我取名杨澜，就是希望我有大海一样的胸怀，自强、自立。

我相信自己能做到这一点。作为一名主持人，要有大海一样的胸怀，要有与观众沟通的强烈愿望，而我正是这样一个人……相信我肯定会成为一名杰出的节目主持人！"杨澜的自我介绍突出了名字的"澜"字与大海，以及大海的特点之间的联系，给人留下好的印象。

一个在交际中广受欢迎的人，必然是一个会说话的人。一个会说话的人，遇见陌生人时，很快使对方有一种"一见如故"的默契；跟领导相处时，能让领导喜欢他；和同事共事时，能让同事欢迎他；拜访客户时，能赢得客户的心；求人办事时，让对方欣然同意。

会说话的要求之一就是，应当看场合说话，看人说话，"到什么山上唱什么歌"。交谈也是这样，需要根据不同的场合选择合适的话题。如果不注意场合，率性而为，就会成为一个不合时宜、不受欢迎的人。

有些人说话之所以惹恼人，并不是他们不会说话，而是"场合观念"淡薄。因此，对于这些人来说，当务之急在于增强场合意识，懂得不同场合对说话内容和方式的特定限制和要求，时时不忘看场合说话。比如，在轻松愉快的场合谈论那些严肃的话题或枯燥无味的学问，肯定会惹人厌憎；在严肃认真的场合开那些无聊的玩笑，很可能会让人觉得你太轻浮、不识大体。

首先，要避免谈话时对少数人冷落的现象。"谈话时排除他人，就如同宴会时赶走客人一样荒唐不可思议。不要冷落任何人，即使他的言行举止是多么令人生厌。"谈话的时候不要遗漏任何人，让你的双眼环视着周围每一个人，留心他们的面部表情和对你谈话的反应。有时双方处于尴尬的境地时，第三者若是以巧妙的角度为双方打个圆场，可以变凝滞的气氛为轻松活泼。

每个人在不同的场合都会有不同的角色，如果对任何一种人都用同样的措辞，同样的口气说话，人家会认为你这个人有毛病，或不懂交往礼仪，也可能你在使用敬语时，对方会说："你竟然这样对我说话，这还算朋友吗？"或是："千万别说那种见外的话，我们交往了多年，应该说是好朋友了。"这就是你的措辞不当造成的。

因此，正确的措辞和表达方式，是依靠彼此间心理的亲疏而定的。不管何时，如果对任何人都以同样的方式进行交谈，总会发生矛盾，重要的是在交谈前要分清楚。应先了解对方的一些经历情况和生活状况。由于思维方式的不相同，也要特别了解他的生活愿望，生活观点。

其次，必须注意对方的心境特征。如果在交谈当中，不顾对方的心理变化，而一味地将想法统统搬出来，那么，你是得不到他的认同的。一厢情愿的谈话往往会让对方厌恶。性格外向的人易于"喜形于色"，和他可以侃侃而谈；性格内向的人多半"沉默寡言"，则应注意委言婉语、循循善诱。

要想丰富自己的话题库，就需要不断地在生活中积累知识，增长自己的见识。只有积聚了丰富的话题，与人交谈时才会有源源不断的话题，谈话才不会枯燥无味，更不会闹出笑话，让人看不起。

交往中，掌握各种情况下合适的问话技巧，会使你的交往事半功倍。如何向别人提问？问话方式因场合、对象、目的的不同而不一样。提问要讲究方式和技巧，使对方有话可接。适当的提问，能使人明知其难也喜欢回答。提问时要注意形象、贴切，不可生搬硬套。

直接型提问——要求对方作出明确答复、不会引起不愉快的后果时，常用这种方式。如上司询问下属的工作，关系比较密切的双方交谈，可以直来直去地提问。提问时要给人以真诚和信任的印象，形成坦诚信赖的心理感应和交谈气氛，不可居高临下、盛气凌人。

诱导型提问——指询问者为了获得某一回答，而在所提问题中添加有暗示被询问者如何回答的内容，诱导对方接受自己的观点，具有诱敌深入、以柔克刚、以虚引实的效果。一位心理学家调查时发现，一些人在喝可可时有放鸡蛋的习惯。因此，服务员发问时，可以问"加一个鸡蛋吧"，或者问"要一个还是两个"，这样问，多做一个鸡蛋的生意有益处。诱导性提问是对答案具有强烈暗示性的问句。如"违约当然要受到惩罚，你说是不是？"

启示型提问——想告诉对方一个道理、一件事情，又不直说，通过提问引起对方的思考。这种提问方式重在启发。有的领导批评下属的时候，在指出对方的错误行为之后，接着问："你觉得这样做对吗？"多是在讲完道理之后，适时地询问对方的意见，进而达到预期目的。

迂回型提问——转化了角度和说法的提问，往往会使对方放松心理戒备，看上去无足轻重，说出心中真实的想法。

意大利女记者奥里亚娜·法拉奇是享誉世界的记者，以采访世界政坛风云人物而闻名。她的作品，一直是国际新闻界研究和学习采写技巧的范本。她多次采用迂回曲折的提问方式，成为她制胜的一个法宝。当年她在采访邓小平时，提出一个问题："天安门上的毛主席像是否要永远保留下去呢？"看上去平常、微不足道，但实际上包含着丰富深刻的含义，目的在于想知道邓小平对毛泽东、毛泽东思想的评价、认识及其今后在中国的地位。邓小平举重若轻，从容应对："毛主席像要永远保留下去。过去毛主席像挂得太多，到处都挂，并不是一件很严肃的事情，也并不能表明对毛主席的尊重。尽管毛主席过去有段时间也犯了错误，但他终究是中国共产党、中华人民共和国的主要缔造者。拿他的功和过来说，错误毕竟是第二位的。他对中国人民做的事情是不能抹杀的。从我们中国人民的感情来说，我们永远把他作为我们党和国家的缔造者来纪念。"

法拉奇在采访阿里·布托是巴基斯坦总统时，没有直接问他"总统先生，据说您是个法西斯分子"，如何专横、残暴，而是将这个问题转化为："总统先生，据说您是有关墨索里尼、希特勒和拿破仑的书籍的忠实读者。"这个问题从实质上讲，同"您是个法西斯分子"包含的意思是一样的。

选择型提问——往往是具有不同难度的问题，明知对方不能或不愿作答的问题，就不贸然提出来。一开始提问不要限定对方的回答，也不应随意搅乱对方的想法。被提问者可以根据本人的意愿，自由地选择答案。选择型提问容易造成一个友好的气氛。一位心理学家曾经说过：要使对方乐于答话,应该挑他擅长的来说,这样他才会对你的提问感兴趣。例如,一个人乒乓球打得好,就可先问:"听说你打乒乓球很拿手,是吗?"提问正像打乒乓球的发球,你以对方的特长发问,就像特意发了个使对方容易接的球,对方当然乐于接球。

交往多用委婉语

与各层次的人交谈、沟通是一种复杂的心理交往,不能凭着自己的心直口快、朴实无华,就可在交往中频频得分,更不能借助于虚伪和欺骗,必须注意表达方法。

委婉说话是一种策略,是一种机智的表现,也是一门艺术。有些话,非直言不讳不行,但许多时候并非都要直来直去,说话时不妨拐个弯儿,委婉表达自己的意思。为了不伤害他人的自尊,委婉的语言表达效果会最佳。

春秋末年,西施凭借自己的美貌,肩负打败吴国的使命,毅然入吴做了夫差的宠妃。有一天,夫差做了一个梦,梦见日落、海枯、山倒、花谢。他让大臣们给他圆梦。伍子胥奏道:"梦是先兆,眼下大王迷恋酒色,不理朝政,天灾人祸,吴国要亡啦!"

西施得知此事,灵机一动,便说道:"我笑大王手下的满朝文武,全是无能之辈,连这样一个大吉大利的梦都圆不出来,真有辱你这个贤明之君啊!"西施不慌不忙地念出四句诗来:"日落帝星现,海枯龙爪显,山倒真太平,花谢籽团圆。"接着,又问夫差:"大王,你说这个梦是好的呢,还是坏的呢?""好梦,真是一个大吉大利的好梦!"

西施用委婉的话语,使夫差宠信她。自此之后,她不断施展巧计,在暗中帮助勾践,夫差是言听计从。"吴王心日侈,服玩尽奇瑰"。吴王与西施朝歌夜舞,饮酒作乐,过着奢侈的生活,后来被越国打败。

所谓"委婉",要态度诚恳,语气温和而曲折,但又不失表达之本意,是建立在拥有一颗良善之心的基点之上的。所谓委婉表达,是指在人际交往中,对于不便、不能,或不想直说的内容,巧妙地运用具有多义性、隐含性的语言,加以婉曲表达的说话方式。作为一个会说话、会办事的领导者,应当掌握这一有利于人际交流的语言表达方式,使本来也许是电光火石的交流,变得顺利起来,具有这种委婉的智慧。如穆斯林学者马注所言:"胸怀慈祥之心,面带和悦之色,口说甜美之言"。

光武帝的姐姐湖阳公主刚死了丈夫,光武帝想在群臣中再为她物色一个如意郎君,特意征求她对朝廷大臣的意见。公主说:"宋公的风度、容貌、品德、才干,大臣们谁都赶不上他……"一天,光武帝引见宋弘,借机试探他对这桩婚事的看法。光武帝与宋弘在里面谈话,湖阳公主在屏风后面躲着听。光武帝故意试探宋弘说:"谚语说'显贵换知交,发财换新妻',这是人之常情吧?"宋弘很聪明,早知道了光武帝的话中话,因而他也用谚语回答说:"臣闻贫贱之交不可忘,糟糠之妻不下堂。"

光武帝无奈,只好如实转告公主:"事情不顺利啊!"湖阳公主的这桩婚事就此告吹。光武帝含蓄地询问宋弘对娶公主为妻的意见,如果他直接拒绝,不仅伤害了光武帝的颜面,也会影响到公主的尊严,势必遭到公主的记恨,于自己不利。巧妙地运用谚语回绝,既表明了心意,又不伤害和气。

委婉的表达,是一种既温和婉转又能清晰明确地表达思想的谈话艺术。它的主要特点是"言在此而意在彼",是语言交际的一种"缓冲"方法,在很多交际场合都得到广泛的应用。

1972年美国总统尼克松访华,周恩来在欢迎美国客人的酒会上发表演说,在谈到中美两国过去的隔绝状态时,这样说:"……由于大家都知道的原因,两国人民的往来中断了20多年。现在,经过双方共同努力,友好往来的大门终于打开了。"

"大家都知道的原因",是模糊语言,其含义又十分明确,委婉地说明中美隔绝20多年,是美国政府对新中国一贯采取敌视政策所致。如此含而不吐,收到了"藏而不没,显而不露"的效果,既回避了敏感问题,又表明了我国的立场,把灵活性与原则性统一起来,既不伤在座美国客人的脸面，又暗含对尼克松、基辛格一行明智之举的赞赏。在座的中外客人听后，都按照各自的理解，发出了会心的微笑，使酒会的气氛变得融洽和谐，真可谓妙不可言，被人们称为"绝妙好辞"。

人是有感情和有自尊心的，在交际场合，双方都要考虑到对方的自尊需要，给人家一点面子。说话直来直去，实际上就是不给人家面子，不给对方留下回旋的余地。因此，在交谈中，应设法避免那些"直炮筒子"式的话语，不要出现伤人感情和自尊的字眼，让人心中不快，而代以委婉的说法，让对方从你拐弯的话语中悟出自己应该如何去做。

麦金尼在1890年竞选总统时，有一位笔杆子替麦金尼写了一篇竞选演说，写好后自以为很出色，便大声念给麦金尼听。麦金尼却觉得有些观点很不妥当，但没有说"太差劲了，根本不能用"。他委婉地说："这是一篇精彩而有力的演说，我听了很兴奋，在许多场合中，这些话都可以说是正确的。不过，我要是将它用在目前这种特殊的场合，是不是很合适呢？因为我还不能不以党的观点来考虑它将来的影响。请你根据我的提示，再写一篇演说稿吧，然后送给我一份副本怎么样？"那个笔杆子立刻照办了。此后，他在竞选活动中为麦金尼写出了很多出色的讲稿。

忠言不可逆耳，理直不必气壮。因此，对一些可能引起对方不愉快的、使人感到难堪的、对方忌讳的、不便直说的事情，就不要直言不讳地陈述，而应把自己的意思含蓄地表达出来。有人称"委婉"是语言交流中的"软化"艺术，让听者在动容中答应你的任何请求。即使冷漠的人，也会在这"软化"艺术中，改变态度，说话客气起来。

曲语式委婉法，是用曲折含蓄的语言和商洽的语气表达本意的方法。含蓄是中国人说话的普遍特点，对方要表达什么意图不会直接说出，会迂回委婉地讲出。

在人际交往中，有时会遇到语境不允许直说的话题，于是故意说些与本意相关或相似的事物，来烘托本来要直说的意思；或隐遁"词锋"、磨圆"棱角"，使语意软化，便于听者接受。

劝架时不要纠缠于吵架人的某些过激言词，要多用委婉语，注意不触及当事人的忌讳。一般情况下尽量不用激烈尖锐的语句，避免火上浇油。当然，在特殊情况下，如吵架双方矛盾白热化、动起武来时，就要用高声断喝，使当事人震惊。

说话的魅力来源于掌握各种说话技巧和艺术。不少时候，温和柔软比粗暴刚硬更有力量。对很多人我们不能用强迫或命令的方式，让他们同意你的意见，但可以用婉转友善的方式去诱导他们，以达到让他们心服口服的目的。

委婉含蓄的语言是成熟、稳重的表现。说委婉语体现了有礼貌、比较得体，让人听了心情愉悦。英国思想家培根说过："交谈时的含蓄与得体，比口若悬河更可贵。"松下幸之助退休时，记者请他谈谈多年担任领导的经验，他回答："就像下雨要打伞一样，去做你应该做的事。"

在领导活动和人际交往中，有时需要"弹性"的模糊语言来应对，而把话说得太实、太死，容易捉襟见肘。模糊语言，亦即运用不确定的或不精确的语言，其特点是不直截了当地表明态度，既模糊，又适度，在模糊语言中透露出自己的真实语意，避免与对方不必要的交锋。

如何拒绝对方

有求于别人解决难题，很可能是在万不得已的情况下，其心情多半既无奈又感到不好意思，带着忐忑不安的心理，反复考虑这话怎样说。如果请你帮忙而你又帮不上，但一开口就说"不行"，会伤害对方的自尊，让人下不来台。应含蓄地拒绝对方，掌握好说"不"的分寸和技巧，只是让对方感觉到话语中"不"的含义，接受你的意见。

在拒绝对方时，先主动关心对方的情况，诚恳地表示自己愿意帮其他的忙，让对方体谅你的苦衷。当你的同事有求于你，你又不想或不能帮忙，可以对他说："我很愿意帮你的忙，可是不巧，我手头的工作还没完。依我看，这件事您自己完全能解决，您不妨自己先做做看，我可以帮您做点其他的。"

用幽默的拒绝法。有时怎样都觉得说不出口，这时采用幽默的方式往往会使对方从中理会，从而避免尴尬。从前，有人想让庄子去做官，庄子并不想去，但是他没有直接拒绝，而是打个比方，说："你看到太庙里被当作供品的牛了吗？人们养它几年，然后给它披上彩绣的衣服，抬进太庙，再想自由地生活还可能吗？"庄子用一个贴切的比喻作了回答，不愿为官爵所羁绊，只图个精神上的自由。

美国总统罗斯福早年在军界服务时，他的一位朋友想从他的嘴里打听一项机密。罗斯福悄悄地向朋友问道："你能保守机密吗？"那位朋友以为罗斯福要他保证不向别人说才肯将机密告诉他，于是便连声答："当然，我一定保守机密，不告诉别人！"这时，罗斯福说："你能保守机密，那么，我也能！"朋友一怔，然后抱着罗斯福的肩膀大笑起来。

用逻辑诱引的拒绝法。就是在言语中设置几个逻辑前提，引导对方得出必然否定的结论，亦即诱使对方自己否定自己，收回错误的言行。如战国时，韩宣王打算重用两个部下，于是向大臣掺留征求意见。掺留认为重用二人不妥，但直言其"不"，可能会冒犯韩王，并且会让韩王误以为自己妒忌贤能。于是掺留这样表达：魏王曾因重用这两人丢过国土，楚王也因重用他们而丢过国土，如果我们也重用这两人，将来他们会不会也把我国出卖给外国呢？听了这话，韩王不得不放弃了原有的打算。

用暗示的拒绝法。亦即采取间接的方式，只点到、不说破，让对方领会到已被拒绝，比直接地说"不"好。也可以是答非所问，给对方以暗示，含蓄拒绝对方。如对方问："此事你能否帮忙？"你可以回答说："我明天要出差。"

用委婉的口气拒绝。与人交往，不能当场回绝人家的请求，而应该尊重对方的愿望，从头到尾认真听完对方的请求，先说一些关心、同情的话，然后讲清实际情况，说明无法接受要求的理由，或可用"我尽量""我试试看"等话语。如有人约请你吃饭："今天我请客，请您务必光临。"你可以说："今天恐怕不行，我下次一定去！"下次是什么时候没有说定，这实际就给人一个含糊其辞的概念，让对方相信你的婉言拒绝是出于无奈，因而也能够理解你。有时候，对方提出的要求有些过分，也要委婉的表达，不伤其自尊心。如"我不认为你这种说法是对的"，比"我认为你这种说法不对"委婉些，使人容易接受。

用肯定的口气拒绝。如"你这个提议很好，但目前我们还不宜采用。""好主意，不过我恐怕一时还不能实行。"还可以将矛盾引向另外一个方向，意思是我不是不给你办，而我办不了。委托者听了这样的话，一般会借机下台阶。如，同事或下属托你办一件事，你可以说："这件事我个人定不了，得经过班子讨论，恐怕很难得到多数人的同意，期望值不要太高啊。"

用商量的口气拒绝。如"太对不起了，我今天的确太忙了，下个星期天行吗？"使双方摆脱尴尬处境。

用拖延的拒绝法。就是不说"是"，更不说"不是"，而是在时间上拖延，或者把皮球踢给别人，让对方在一等再等中失去等待的耐心而放弃原来的要求。

用恭维的拒绝法。一位资深的摄影家，得知有人邀请她加入某委员会，于是先恭维对方，然后说拒绝的话："承蒙邀请，我很高兴。我对贵机构真的十分钦敬，可惜我工作实在太忙，无法分身，你的美意我只能心领了。"

让幽默增添亲和力

幽默犹如清新的海风，能轻轻拂去我们心中的郁闷和雾霾；幽默好似一丝清泉，给人以惬意和清爽。幽默有情的酿造，也有理的启迪。幽默最大的妙用，就是不伤情，却要把想说的话婉转地说了。

《辞海》解释幽默的含义：通过影射、讽喻、双关等修辞手法，在善意的微笑中，揭露生活的乖讹和不通情理之处。美国一位心理学家说过："幽默是一种最有趣、最有感染力、最具有普遍意义的传递艺术。"幽默是领导者奋发进取、走向成功必不可少的力量。

纪晓岚做乾隆皇帝的陪读时，一次，他伴驾南巡。走得口干舌燥，路见一棵梨树，摘下一个梨子，急不可待地吃了起来，乾隆对此颇为不满，问："孔融四岁能让梨。爱卿得梨为何让也不让，自己便吃了？"纪晓岚随即说："梨者离也。臣奉命伴驾，不敢让梨。"乾隆又说："那咱俩分吃了也好哇？"纪说："哪敢与君分梨（离）呀！"乾隆没有怪罪他。

他们又走了一程，见有一棵柿树，纪晓岚拣熟透的摘下一个，切成两半分而食之。乾隆边吃边问："这柿子何以分吃呢？"纪说："柿者事也。臣伴君行，有事（柿）共参（餐）嘛！"

幽默是领导者不可或缺的艺术。有幽默感，会使他的同事和下属感到亲切和轻松，使心灵得到平衡，保持良好的情绪。一句幽默的话语，一个风趣的故事，闪烁着睿智的光芒，能营造活跃、欢乐的气氛，使人笑逐颜开，有利于消除隔阂，帮你打开人与人沟通的大门，收到意想不到的效果。

毛泽东是一位公认的幽默高手。他早在1929年为红四军干部制定《教授法》时，其第六条就规定："说话要有趣味。"凡是与毛泽东交谈过的人，都为他那幽默风趣的语言所折服。

1961年在庐山会议期间，繁忙的工作之余，毛泽东与其他中央领导同志一起参加舞会。跳了一场舞后回到座位上休息时，他的一只白色鞋垫从皮鞋里露出一半来，他自己未曾发觉。当工作人员提醒他时，他低头一看，忍不住笑道："鞋垫总在脚板底下压着，见不到光明，怎么不闹革命啊？！"说得在座的中央首长都哈哈大笑起来。

幽默是一种智慧的表现，必须建立在丰富知识的基础上。成为一个幽默的领导，必须博览群书、广泛涉猎、充实自我，不断从浩如烟海的书籍中收集幽默的浪花，从名人趣事的精华中撷取幽默的宝石。知识积累得多，与各种人接触就会胸有成竹、从容自如。因此，要拓宽自己的知识面。

一个有幽默感的人会增添自身的魅力，总能成为人们的中心，总能调动大家的情绪。九届人大一次会议记者招待会上，朱镕基就美国时代周刊记者提问刊登他的照片的事，他说西方很多大报都刊登了他的彩照，其中

《时代周刊》的比《泰晤士报》的漂亮，我没有责怪你们的意思，因为我本来也长得不好嘛。这句幽默风趣的话，使会场的紧张气氛转为轻松愉悦。

心理学家曾指出，如果你能使一个人对你有好感，那么，也就可以使周围的每一个人对你有好感。当然这不是要你到处与人握手，而是要你以友善、机智、风趣去传播你的信息。幽默大师卓别林曾经说过："幽默是智慧的最高表现，具有幽默感的人最富有个人魅力，他不仅能与别人愉快相处，更重要的是拥有一个快乐的人生。"

2013年11月3日，习近平同志来到武陵山区中心地带的湘西土家族苗族自治州考察。他走进生态水果产业基地，了解村里扶贫开发和特色产业发展情况。枝头挂满柚子，村民们正在采摘。习近平捧住一个柚子，轻轻一拧就摘了下来。一连轻松摘了两个，他幽默地说："这是技术活啊。"

幽默需要一定的知识、丰富的想象和一定的技巧。一次，有一个女翻译和士兵们一起开庆功会，在与一个士兵碰杯时，那个士兵由于太紧张，举杯时用力过猛，竟将一杯酒泼到了翻译的头上。士兵当时吓坏了，可翻译却用手擦擦头顶的酒笑着说："小伙子，你以为用酒能滋养我的头发吗？我可没听说过这个偏方呀！"两句话说得大家笑起来，士兵对女翻译表示感激。从此，他们成了好朋友。

林肯是一个善于运用幽默化解尴尬的高手。有一次，林肯正在演讲，一个青年递给他一张纸条。林肯打开一看，上面只有两个字："笨蛋"。林肯的脸上掠过一丝不快，但他很快地恢复了平静，笑着对大家说："本总统收到许多匿名信，全都只有正文，不见写信人的署名；而今天正好相反，刚才这位先生只署上了自己的名字，却忘了写正文。"

美国一项针对1160名管理者的调查结果表明：77%的管理者在员工会议上用讲笑话的方式来打破僵局；52%的管理者认为幽默有助于其开展业务；50%的管理者认为企业应该考虑聘请一名"幽默顾问"来帮助员工放松；39%的管理者提倡在员工中"开怀大笑"。

有这样一个故事，萧伯纳收到一个小姑娘的来信："您是一位最使我佩服的作家。为了表达敬仰之情，我请求您允许我用你的名字，给我的小狗命名。"对于一个缺乏幽默感的人来说，也许会认为这是一种侮辱的语言，让人恼火，但是对于幽默大师来说，并不是棘手的事。

萧伯纳幽默地回信道："我赞同你的主意。不过，最主要的一点，你务必和小狗商量一番！如果它同意的话，那就太好了。"这种方法，不是直接顶回去，而是顺着对方的思路将错就错，推向荒谬，进入死胡同，让对方自己舒舒服服地撞到南墙上去。在这一点上，萧伯纳坚持了自己的进攻，又在他与对方之间架设了沟通的桥梁。

幽默最大的妙用，就是不伤情，却要把想说的话婉转地说了，折射出一个人的美好心灵。幽默的领导思路敏捷、反应迅速，通过幽默能美化你在下属心目中的形象；即使是面对复杂的环境和场合，也能从容不迫地妙语惊人，易于与下属和群众打成一片，把周围的人吸进你的磁场。

赞美是个技术活

赞美和鼓励是滋养他人自信的一剂灵丹妙药。社会心理学家阿伦森发现：人们总是喜欢那些对自己的赞美不断增加的人，喜欢自始至终都赞美自己的人，更喜欢起初贬低自己但逐渐发展到赞美自己的人。

无论是领导，还是群众，都喜欢听赞美的话，就连包拯、海瑞也喜欢老百姓称他为"青天"。当领导得到下属、群众肯定、赞美时，会感到很开心，会产生一种充分发挥领导才能的欲望和力量，使自己的工作愈来愈出色，使赞美者受到青睐，得到意想不到的回报。

清朝高士奇才思敏捷而且又善解人意，以文学侍臣的身份跟在康熙身边30年，备受宠信。康熙游苏州狮子林，见景致奇妙，连说"真有趣"。

赐匾额时，康熙帝提笔沉思，回头对高士奇说："你看这儿题几个什么字好？"高士奇奏道："皇上刚才已经题过了，臣不敢再拟。"康熙说："我哪里题过了？正因为没有题，才要你代拟。"高士奇便说："皇上说'真有趣'，去掉中间的'有'字，保留'真趣'两个字，不是很好？"

康熙帝一听正合心意，遂赐书"真趣"。

在适时赞美时还要注意度的把握。只有恰当适宜的赞美，才能使对方心情舒畅，激发他的工作热情，会起到正面作用，架起"心桥"，使上下级的关系更加和谐。

据说有一个年轻人给恩格斯写了一封热情洋溢的信，称赞恩格斯是一位无与伦比的革命导师、一位伟大的思想家，甚至称其为马克思的再现等。恩格斯看到信后，没有丝毫的感动，反而生气地回信说："我不是什么导师、思想家，我的名字叫恩格斯。"恩格斯不喜欢别人在赞美他时用近乎夸张的词汇，他是非常尊敬马克思的，忌讳别人称他为"马克思的再现"。

赞美应既要看到对方的优点和长处，同时还要看到他的弱点和不足，使你的赞美显得真诚、实在，易于为人接受。真诚的赞美起源于内心深处的一种"美感"、一种冲动，它反映了一个人对另一个人的认可。真诚的赞美会使自己对人生持有乐观的态度，会令对方感到欣喜。让我们真诚地为别人喝彩吧。

在赞美对方时，在实事求是的基础上表示自己的赞赏，尽量提及具体的细节，用具体实在的语言表述，让对方感到你的真挚、亲切和可信，你们之间的心理距离就会越来越近。

赞美的话语要因人而异，突出个性特点。有特点的赞美明显好于一般化的赞美。资历深的领导希望别人称赞他"当年"的辉煌业绩；年轻同志希望对方夸奖他的创新意识和开拓精神；知识分子希望对方称赞他"术业有专攻"。一位将军引以为骄傲的资本往往是他取得的赫赫战功，或者是某次著名战役给他身上留下的一个枪眼。律师则会以自己办的影响较大的案子而得意，碰到律师你可以说："能做律师的人不简单，你办的好几个案子都非常出色。"

几句赞美的话，不用花费成本就赢得对方的好感。每个人都有较强的自尊心和荣誉感。他受到赞美，从内心感到尊重。特别是当你与他人产生隔阂时，关心对方，肯定和赞扬他的长处，是消除这种隔阂最有效的方式。

过分的夸张对于被赞美者来说是有害无益。有效的赞美不应该太绝对化，像"最好""第一"，要慎用。"只有更好，没有最好"这个广告词说得让人感到恰当，不是哗众取宠、华而不实，故而在消费者中影响很好。领导者大都有自知之明，对自己有个客观的认识和评价，如果你的赞美水分多，就会让人感觉你曲意奉承、难以接受。

人们的心理总是厌恶别人背地里讲自己的坏话，但很喜欢别人在背后真诚地恰如其分地讲他的好话。罗斯福的一个副官名叫布德，他对赞美和恭维，曾有过出色而有益的见解：背后颂扬别人的优点，比当面恭维的效果好得多。

有一位员工与同事们闲谈时，随意说了上司几句好话："梁经理这人真不错，处事比较公正，对我的帮助很大，能够为这样的人做事，真是一种幸运。"梁经理得知后，甚是欣慰和感激，那位员工的形象也在他心里上升了。就连那位"传播者"在传达时，也忍不住对那位员工夸赞一番："这个人心胸开阔、人格高尚，难得！"赞美能打动对方的心。在第三者面前美言几句对方，是一种很好的方法，可收到最好的效果。

赞美要留心观察，细心思考，首先把要赞美的人和事情搞清楚，从内容、方式和强度等方面把握好"度"，从爱好、才华、能力、相貌、人品、气质、身材、性格等多个角度赞美不同的人。赞美要抓住对方的亮点。比如，当我们到领导家做客时，发现客厅的墙壁上有幅漂亮的油画时，赞叹道："这幅画真美，买这幅画可真有眼力啊！"

表达赞美不要使用空洞无意的语句。赞美用语应从大处着眼，从具体的工作、小事、细节入手，不失时机地予以赞美。你的赞美的内容应是对方感兴趣或是能够引起对方兴趣的。领导者赞美别人时，要注意赞美的频率，慎重地给予赞美。赞美的语言要具体忌模糊。如果领导刚做完一次高水平的报告，主动询问你对报告的印象，你就应当恰具体地评价，如"您讲得高屋建瓴，很有感召力，基层干部洗耳静听，没有打瞌睡的"。切不要以"还可以"之类的词语，应付了事。

里根在 78 岁生日宴会上接受英国记者采访时说："在我 14 岁的时候，我的母亲对我说，千万别忘了发现别人的长处，多说别人的好话。从此以后，我牢记这句话，甚至在梦中也不忘赞美别人。"

喜欢听人赞美是人的天性。当一个人需要的荣誉感、自豪感得到满足时，便会感到愉悦受到鼓舞，对赞美者产生亲切感，彼此之间心理距离得以拉近，为以后的交往创造了条件。

玩笑里面有学问

开点玩笑是人际关系融洽、和谐、愉悦的润滑剂。开玩笑之前，替对方想一想，对方能否接受。开玩笑要有分寸，得体，适度，不能违背礼仪。还要讲究语言和方法，避免双方出现难堪。

生活里的毛泽东并不是总是板着面孔。毛泽东讲话很幽默，还爱开玩笑。有一次，毛泽东参加舞会，朝女文工队员蒋自重招手："老蒋，过来啊。"毛泽东这一叫，把周围的人都惊呆了。

蒋自重红着脸走了过来，噘着嘴说："主席，你叫人老蒋，不好。蒋介石才是老蒋呢，你还是叫我小蒋吧。"毛泽东接着说："就是老蒋，那也没得关系。蒋介石要回大陆，我欢迎他，给他个大官做。"于幽默中现深邃，于玩笑中见平和，这便是毛泽东性格中的重要一面。

开玩笑是人与人之间交往的润滑剂。与同事、与下属、朋友交往，有时开个玩笑，幽默一下，可以松弛神经，交流感情，营造轻松愉快的氛围。有时领导和下属开点玩笑，显得随和。对长辈、领导开玩笑，要有分寸。

开玩笑要看自己的身份、地位和相互的关系。开个恰到好处的玩笑，会给周围的人带来欢愉，活跃气氛，又能使对方的思想有启迪，也是对自己美好形象的塑造。

在某些场合，说说内容健康、格调高雅的笑料，能显示一个人高超的说话水平，给对方启迪和精神上的享受。相聚时，开一两句得体的玩笑，无伤大雅，增添感情，活跃气氛。但如果和一个刚认识的人贸然地开玩笑，会使对方愕然和尴尬。

与人为善，是开玩笑的一个原则。倘若开玩笑过度，或没有掌握好幽默的尺度，不但达不到好的效果，还会让人难堪，这样的玩笑不如不开。曾有个"狼来了"的故事：那个顽童头两次大喊"狼来了"，让忙碌着的父老乡亲跑得气喘吁吁，结果却扑了个空。这种玩笑万万开不得。

对方性格开朗，豁达大度，玩笑开得稍微大一点，也能得到谅解。对方性格内向，不苟玩笑，总是"一本正经"，喜欢琢磨言外之意，开玩笑时就应慎重，并且要选择他心情愉快的时候。对小心多疑的人，就不宜与他开玩笑。

如果开玩笑太随便，或出发点是为了贬低对方、讥讽人家，发泄不满的情绪，那就错了，显出不够尊重对方。人人都怕别人拿自己的短处、缺陷开玩笑。"不要当着和尚骂秃儿，癞子面前不谈灯泡。"即使上下级之间、同事之间很熟悉，也不能拿对方的缺点来说事儿，因为任何缺点背后可能都有他人不愿触碰的疼痛。将对方生理缺陷、生活污点等鲜为人知的短处当作笑料一一抖出，会伤害对方的自尊心，会引起相互间的矛盾纠纷，甚至发生口角，伤害感情。

开玩笑的过程，是感情交流传递的过程。如果借着开玩笑卖弄聪明与笑料，对别人冷嘲热讽、指桑骂槐、抬高自己，如果借着开玩笑发泄内心不满的情绪，就达不到"玩"和"笑"的目的，虽然你表面上占了上风，人家当时不与你争辩，但对方会认为你狭隘自私、不尊重人。结果会自讨没趣，使人徒生烦恼。别人会认为你不尊重他人，就不愿与你交往了。

玩笑开得适度、得体、高雅、幽默、风趣，能达到松弛神经、活跃气氛的效果，但应把握"度"，顾及对方的尊严。如果开得不适当，"哪壶不开提哪壶"，让对方倍感难堪、脸上没光，亦非开玩笑之道。

人的身份、性格、心情各不相同，对玩笑的承受能力也往往不同，有的人沉默寡言，有的人活泼开朗，豁达大度。因此，开玩笑要看对象，因人而异，考虑对方的承受能力，别伤害自尊心。切记：同样一个玩笑，能对甲开，不一定能对乙开。

"军中无戏言，女前无俗语。"开玩笑要分场合，要分对象。开玩笑之前，先要注意你所选择的对象，能否承受得起你的玩笑。狡黠聪明的人，不让你占便宜，结果是旗鼓相当、打个平手。憨厚诚实的人，则无还击之计，喜欢和大家一齐笑，不会因吃点亏而发火。

开玩笑要看时间。即使是同一个人，在不同的时间里也会有不同的情绪。例如，工作没干好，挨了领导批评，或与下属沟通发生不愉快，或家庭发生矛盾，那天心情肯定不好，情绪出现波动，就不宜开玩笑。否则，会自讨没趣，导致尴尬，甚至引发矛盾、出现冲突。

与人交谈，适度、得体地开个玩笑，可以活跃气氛。和长辈、晚辈开玩笑要亲切、高雅、机智，解颐助兴、乐在其中，不要轻佻放肆，更不要涉及男女之间的风流韵事。女性独特的魅力，是工作岗位上的一道亮丽风景线。和女性要慎开玩笑。对于不太了解或者完全陌生的人，更不能乱用幽默。每个人都不愿意别人用自己的短处开玩笑。

开玩笑要考虑场合。在庄重的集会或重要的活动时，不能开玩笑、嬉笑打闹，以免冲淡现场的气氛。"先生们请注意，5分钟之后，我将对苏联进行轰炸。"一语既出，众皆哗然。美国前总统里根在国会开会前，为了试试麦克风是否好使，开了一次"国际玩笑"。为此，苏联政府提出了强烈抗议。

当商量严肃的事情时，如果随便去开玩笑，会让人觉得你轻浮、浅薄。有朋友陪客时，忌和朋友开玩笑。人家已有共同的话题，已经形成和谐融洽的气氛，如果你突然介入与之开玩笑，就会转移人家的注意力，打断人家的话题，破坏谈话的气氛。被开了玩笑的人也应把握好心态：别人和你开个玩笑未必都是怀有恶意的，即使话说得过点儿头，也用不着计较，不必怒发冲冠，使事情走向反面，不妨哈哈一笑了之。

在会议上，讲话前先等几秒，待大家望着你，注意力集中时再说。需要强调时要做手势。在工作场合，一般不适宜开玩笑，但是如果中层领导能够恰当地开几句玩笑，恰恰说明他的特殊地位。

开玩笑也是门"学问"。开玩笑要讲究内容健康，既要注意趣味性、幽默性，又要注意思想性、政治性。内容健康、格调高雅的笑料，不仅给对方以启迪和精神上的享受，也是对自己美好形象的有力塑造。玩笑嬉闹，也能反映出一个人的道德修养和生活情趣。

无声胜有声的"语言"

人们的思想感情会通过身势、手势和视线的接触以及整体的仪态与行为举止等给人以直观印象。通过肢体语言进行人际交往，如一次握手、一次拍肩、一个拥抱,婉转地表达自己的真情实意，又能了解他人的内在心意。

肢体语言，往往是直接体现内心真实意图的表情和行为的反映。肢体语言曾被心理学家迈克尔·阿杰尔称为"沉默的语言"，它对人类的情感沟通起着至关重要的作用。列宁讲话时"不但每一个字都是从他心里发出来的，而且面部的表情更加强了那种感觉"。美国一位记者写的《回忆罗斯福》一书中说："在短短20分钟之内，他的面部表情有：稀奇、好奇、伪装的吃惊、真情的关切、担心、同情、坚定、嬉笑、庄严，都有超绝的魅力，但他可不曾说过一个字。"

肢体语言是用来传递信息、表达情感、表示态度的特定身体语言。美国学者费洛拉·戴维斯在《怎样识别形体语言》一文中曾指出：心理学家阿乐·伯特梅拉毕安曾发明一个公式：一个信息的表达总效应＝7%语言+38%声音+55%面部表情。可见，肢体语言占有重要的位置。

1972年2月21日，美国总统尼克松访华，他乘坐的专机中午抵达北京，周恩来和其他接待人员前往机场迎接。当时，中美双方正谋求改善两国的紧张关系。在尼克松步出机舱后，周恩来并没有立即带头鼓掌。周围的气氛顿时紧张起来，其他接待人员都诧异地看着周总理。然而，就在尼松下到舷梯中央时，周恩来才鼓起了热烈的掌声，这时候，尼克松也微笑着鼓起掌来。

在接下来的欢迎宴会上，周恩来也没有像往常和其他国家领导人碰杯时一样，让自己酒杯上沿去碰对方杯子的中间部分。向尼克松敬酒时，周恩来特意将自己酒杯的杯沿和尼克松酒杯的杯沿持平碰杯。这一次的会晤结束时，尼克松对我方的接待工作，给出"合于礼而不热"的极高评价。"行动胜于语言"，周恩来合理的肢体语言，既尊重了对方又显示了我方不卑不亢的立场。

在沟通活动中，应注意体态语与有声语言的配合一致。有声语言表达清晰、响亮、准确、有感情，同时配合得体的表情、动作、姿态，才能给人留下美好的立体形象。

肢体语言指能够传递某种特定信息的面部表情、手势语，以及其他身体部位的动作等，它在人际交往过程中起着非常重要的作用。

肢体语言，是语言的组成部分。习近平同志笑容满面、和蔼可亲的表情，使他的讲话更多了一份亲和力和感染力。他善于用可亲可敬、平易和蔼又从容淡定、沉稳大气的肢体语言和眉宇传神、灵动善融的语态，使他的讲话更多了一份亲和力和感染力；他打着雨伞，卷起湿漉的裤腿，雨中视察工作的神情，更平添了他忘我敬业、勤勉克己的人格魅力；特别是在与普通群众的交流中，他笑呵呵的一句"你比我大，我叫你大姐"温暖无数人的心，他对不认识自己的农家妇微笑地说"我是人民的勤务员"，亲切、宽厚、融洽、随性，与民共融互动。

美国总统特朗普曾在共和党初选辩论上，运用了丰富的肢体语言而备受关注。特朗普把手放在讲台上，整个身子前倾冲着对手，意味着他并不惧怕对方。他往往是手心向上，意思是：我很开放，我就是我，你们可以信任我。他有时将整个身体冲着对手，表示他并不惧怕。当对手说了他不喜欢的事情时，他会努起嘴唇，就像一位要训斥犯错的孩子的家长。

面部表情犹如心灵的屏幕，能够辅助有声语言传递信息，沟通人们的感情。要掌握好善意、温暖的面部表情的诀窍，那就是发自真心的、有诚意的。为了有效地传递信息、交流感情，运用面部表情自然真实、准确鲜明地反映自己内在的思想感情，避免形成离心效应的傲慢的、讥讽的、油滑的和沮丧的表情。要真诚，不要矫揉造作；要灵敏，不宜呆滞木讷；要鲜明，忌晦涩；要适度，忌夸张；要丰富，忌单调。有人说，人的表情会说话。其实，人的表情比言语更能表露心声。表情是一种辅助语言，眼语和表情并用才能让你的表达更生动精彩。

眼语在肢体语言中具有极重要的地位。美国散文作家、思想家爱默生曾说："人的眼睛和舌头说的话一样多，不用字典却能从眼睛的语言中了解一切。"内心有什么欲望、真意、情感，自然表露于视线上。

心理学家研究证明，人的目光交流是情感交流的最佳方式。在人体各种感觉器官可获得的信息总量中，眼睛要占80%以上。内心的激情，胸中的隐秘，审美的情趣，总是自觉不自觉地在不断变幻的眼神中流露出来。说话时要注视着对方的眼睛，显示出自己充满自信。这种目光与目光的注视，实际上是一种心与心的交流与沟通，给听众一种亲和感，增强了讲话的吸引力。如果讲话时眼睛不敢正视对方，会使下属觉得这个领导意志薄弱，容易支配。

人际交往中诸如疲倦、冰冷、呆滞、漠然、轻蔑、惊慌、敌视、左顾右盼的目光都是应该避免的。注视着房间里另一边的人，邀请他参与互动。被邀请的人有意识地凝视回去，通常会被理解是愿意接受邀请。如果被邀请者把目光故意转移开，就意味着拒绝邀请。心理学家将注视着他人称为"视线接触"，视线接触多一些，对方会产生好感。有一位女记者在对男性做采访时，常有这种体验：对注视她的男性要比不注视她的男性更有好感。

第四章 走出交往困惑的误区

松柏尽有傲霜姿

文友邓明曾在鞍山市委宣传部工作，退休后以花甲之年，骑着自行车，重走红军长征路，历经千辛万苦，走过千山万水，包括雪山草地，经过11个省，走了110多天，行程7000多公里，于2016年7月23日到达延安。

从他在长征路上多次发回的信息看，从他近日向我们讲述的一个个震撼心灵的长征故事看，他是一位有着崇高信仰和惊人毅力的人。这种信仰和毅力带来的力量是无可比拟的，卓越的基础奠于斯，成功的荣耀肇于斯。

古今中外承担大任、成就大事业的人，不唯有超世之才干，亦必有坚韧不拔之意志。人的一生有谁不遭遇挫折呢？有些人因挫折、失败而奋发，坚韧不拔、百折不回，成为人生中的强者。

"故天将降大任于斯人也，必先苦其心志、劳其筋骨、饿其体肤、空乏其身，行拂乱其所为，所以动心忍性，增益其所不能。"（《孟子·告子下》）——孟子的这段话，最能概括磨炼意志品质的内蕴，生动描述了钢铁是这样炼成的，它是一个人立功创业、掌握胜算的无形资本，比实际的财力更为重要。凡是历史上取得成就的人，都要经过这样艰苦的磨炼。

人们的心情总是希望翻过开头的一座山峰，便出现柳暗花明、一马平川，然而实际上却常常是峰峰相连，一眼望不到边。要到达目的地，就得进行探索性的、更艰难的跋涉。正如宋代诗人杨万里所言："莫言下岭便无难，赚得行人错喜欢。正入万山圈子里，一山放出一山拦。"我们做事情，干事业，恐怕也常常是这样，需要经历一系列的"过程"，它不像城市大街那样笔直，常常遇到"山叠嶂，水纵横"，而且愈到后来愈要经受严峻考验，因而比"开头"付出的努力要更大些。

北宋王安石游褒禅山洞，"入之愈深，其进愈难"。当他听到一个懈怠的人说"火把快烧尽了，回去吧"，便也在中途往回走。其实，"力尚足以入,火尚足以明",只是由于缺乏毅力而中途而废。后来,他感叹地说:"夫夷以近,则游者众;险以远,则至者少。……而人之所罕至焉,故非有志者不能至也。"现实生活中,做事遇到挫折便皱眉头、失望悲哀,导致"虎头蛇尾",其原因恐怕是缺乏坚韧不拔的"意志品质"吧!

习近平同志在2013年一次讲话中说:"彩虹往往出现在风雨之后。有句话说得好,没有比人更高的山,没有比脚更长的路。再高的山、再长的路,只要我们锲而不舍前进,就有达到目的的那一天。"古往今来,凡是立大事者,必有锲而不舍、坚忍不拔之毅力。这种毅力是人生中最宝贵的东西,比天资聪明、才干卓越更为重要。一些成功的人,如勾践、重耳、苏秦、曾国藩、哥伦布、保尔·柯察金、爱迪生、艾柯卡……他们的非凡经历都说明,不经过风雨的洗礼,难见靓丽的彩虹;缺乏挫折的考验,哪有辉煌之人生?

明朝末年,史学家谈迁经过20多年呕心沥血的写作,完成明朝编年史——《国榷》。然而,发生了一件意想不到的事情。一天夜里,小偷进他家偷东西,以为锁在竹箱里的《国榷》原稿是值钱的财物,就把竹箱偷走了。这对于年过六旬的谈迁来说,是一个无情的重创。可是谈迁很快从痛苦中崛起,再次从头撰写这部史书。继续奋斗十年后,又一部《国榷》诞生了,500万字的内容,比原书稿更翔实精彩。谈迁也因此名留青史。

世界上最美丽的桂冠,是用荆棘编织而成的。《菜根谭》有个精彩的开场白:"欲做精金美玉的人品,定从烈火中锻来;思立掀天揭地的事功,须向薄冰上履过。"大意是,要想达到金玉般纯洁的品德,必定在艰难困苦中锻炼;要想建立惊天动地之功业,必须经过危险万分的境地的磨炼。有深度的男人必定经过生活的千锤百炼、凤凰涅槃,或者屡败屡战、路转峰回,有着许多的故事演绎与沧桑变化;毅然决然摒弃抑郁与沉沦,而坚韧不拔、义无反顾。

意志品质是一个人的心理素质,同时也是一种品格。意志品质是蕴藏于心、执着于信仰的力量,推动着人义无反顾地向着既定目标前行。成功从来不会在昏睡者身上出现。清代蒲松龄有言："有志者，事竟成，破釜沉舟，百二秦关终属楚；苦心人，天不负，卧薪尝胆，三千越甲可吞吴。"俾斯麦有言："对于意志能坚忍而永不屈服的人，没有所谓的失败。"一番事业在一经开始后，就要抱定不达目的不罢休的宗旨，自强自奋，努力拼搏，坚韧不拔，竭其所能，支撑到最后。

砥砺意志，自强不息，须在"恒"字上下功夫。少小须经磨砺，老来不畏风霜。唐朝贾岛诗云："十年磨一剑"，可谓久矣。屈原遭放逐而赋《离骚》，左丘明失明而写《左传》，苏秦发奋苦读，引锥刺股，终于学有所成，使国君刮目相看。韩信忍受胯下之辱，后来统率百万兵。卓越的人生彰显于执着追求之中。法国作家雨果有言："坚强与卓绝的性格是这样培育出来的：艰难往往是后娘又是慈母，困苦能孕育灵魂和力量；祸患是豪杰的乳汁；灾难是傲骨的妈妈。"

马克思的女儿劳拉曾问父亲："您认为男人的最好品德是什么？"马克思回答说："意志坚强。"越是艰苦的环境，越能考验人、磨炼人。艰难困苦，玉汝于成。正如俄国作家托尔斯泰所说："人需要在碱水、血水、清水中泡三次才能完美。"经历磨炼，坚韧不拔，方成大器。

习近平同志不到16岁就到农村插队，经历了挫折和磨难。他后来回忆："常言说，刀在石上磨，人在难中练。艰难困苦生活对我的锻炼很大，后来遇到什么困难，就想起那个时候，在那样困难条件下还可以干事，现在干吗不干？你再难都没有难到那个程度。这个对人的作用很大。一个人要有一股气，遇到任何事情都有挑战的勇气，什么事都不信邪，就能处变不惊、知难而进。"（《中华儿女》）他主政以来的卓越政绩与早年锤炼而成的意志品格交相辉映。

挫折和磨炼是宝，使人在摸爬滚打中锻炼意志、义无反顾，从挫折中激发出新的力量，把逆境转化为有利于自身发展的顺境，有利于在"山重水复"中看到"柳暗花明"。挫折和磨炼是钢，能使人不衰、愈挫愈勇，取得跨越性的成功，谱写人生难忘的奋飞之歌。

许多事实都说明，取得成就不仅在于智商较高、才能出众，更需要始终有坚韧不拔、刚毅奋进的意志品质。无论环境如何困窘，前途如何险阻，无论遇到什么磨难，不辍人生之志，不忘初心，不改初衷，始终都有恒心，以"坚忍"面对，在逆境里拼搏，于绝处中奋起，百折不回，自强不息，咬牙坚持得久一些，就一定能到达成功之彼岸，捧回成功之金杯。

说说"感情沟通"

唐朝时，云南一少数民族的首领，为了表示对唐王朝的拥戴，派特使缅伯高向太宗送礼，礼物是一只天鹅。这位老兄途经沔阳时想让天鹅"干净干净"，便把天鹅放到沔阳湖中去洗个澡，哪知，一时不慎竟让天鹅跑了。缅伯高急忙伸手去捉，只扯得几根鹅毛。缅伯高急得顿足捶胸，号啕大哭。随从们劝他说："天鹅已经飞走了，哭也没有用，还是想想补救的方法吧。"缅伯高一想，也只能这样了。

到了长安，缅伯高拜见唐太宗，并献上礼物。唐太宗见是一个精致的绸缎小包，便令人打开，一看是几根鹅毛和一首小诗。诗曰："天鹅贡唐朝，山高路途遥。沔湖失天鹅，倒地哭号啕。上复唐天子，可饶缅伯高。礼轻情意重，千里送鹅毛。"皇上被他的真情感动了，不仅没有杀他，还拿酒招待了他。

"一代天骄，成吉思汗"，这位从苦难中崛起的蒙古族英雄，深沉有大略，驰骋南北东西，打下江山，立下了惊人战功。一天，成吉思汗率部外出打猎，恰好遇上与自己有仇的泰赤乌部的朱里耶人。部众请求说："这是我们的仇人，请您下令把他们杀个一干二净。"

成吉思汗望着惊慌失措的朱里耶人，说道："他们既然现在不与我为敌了，还杀他们干什么？"并喝令想动手的人放下武器。成吉思汗得知他们常受泰赤乌部的虐待，既无粮食，又无帐篷。于是慷慨地说："既然如此，那就请你们与我们一起住吧，明天行猎所获我们平分。"

第二天，成吉思汗兑现了诺言。朱里耶人对此非常感动，便纷纷投靠了成吉思汗。此事传到泰赤乌部后,大将赤老温、勇士哲别也来投靠。

马克思有一句话,你希望别人怎么对待你自己,你就怎么对待别人。这话很有道理。你对别人好,别人就会对你好,如果人人都对别人好,世界就会充满爱。美国前国务卿鲍威尔谈到做人的体会时讲了三条:在自己得意的时候,不要让别人感到委屈;在别人得意的时候,不要让自己感到委屈;让周围的人感到你的存在具有意义。这三句话对我们处理好人际交往、营造和谐的工作氛围也有启迪。

据科学家统计,一个人除了睡眠的8小时外,其余16小时的70%以上,主要花在直接或间接的人际关系上。科学家培根说:"和蔼可亲的态度,是永远有用的介绍信。"因此,应重视情感沟通,和谐人际关系,情为民所系。用真实的情感、竭诚的态度去呼唤人们的心灵,对真善美热情讴歌,达到情感上的共鸣,就会令讲话如春风化雨,润物无声,潜移默化,唤起群众的热情,发生"共振效应。"

感情是人与人之间沟通的桥梁。美国总统林肯说:"如果你想赢得人心,首先是让他相信你是他们最真诚的朋友。那样,你就像一滴蜂蜜吸引着他的心,也就有一条大道,通往他的理性。"如果缺少感情,干巴巴地讲大道理,就不能打动听众的心。对他人没有感情,人生就会如同一片荒凉的沙漠。列宁说过一句妙语:"没有人的'感情',就没有也不可能有人对于真理的追求。"(《列宁全集》20卷,第255页。)

培植感情的办法很多,如在无拘束的气氛中聊聊天,一餐便饭,一封感谢信,一份小礼品,几句祝福语等,都是不错的选择。

实现情感上与上级有效沟通,要谙熟心理学中的"多看效应"。20世纪60年代,心理学家查荣茨做过一项试验,先向被试者出示一些照片,有的出现了20多次,有的出现了10多次,有的只出现一两次,然后请被试者评价对照片的喜爱程度,结果发现,被试更喜欢那些看过次数最多的照片,即看的次数增加了喜欢的程度。这种对越熟悉的东西就越喜欢的现象,心理学上称为"多看效应"。

在人际交往中，如果你细心观察就会发现，那些人缘很好的人，往往将"多看效应"发挥得淋漓尽致。他们善于制造双方接触的机会，以提高彼此间的熟悉度，然后互相产生较强的吸引力。

骄矜之心应摈弃

有的人在某一两方面用足了自己的气力，获得了长足的进展，所谓术业有专攻，是不可小看的。如果你用自己的弱势去应对别人的看家本领，其结果不会取胜。胡适晚年曾说："凡是大有成功的人，都是有绝顶聪明而肯做笨功夫的人。"

刘邦遇到危险的时候常说的一句话就是"如之奈何"，张良、萧何、陈平常常是"如之奈何"的破题人。礼贤下士、虚心纳谏，成了他夺得江山的一大法宝。

一位将军，在大军撤退时总是断后，回到京城后，人们都称赞他的勇敢。将军却说："并非吾勇，马不进也。"将军把自己断后的无畏行为说成是由于马走得太慢。人们都纷纷赞扬将军的高尚品德。

关羽，神勇过人，才华超群，讲义气、重感情，但他有明显弱点：刚愎自用、恃勇傲物、麻痹轻敌。陆逊上任，并不显山露水，定下了与关羽假和好、真备战的策略。他给关羽写去一信，极力夸耀关羽功高威重，可与晋文公、韩信齐名。自称一介书生，年纪太轻，难担大任，要关羽多加指教。关羽读罢陆逊的信，仰天大笑，无复有忧江东之意，马上调出荆州精兵，攻取樊城。

孙权认定夺取荆州的时机成熟，派吕蒙为先锋，让士兵扮作商人，皆穿白衣，在船上摇橹，却将精兵埋伏于船中，日夜兼程，向荆州进发，突然袭击，攻下南部。关羽得讯，急忙回师，却为时已晚，全军溃败，大势已去，败走麦城。

作为领导干部，应厘清上下级之间的关系，有谦逊平和的姿态，提拔重用不忘形，取得成绩莫言我，保持埋头苦干、不事张扬的人生格调。在与下属的交往中，多用同志式的平等、平和的语调，启发和引导他人，鼓励下属积极表达自己的观点，尊重提出不同意见的下属。

一个仕途很顺、前程似锦的领导者，有时忽视了越是走向高位越要谨慎的道理，最容易犯的错误，就是获得较大业绩或掌握一些权力后，过高估计自己的智慧和能力，说话口气变了，有了骄矜之心，骄横起来、刚愎自用、自以为是、颐指气使。一旦骄慢，翘起了尾巴，听不进逆耳之言，就会爱听奉承话，就会自恃功高、权欲膨胀，凌驾于组织之上，无视民主、我行我素，最终将半途而废。君不见，蛇能游水并非龙，雀能腾飞并非鹏。

广州某干部面对记者提问与民生有关的问题时，竟然说："我拉屎要不要告诉你啊？臭不臭也要告诉你？"此人级别并不高，却觉得自己"凛然不可侵犯"，被网上评为"最牛官腔"。

莱芜市医药公司原党委副书记、总经理张敬贵在职期间唯我独尊、盛气凌人、颐指气使、语言粗暴，遇到有班子成员或职工有不同意见，他便口出狂言："不干就滚蛋。"

有了骄矜之心，容易锋芒毕露。暴露在外的椽子先腐烂。刚愎自用，自以为是，"老虎屁股摸不得"，过分地张扬自己，掩错饰非，就会经受更多的风吹雨打。每个人都应选择适合自己的位置，起点不要太高，要收敛锋芒，不要忘记宝刀不可随便出鞘的道理，以儒雅之风度营造良好的人际关系。

老子《道德经》说："江海所以能为百谷王者，以其善下之，故能为百谷王。"江海之所以能成为千百河谷之水的归顺之处，是因为它善于处在众溪流的下游，所以才能成为千百河谷的统帅。老子认为，有道德的上善之人，有像水一样的柔性。水性柔顺，明能照物，滋养万物而不与万物相争，有功于万物而又甘心屈尊于万物之下，广泛施恩却不奢望报答。

汉文帝即位后，仍以陈平为右丞相。一天，文帝问陈平为什么没上朝？太尉周勃说："陈平生病，不能叩见皇上，请皇上原谅。"退朝后，文帝到陈平家探视。陈平诚心请求说："我对不起皇上的一片爱臣之心，我犯了欺君之罪呀。高帝时，周勃功不如臣；及至诛灭诸吕，臣功又不如周勃。我愿将右丞相之位让与周勃。"文帝嘉他谦让，又喜周勃老成、功劳大，位列陈平之前。这一文一武，是汉高祖刘邦的忠臣良将。

要摒弃高高在上、以头衔自傲、说话压人一筹的官僚派头，把不利的环境转化为对自己有利的条件，让自己与同级领导、下属和谐相处。一个人立身处世不能孤高自许，脱离群众。一个人处处为人着想、谦恭有礼、处世遵循道义、很讲信用，别人就会从内心喜欢你。人生有辉煌之日，亦有暗淡之时。身处顺境，修身而不轻浮，力求有所作为，得意之时应想失意之日，居安思危。身在逆境，坦然而不自弃，乐观而不灰心。

1950年2月，陶峙岳在北京中南海受到毛泽东的接见。毛泽东与他亲切握手交谈，态度诚恳，举止可亲可敬，并共进晚餐，使陶峙岳感动不已。陶峙岳想起1930年蒋介石在蚌埠火车站接见他时，蒋只是略一点头，鼻子里哼哼几下，那不可一世的态度，那种傲慢、势利、粗俗的举止，与毛泽东形成鲜明的对照。

心理学家的研究表明，人与人之间的情感总在"主动"中才能深化，亦即主动接近别人，别人才会愿意接近你；你自负清高，孤芳自赏，别人就会对你反感，说你"太傲""太狂"。

赫鲁晓夫在联合国大会上，用自己的皮鞋敲击会议桌，美国国务卿杜勒斯在外交场合拒绝与周恩来握手的粗鲁无礼，使自己失去了国家领导人应有的风度，成为世人的笑柄。

人们常常喜欢那些在某方面不如自己、没有威胁与挑战的人。总向别人炫耀自己，会使人感到他在向人挑衅："看看！我比你强吧，若不服气，咱们就比一比。"人们在交往中寻找的最重要的感觉是放松。那些炫耀自己的人，却把别人搞得紧张不堪，怎么能不遭到冷落和排斥呢？人们往往不愿让自己失败，讨论、回避失败。爱炫耀自己的人，恰恰在提醒别人你的能力太低，你在这方面落后了、你失败了，不如我。这样一来，会使人们对你产生妒忌和敌意。

觉得自己在很多地方不如人，是进步的开始，也是睿智的象征。只有敢于承认自己不如人，最终才能胜于人。每个人都有自己的优点与优势，也都有自己的弱点与短处，聪明的人应该学会扬长避短。"当我们大为谦卑的时候，便是我们最近于伟大的时候"，泰戈尔如是说。

甘于低调做人者，总能以平常心面对人群，不改叶绿，不争花红，不行不义，不起贪心，"闻毁勿戚戚，闻喜勿欣欣"，不傲慢、卖弄和过分张扬，而是暗蓄力量，悄然潜行，在不显山露水中成就事业，成为大写的人、崇高的人。

"有恃无恐"戒

"为而不恃，功成而弗居。"（老子《道德经》）——尽了力而不自以为了不起，做成了而不以为有功劳。"贵而不骄，晓而不恃，贤而能下，刚而能忍"。（诸葛亮语）"身危由于势过，祸积起于宠盛"。（西晋陆机语）权势达到极端而无视监督，受宠过盛而目空一切，就要走向衰败。权势太盛的人大多会出现主疑、臣妒、己骄、下诌。

霍光是汉武帝最信任的武将，秉政20年，打破传统，力排众议，废昏君，立贤德，两次从困境中拯救了汉朝皇室，成为西汉历史中的重要人物。霍光死后仅仅3年，其宗族就被灭，原因何在？

霍光虽赤胆忠心辅佐汉室，但他的权力太大、太集中而又自恃，霍氏宗族、党羽满朝，威震人主，不明盛极速衰，在权势方面不知收敛。霍光当政时先把外孙女嫁与昭帝为后；昭帝死后，他立的昌邑王刘贺不听话，霍光便以"社稷为重"的名义将当了27天皇帝的刘贺废掉，将因罪而生活在民间的武帝孙子立为皇帝，将自己的孙女嫁给宣帝为后，从而将宣帝控制在自己手中。

权力可以使人得志，也可能使人受辱。为什么有些人不对此深思，以致有恃无恐，久久不能醒悟，走上不归之路呢？

中国共产党早期发起人之一张国焘的失败留下许多教训：他凭借人多

枪多，过高估计了自己的力量，搬起石头砸自己的脚。此人一贯称自己是"中国的列宁"，什么都要争第一。他开始以否定中央的政治路线为由，否定洛甫等人的中央领导，到后来又将毛泽东也列入了攻击目标，从而使自己与整个中央政治局为敌。

他与红四方面军，都是党领导下的革命武装，必然要服从中共中央的领导。任何明目张胆反对中央的做法，都只会遭到大多数人的不满与反对。

意气用事，固执己见，怎能不吃大亏？红军一、四方面军会师后，军事上采取北上还是南下？张国焘摆出了一副固执己见的架势，不去多多考虑其意见的正确与否，也不考虑这样做对自己在中央会留下什么影响，强行做出让他指挥的"右路军"南下的决定，并要"左路军"中的陈昌浩、徐向前部也南下。

1937年张国焘到达延安后，不仅没有反省检讨自己的失误、失策，拒不与中央政治局同事化解冤结、重建友好合作关系，结果自行孤立了自己，堵死了自己在中共内的政治前途。

曾国藩不斤斤计较权力，而是把"势"放在最重地位。权力是一柄双刃剑，既能伤人，也易伤己，而"势"（实力），则是不可动摇的基础。他从不揽权、专权，宁可自己的官不要，也要为部下谋得官位名望。由于牢牢掌握这"势"，曾国藩即使去世多年，湘军一系仍然固若磐石，而曾家也得保于常盛无事。

历史事实反复证明，权力具有两重性，可以展示才华、成就事业、领略风光，也可以使人身败名裂、尽尝苦酒、苦不堪言。权力是把"双刃剑"，可以造就人，也可以腐蚀人。纪晓岚说："盖天下之患，莫大于有所恃。有所恃，则敢于蹈险。"只有蠢人才把大小权力都揽在自己手中，气焰无比、颐指气使。

切莫恃权、分权自衡、接受监督，都是秉政者正确运用权力、防止特权妄为、跳出历史"周期率"、远离职务犯罪的经验之谈、聪明之举，因而应付之于行，锲而不舍。

认错效应：检讨过失

如果有了错不愿意承认、不愿意改正，放任错误继续下去，问题会越积越大。有位哲人说过：不知道自己有过错的人是笨蛋；知道自己有过错，而不改正的是大笨蛋；专以为别人有过错的人是最大的笨蛋。如果一方先认错，可以化冲突为祥和。

经过反省、检查自己的言行，发现和找出自己思想与行为中的不良倾向、坏的念头，并加以抑制和克服。通过注意自己的言行，反省自己的缺点和过错，不断摒除杂念，逐步树立正确的道德观念，培养高尚的道德品质。

如果你出现过错，那么此错别人也会知道，你的辩解只能让人对你心生反感。你逃避错误换得的必是"敢做不敢当""没担当"这类的评语，不敢承担错误使自己丧失面对错误、解决问题和培养解决问题能力的机会。放任错误继续下去，就好比害了疮后用一块布掩盖自己的伤疤却不治疗，只会让创伤越来越恶化，病情越来越严重。

孔子说，颜渊能"不贰过"，因其"能见其过而内自讼"。很多时候，有了过错别人未必能察觉，有些过失被人原谅，"内自讼"就格外重要了。对过失及时醒悟、绝不宽恕、尽快改正，它意味着自我否定、揭短露丑、勇于担责，是自知之明和光明坦荡，免不了疼痛或难堪，却能使自己"不贰过"，凭借道德良知选择正确行为，把问题扼杀于萌芽状态以免以后犯重复错误，避免栽大跟头。

有的同志犯了错误，往往不是反躬自省，不敢或不愿意直接诚心认错、承担责任。有些人明明知道自己出了差错，放不下面子、打不开心结、跨不过这道坎儿，不表示歉意，甚至硬着头皮不认账，矢口否认，为自己争辩，找一些理由、借口为自己开脱，把责任推到别人身上。就连违纪收礼收钱，也能找到"理由"：逢年过节送钱送物已成潮流。有的倒打一耙，批评指责别人，致使矛盾得不到解决，彼此的隔阂不能消除，别人不敢信任你，于是不愿与你合作，影响了相互之间的交往。

有的领导在工作中犯了错误，不愿在公开场合向群众认错，不愿主动向上级写个检查，或者在小范围内做自我批评。如果你把责任推给别人，出了事情只知道责备他人，而不从自身找原因，就会与其他人之间加深矛盾。推责也不会把过错推掉，只会使过错越来越大，直到"不可收拾"。

某公司招聘一名总裁助理，经过多轮筛选，竞争者剩下三个人。公司人力资源总监通知这三个人做最后一次面谈。三个人来到办公室，总监指着花架上的一盆兰花说："这盆花价值20万元，是我们老板从香港买回来的。"三个人不约而同地赞美这盆兰花。

这时，总监对三个人说："我出去一下，麻烦你们把这花连同花架搬到窗户边上去。"令人意外的是，三个人刚一碰到花架，花架的一条腿就落地了，花盆也随之落地，兰花也摔得面目全非。

人力资源总监发火了，让他们赔偿。个子较高的一位首先声明自己没有责任："这并不关我的事，再说我也不是你的员工，你没有资格让我帮你搬花盆，也没有资格叫我赔偿。"第二个人说："你不能叫我们赔偿。你应该去找生产花架的人。"第三个人说："这是我们的责任，你叫我们搬花，我们就有义务保证做好。怎么承担责任，你作决定。"

听他这么一说，总监脸上露出了笑容，他走过去，轻轻地拍了拍对方的肩膀："你被录用了！那盆花根本不值钱。"原来这是一道测试题。"告诉你们吧，你们三个人的能力不相上下，但是我们需要的是总裁助理，不仅需要能力强，更要敢于承担责任，可是你们两个呢？出了问题，不是分析问题出在哪里，如何避免问题再次发生，而是首先证明自己没有责任。一个不敢承担责任的人怎能担负重任呢？"

据报道，四川省郫县的两位局长在电视中向全县做检讨，并非出于自愿，而是县委书记下的命令，他们不敢不听。其实解决犯错误带来坏影响的最好办法是直截了当地承认错误，对所犯错误诚恳负责，这样就会消除不良形象，赢得人们的信任。

2011年11月，习近平同志在与中央党校学员座谈时强调："坚持原则，敢于负责，勇于担当，体现着共产党人的蓬勃朝气、浩然正气、昂扬锐气，反映着领导干部强烈的事业心和责任感；各级领导干部尤其要牢固树立责任重于泰山的意识，直面难题、敢抓善管、敢担责任，不辜负党和人民的重托"。

古人云"一日不知非，即一日安于自是；一日无过可改，即一日无步可进"，又"治人者必先自治、责人者必先自责、成人者必先自成"。勇于认错是领导干部光明磊落、心胸坦荡、无私无畏的体现。如果因为说了错话，做了错事，在上下级之间、同事之间造成情感裂痕，那么，弥合这种裂痕的最佳办法，是及时认错，真诚道歉。发生冲突，一方能先诚恳地认错，必然化干戈为玉帛。

有错误并不可怕。你错了就及时认错，不必回避、不要遮掩、不宜推诿。有的领导将下属工作中的错误应负的责任，全都摊在下属头上。客观地说，下属固然有处理问题欠妥的责任，但领导与下属间相辅相成的关系，也决定了过错的出现与领导的管理和指导不善有着不可推脱的关系。一个素质高的人应是随时自省、勇于认错的人。如果自己是对的，就要说服别人同意；而自己错了，就应真诚地承认错在什么地方，承担责任，通过采取措施，把损失降到最低限度，以后不再犯类似错误。如果不是你的责任，也不要急于争辩。人非圣贤，孰能无过呢？对出现的问题及时认错，承担责任，人际关系就会融洽，领导就会信任你、器重你。因此，勇于认错不失为与人相处的一个秘诀。勇于认错，是担当精神的最高境界。

善用自嘲激活人脉

自我解嘲，是趣说自己的缺点，自己嘲讽、调侃自己。自我解嘲，是人性美的体现，使自己返璞归真、轻松洒脱，使人感到可爱之处。这种交往技巧蕴含着人情味，营造一种宽松和谐的交谈气氛，使自己心情轻松洒脱，体现了良好的修养。

许多名人都是善用自嘲的高手。适时适度的自嘲，可以调节气氛、化解尴尬，彰显谦虚的品质，增进友谊的情怀。

自嘲是一种舌战谋略：以自我嘲弄的形式，自贬自抑，摆脱窘境，争取主动。自嘲常常不仅仅停留在替自己辩解的层面上，更重要的是让尴尬的环境变得轻松。笑自己的长相，或笑自己做得不很漂亮的事情，会使我们变得较有人情味，给人一种和蔼可亲的感觉。这可以帮助他人喜欢你、尊敬你，甚至钦佩你。

机智敏锐的自嘲，能够有效地维护面子，建立起新的心理平衡。1998年3月19日九届全国人大一次会议举行记者招待会，邀请新任国务院总理朱镕基及几位副总理与中外记者见面，回答记者的提问。朱镕基一上来就自嘲道："我长得不好看，但希望你们把我拍得好看一点，因为我的形象代表政府。"话音刚落，现场顿时响起一片笑声和掌声。

有的人面对缺失，喜欢遮遮掩掩；有的人喜欢极力辩解。其实，遮掩消除不了心理失衡，辩解往往越描越黑，最佳的办法是学会嘲笑自己。

曼德拉卸任总统不久，南非警察总署发生了一起严重的种族歧视事件：一间办公室的电脑开启时，屏幕上的曼德拉头像竟逐渐变成了"大猩猩"。全国警察总监和公安部长得知勃然大怒，南非人民义愤填膺，可曼德拉对此却平静地说："我的尊严并不会因此而受到损害。"

几天后，在参加南非地方选举投票时，工作人员看着他身份证上的照片，与其本人对照，曼德拉便拿自己开涮道："你看我像大猩猩吗？"逗得在场的人乐而开怀。

不久，在南非东部一所学校的竣工典礼上，曼德拉对孩子们说："看到你们有这么好的学校，连大猩猩都十分高兴呢！"听到他的自嘲，肤色不同的孩子都笑起来。

在一次盛大招待宴会上，服务生倒酒时，不慎将酒洒到了坐在边上的一位宾客那光亮的秃头上。这位宾客却微笑着说："老弟，你以为这种治疗方法会有效吗？"借助"自嘲"，这位宾客既展示了自己的大度胸怀，又维护了自我尊严。

领导干部面对不同的人、不同的事，由于种种原因，有时会陷入尴尬的境地，如有人不友好地盘问，有人用无聊的话来打扰，有人嘲弄、讽刺、奚落。遇到上述情况，如果不用智慧，不假思索地还以颜色，即使争回面子，也会影响形象，甚至可能惹起事端。如果忍气吞声，又会显得束手无策。此时主动自嘲，化解尴尬的场面，乃是上策。

有情趣的人总是受人欢迎的，而自嘲作为一种幽默的表达方式，能体现出情趣和智慧。幽默式的自嘲，自嘲式的幽默，能够迅速消除人与人之间的陌生感，使人感到你的可爱和人情味，在对方心中留下好印象，有时还能更有效地维护面子，建立起新的和谐的人际关系。

英国原首相威尔逊在进行竞选演说时，突然有个故意捣乱者高声打断他的话："狗屎、狗屎。"意思是他的话一钱也不值。威尔逊对捣乱者报以微微一笑，平静地说："这位先生，我马上就要谈到您提出的脏乱问题了。"一句机敏而幽默的妙答，使那个捣乱者哑口无言，听众以掌声和笑声，为威尔逊的机智幽默喝彩；威尔逊从窘境中解脱出来，继续他那滔滔宏论。

自嘲是一种积极向上的正能量，它看似在玩味自身缺陷或不足，却彰显自信、明抑暗扬、虚贬实褒，让人确信他的气场。

莫论别人隐私

罗曼·罗兰说："每个人的心底，都有一座埋葬记忆的小岛，永不向人打开。"马克·吐温也说过："每个人像一轮明月，他呈现光明的一面，但另有黑暗的一面从来不让别人看到。"这座埋葬记忆的小岛和月亮上黑暗的一面，就是秘而不宣的隐私世界。

隐私，从法律意义上讲，是指与他人无关的私人事务和私人信息。隐私所包含的内容十分广泛，并且其内容随着信息时代的发展而不断充实。

每个人的内心深处都有隐私，如女人的贞操、情感、伤与痛、爱与恨等，男人除了与女人共有的情爱之类的隐秘之外，还有私房钱、自己的某些疾病和痛苦等隐私，都把它隐藏起来，不愿张扬，不希望被人侵犯。每个人都有心灵的秘密的一角,包括婚恋经历、昔日如何潦倒失意、人事争端、前途打算、生理缺陷、个人恩怨等,有时连自己的父母都不愿相告,却愿意告诉自己最亲近的挚友。

有些人出于无知或猎奇,初次见面,问你年龄多大、收入多少、什么级别、何种职业之类的情况。一般来说,有修养的人不会去问他人的隐私。知道是他人隐私,偏偏去询问者,便是没有起码礼仪修养的表现,不懂得尊重他人。在说话办事时,避开他人的隐私,在舌尖上加把锁,关闭传播隐私之门,莫去触痛对方,这样于己于人都有益。

作为党员干部,切不可拿别人的一桩隐私开玩笑,更不可把它作为败坏人的名声的把柄。探听别人的隐私逸闻,关注无聊的琐事,说短道长,添油加醋,传扬出去,会有意或无意揭人伤疤,或犯了忌讳,是糟糕的行为,伤害了别人,对方不会信任你,而会疏远你、讨厌你、提防你。

有人喜欢当众谈及对方隐私、错处,这是很不明智的行为。心理学研究表明:自己的隐私、错处一旦在公众面前"曝光",就会感到难堪、恼怒。在交往中,应尽量避免接触这些敏感区域,避免使对方当众出丑。当面揭短,出现难堪,与人结怨,损人而又不利己。

在领导活动和人际交往里,不要亮出自己的隐私来取悦他人。有的人与异性网友聊天,从工作事业到生活情感,所有丰富的内心感受,他情愿向自己妻子以外的异性和盘道出。有的人为证明自己对他人的信任,用公布他人的隐私来证明自己的"消息灵通"。在涉及隐私的问题上,还是三缄其口、秘而不宣为好。

对同级的个人隐私,尤其是家庭隐私,最好做到"不闻不问"。即使是关系不错的同级之间,也最好能够"点到为止"。如果有同级同事对自己很信任,而将他的隐私说了出来,那么你绝对不能传给第二个人。

与同事在一起,尽量少谈或不谈自己的隐私事情。碰上好打听隐私者,也应巧妙回避,不作正面回答。遇到一些低级趣味的人探听隐私,答非所问,不能有一说一,有二说二。如果他问你"工资多少",你就说"不比别人多"。距离产生美，给自己留一个空间，比把一切都暴露于人前要安然得多。领导平时与人交往时，应注意自己的言行；外出调研、检查工作和偶尔参加娱乐活动时，少一点得意忘形的表现，以避免一时冲动打开了自己秘密的盖子。

隐私，指个人的不愿公开的私事或秘密。隐私，是尘封在情感深处的一本私人存折，是现代人发明的一项人权专利。冒失地揭开他人的隐私，就会触痛他人的心灵。

有的人在交际过程中，随便窥探别人的隐私，并且津津乐道，以此为快，这是不健康的心理，是趣味低级和作风庸俗的表现，这是品行端正、情操高尚的人所不齿的。而且，窥探别人隐私世界的人，不但会伤害到别人，而且会伤害自己。

现代人都把隐私权置于知情权之上，保护自己及别人的隐私，不仅是个人品质问题，而且是社会道德和法律问题，也影响着人在社会的生存发展。

恰到好处的沉默

电影《周恩来》有这样一个场面："文革"中，周恩来劝陈毅带头在群众中做个检讨，以得到谅解，尽快出来工作。陈毅想不通，并坚决地说："士可杀不可辱！"这时，周恩来缄默了，不再说话，戴上花镜去读文件。片刻，陈毅含着笑意大声说："总理，我检讨就是了嘛！"在这里，缄默产生了奇异的效果。

恰到好处的沉默也是一种交往艺术，它和语言一样传递着丰富的信息。有时沉默比反应还要有力量，能获得信赖感。沉默是广义语言的一种，是东方人最常用的非语言形式之一，只不过是一种音量为零的语言，丰富了人们的语言，正所谓"只可意会，不可言传"。

战国末期，秦昭王采用范雎的"远交近攻"的外交战略，使秦国获取了绝对优势。殊不知，范雎为了谒见昭王，竟然等了一年时间。范雎见到昭王，首先示意屏退左右，却一言不发地站着。昭王于是先开口："先生有何赐教？"范雎只回了两声"是"，又继续他的"沉默战术"。这样反复了三次，最后昭王终于忍耐不住，急迫地追问："有何赐教，请先生明示。"范雎才正式开始他的谈话，并得到昭王的嘉许，自此深得昭王信任，登上了宰相的宝座。

在说话时机未到的时候，或当难以说服对方时，暂时中止说话，保持一定时间的沉默，有时候是一种最好的选择，是一种很好的方法，比论理更为有力。

沉默的另一种表达方式是顾左右而言他，暂时把现在讨论的问题搁置，伺有利的时机再行讨论。沉默之后应有"一鸣惊人"的语言，这样才能达到说服的目的。

人家沉默不语，表面看没有话，其实全身都在说话——心里在默默对话，眼神在"说话"，身体的动作在暗示。聪明的人会从对方的无言中解读其态度和意图，引起好奇心和信赖感。

1945年7月，苏联、美国、英国三国首脑在波茨坦会谈。一次休息时，美国总统杜鲁门有意对斯大林透露：美国已研制出一种威力极大的炸弹，即暗示美国已拥有原子弹。这时，丘吉尔也两眼死盯着斯大林的面孔，观察其反应。而斯大林好像什么都没听见，未显露出异常表情。其实，他听得很清楚，当然也听出了杜鲁门的弦外之音，内心焦灼不安。会后，他告诉莫洛托夫："加快我们的研制进度"。面临这种窘境，拿腔作调反而会暴露缺点，还不如装聋作哑、暗中使劲。

1968年，尼克松再次竞选美国总统，汲取上次失败的教训，保持沉默稳重，表现得对自己很有信心。他所采用的技巧之一就是沉默说服，以微弱的优势获得共和党提名，在总统大选中，荣登美国总统宝座。

通常人们在沉默良久后开口说话时，往往很难"刹车"。因此，在何时开口一定要想清楚，把想说的话考虑一下再说出去。答话的语速慢些，大脑转得快些。这样可以给别人一个比较完美的答案。当情绪激动时，在你脑海里面的话要冲出来的时候,做三次深呼吸,这时候你的情绪会稳定,然后再考虑自己要说的话。

有时对方侃侃而谈,你因拙于口才,一时没找到有力的论点和论据反驳对方,或不擅长谈论这个话题,不妨保持沉默,闭上嘴巴认真听,至少你的低调和含蓄会为你加分吧。

沉默往往胜于雄辩。古希腊尤里披蒂有句名言:"沉默是睿智至高无比的答词。"当对一件事情产生不同看法,或出现纠纷、争吵时,可暂时保持沉默,据理不争,以免火上浇油,激化矛盾。做一下冷处理、慢处理,深思熟虑,等待时机成熟,这样的结果可能截然不同。

有时双方发生分歧,一方的沉默通常会给另一方冷静思考的时间,紧张的气氛得以缓解。当下级相互之间发生矛盾时,你明确表态,则容易使一方产生领导偏袒另一方的心理反应,即使理亏也不认输。如果保持沉默,以静制动,并伴以严厉的目光、严肃的神情,使对方迅速整理,有利于冲突缓和。

第一印象效应

"第一印象",是在首次见面、接触、认识或感受中,对一个人的相貌、身材、服饰、风度、神态、言谈和举止等方面留下的初次印象。第一印象亦即心理学上所谓的"首因效应",决定对你整体形象的认定。成语"先入为主",便是对这种第一印象的作用的最好概括。

第一次与人见面时,7到45秒内就能产生第一印象,而且会保留许久。心理学研究发现,与一个人首次见面,45秒钟以内就能产生第一印象。这一最先的印象对他人的社会知觉产生较强的影响,在对方的头脑中形成并占据着主导地位。这种先入为主的第一印象效应是人的普遍的主观性倾向,会直接影响到以后的一系列行为。

"第一印象"带有片面性、表面性,甚至主观臆想的以偏概全的"识人"之见,尽管我们也知道不能仅凭一个人的外表去评判他的才能、品性,但是，你对别人或别人给你留下的"第一印象"，常常是驱赶不掉的，要改变它就不那么容易，有的甚至会终生不可磨灭，即使后来的印象与最初的有差距，很多时候我们也会自然地服从于最初的印象。

佛要金装，人要衣装。在交往中，得体的衣着、打扮，容易给人留下鲜明而深刻的印象。这种"首因效应"是指个体在社会认知过程中，通过"第一印象"最先输入的信息对客体以后的认知产生的影响作用。

衣着对一个人的外表影响较大，反映出一个人的气质、性格和内心世界。中国有句谚语："人靠衣服马靠鞍。"衣着、打扮有三个作用，一是保暖，避免感冒；二是修饰，增加美感，展示形象；三是尊重别人。如果说，人们看产品的包装觉得很奇妙，才有购买欲，那么要人家接受你，首先必须穿着整齐、仪表堂堂。着装应该反映你的个性并弥补你的身体不足。

莎士比亚曾说："一个人的穿着打扮是他自身教养最形象的说明。"衣着服饰是一个人文化素养的外在表现，从衣饰上着手是最基础的入门方式。我们从服饰可以看出穿着者的教育背景、性格特征、生活态度、审美情趣。在公众场合不讲穿戴、不修边幅，不完全是自己的事，也是对别人不尊重，在别人心目中留下不良的第一印象。传统样式的服装好，但是总穿那种衣服也是令人厌烦的。鞋子和领带可以新潮一些，让人觉得你在与时俱进。

女性穿戴应庄重高雅，太个性化、打扮得珠光宝气，或穿着太透太露太紧，都是个人形象设计的败笔。与人初次见面，衣着过于随便、不修边幅，会给人一种对人不够尊重或不够重视的印象；蓬头垢面、衣衫不整、举止粗鲁的人，则会让人望而生厌、敬而远之。

据西班牙《先锋报》报道，马德里孔普卢滕塞大学心理学教授玛丽亚·阿维亚称，与人初次交往时，给他人留下的第一印象主要来自于动作、姿态、外表、目光和表情等，这些非口头语言提供的信息占到了60%至70%。因此，阿维亚提出，初次见面时仪表、风度给人的最初印象，往往成为日后交往的依据。

初到一个新环境，应抓住"人人都爱先入为主"这个特点，从一开始就树立良好的第一印象这个策略入手，就不难让新领导、新同事对你产生好感，令你由被动到主动。形象顾问詹妮·麦金托什说，"这就是说，你要觉得很自在，给人一种积极向上的印象。"

做到这一点，就必须从小处着眼，注重社交场合中的细节性的问题，小中见大，在别人面前树立起自己的良好形象。党政干部的仪容应以端庄稳重为基点，男同志应坚持经常修面理发，保持一种容光焕发的精神面貌。女同志则可以选择适当的发型，面部施以淡雅的工作妆。

在短时间内以片面的资料为依据形成的"第一印象"会影响到现在，而且可能会成为决定双方是否继续进行交往的关键，影响到你以后的人际交往活动。因此，要注意用儒雅的气质、得体的谈吐来打动对方，言辞幽默、侃侃而谈、举止优雅、镇定自若。

尽管人们常说"人不可貌相"，据研究发现，人类对任何堪称"第一"的事物都具有天生的兴趣并有着极强的记忆能力。这种由先前信息而形成的最初印象及其对后来信息的影响，就是心理学家所说的"首因效应"。

首因，是指首次认知客体而在脑中留下的第一印象。人们第一次与某物或某人相接触时会留下深刻印象，依赖于第一印象所获得的信息。心理学有一个实验：他们把被试者分为两组，同看一张照片。对甲组说，这是一位罪犯。对乙组说，这是位科学家。看完后让被试者根据这个人的外貌来分析其性格特征。结果甲组说：深陷的眼睛藏着险恶，高耸的额头表明了他死不改悔的决心。乙组说：深沉的目光表明他思维深邃，高耸的额头说明了科学家探索的意志。

这组实验表明，人们根据最初获得的信息所形成的印象不易改变，会左右对后来获得的新信息的解释。第一印象好，会使人在后继了解中，多偏向发掘对方具有美好意义的品质，有助于人际交往；若第一印象差，会使人在后继了解中多偏向于揭露对象令人厌恶的部分，阻碍人际交往。

你永远没有第二次机会树立第一印象。心理学家认为，由于第一印象主要是性别、年龄、衣着、姿势、面部表情等"外部特征"。一般情况下，一个人的体态、姿势、谈吐、衣着打扮，都在一定程度上反映出这个人的内在素养和其他个性特征。因此，我们可以利用这种效应，展示给人一种良好的形象。在日常交往过程中，尤其是与别人的初次交往时，一定要注意给别人留下美好的印象。

有些人解读奥巴马的时候说出了这样几个词：年轻、活力、希望、魅力、领袖气质。这可能就是奥巴马的"面相"，就是他给人的第一印象。他英俊硬朗的外在形象和极具感召力的话语，俘获了无数美国人的心。

我国古代对公务人员的着装就十分重视，对各等级官员的衣服都有严格的规定。出席庆典、皇帝出巡或光临臣属之家时，都必须穿朝服（官礼服）。《通制条格》里记有一个故事：元仁宗皇庆二年，有个官员在参加过新年朝贺后，没有换装，就去给他的领导贺岁，被御史台弹劾。《水浒传》中的李逵那样鲁莽的人，在寿张县衙冒充知县时，也知道"取出幞巾，插上展角，将来戴了，把绿袍公服穿上，把角带系了，再寻皂靴，拿着槐简，走出厅前"。

"良好的第一印象是登堂入室的门票。"（戴尔·卡耐基）当你踏进机关大楼，与领导、同事第一次见面的时候，领导、同事都会对你的表情、姿态、身材、仪表、服装乃至精神状态、礼仪、反应等有一个感性认识，迅速作出判断，这最先的印象对人影响强烈，因为第一印象是没有办法重来的。第一印象会有"先入为主"的作用，是人的普遍的主观性倾向，会直接影响他们以后的一系列行为，在很长时间内都会主导他们对你的看法，无论好坏，往往很难改变。

一位人事干部屡次对一位党员的提升表示反对意见，使得旁人大惑不解，以为两者有过节。但事实上原因只是，这个人刚来单位报到时，因为朋友欢送饮酒而嘴里充满酒味，这使得干部认为他是一个不可靠的人。由此可见，第一印象是何其重要。

在和别人初次交往时，也应该注意一些细节。言行举止要有礼貌。无论与谁见面，都应以"您好"等礼貌用语打招呼，注重礼貌用语、讲究文雅。探望朋友，可以说"特意来看您"或"特意登门拜访"；托人办事，可以说"请您帮帮忙"；先有礼貌地寒暄一番，并且要伴之以微笑的表情，并不时地注视对方的眼睛，这会给人以亲切诚恳的感觉。说话要和气、中肯，态度要谦逊、严谨，发言时落落大方、谈吐文雅，既不紧张拘谨，又不无所顾忌、信口开河。举止要文明，切忌在谈话时东张西望、心不在焉、架二郎腿、指手画脚，这会让人有不被尊重的感觉。一些单位多次出现的"新官上任三把火""早来晚走""恶人先告状""先发制人""下马威"，都是想利用首因效应占得先机。

第一印象是难以改变的。我们应运用好首因效应，要面带微笑，给对方热情、善良、友好、诚挚的印象；应使自己衣着整洁，留下严谨、自爱、有修养的第一印象；优化自己的言谈、举止、礼仪，平时要留意自我修炼，勤于观察自己，找到适合自己的外在风格，适时展现自己的气质和风貌，让人觉得你可爱、可敬。

要诚实自然地表现自己，待人要诚恳，表里要一致，不要夸夸其谈，不要装腔作势，不要一见面就炫耀自己、否定别人。同时，在首次交往时不易把双方的距离拉得太近，否则就闯进了人家的心理空间，容易引起对方的自我保护反应，从而弄巧成拙。

切莫以貌取人

人不可貌相，海水不可斗量，可是人们在交际应酬、识人用人中，或显或隐地存在着以貌取人的现象。以貌取人是偏颇、武断的体现，因而是不足取的。以貌取人会看走眼而误事，甚至影响当事者的前途。

元朝时，胡学士只为一顶戴歪的帽子，而误了前程。——元世祖忽必烈雄霸天下，广招贤才。一天，胡石塘学士来应聘。他满腹经纶，学富五车，天文地理烂熟于胸，经国方略纵横捭阖，却不重仪表，帽子戴歪了。

忽必烈对胡学士的第一印象，是看见他的帽子戴歪了，便有些反感，问道："你有什么才能啊？"胡石塘回答道："陛下，我有治国平天下的才能……"忽必烈忍不住笑了："自己头上的帽子都戴不平，还能平天下吗？"胡学士下意识地扶了扶自己的帽子。结果呢，不言而喻，胡石塘没有能被朝廷录用。

王粲被后人称为建安"七子之冠冕"，曾投奔荆州的刘表，希望有所作为。谁知刘表的用人原则主要是以貌取人，不看好身材矮小、相貌丑陋的王粲，于是王粲被闲置一旁15年之久。直至曹操平定荆州，王粲归向曹操，才被委以"丞相掾"，赐爵"关内侯"。

既不要忽视第一印象的作用，也不要无限夸大第一印象的作用。不要以貌取人。多数人在判断和评价一个人时，不经意间会受到其体貌特征的影响，总是相信自己的最初判断：面容姣好、身材适中的人容易赢得好感，打了高分，而相貌丑陋、身材不好的人印象不佳，不以为然。

通过相貌、表情、谈吐和风度来了解人，是"知人"的一种辅助手段。但是，把它绝对化、过分重视，把"知人"变成以貌取人，如"那个人一脸胡子，长得像个土匪！""那个人一脸奸诈，看起来很坏！"就看偏了。

《史记·仲尼弟子列传》记载，孔子有个叫澹台灭明的弟子（字子羽），相貌和体态丑陋，想要侍奉孔子。孔子却以其外表判断其资质低下，而忽略了他。子羽从师学习后，致力于修身实践，处事光明磊落，不事权贵。后来子羽游学到长江流域，跟随他的弟子竟有三百余人，声誉极高。孔子得知后，感慨地说："以貌取人，失之子羽"。

衣服、容貌，可以悦目；声音、语言，可以悦耳；举止、习惯，可以悦心。但作为领导者识人切莫以貌取人。姜太公说，有的人看似庄重而实际上不检点；有的人外表温柔敦厚却偷鸡摸狗；有的人外表恭恭敬敬而心怀蔑视；有的人貌似专心致志而其实心猿意马；有的人表面勇敢而内心怯懦；有的人貌似威严而实质上容易应付……凡此种种，都是人的外貌和内心不统一的复杂现象。因此，看一个人的外貌，不如研究他的思想、品德、能力。泰戈尔有句妙语："你可以从外表的美来评论一朵花或一只蝴蝶，但不能这样来评论一个人。"

2009年夏天的一个晚上,南京市民崔海刚在闹市遭遇小偷,大声呼救。路人闻讯赶到,却没有去抓小偷,以为剃光头、胳膊上有刺青的崔海刚是小偷呢,于是团团围住、狠揍了他一顿,结果是打错了人。崔海刚只好自认倒霉。

有一则冷笑话:一领导带司机去下级机关检查工作,西装革履大腹便便的司机受到了相当热情地招待,而貌不惊人衣着寒酸的领导备受冷落。原来,这位领导被人当作了司机。

深圳市有个叫李琼的女职员,参加职称考试时,监考者见其容貌看似20多岁,与39岁的实际年龄不符,便反复询问。李琼哭笑不得,怎么解释,他也不信。李琼最后气得晕厥,被送到医院急诊室输液。

有的人其貌不扬,却是个奇才;有的人仪表堂堂,却是个"金玉其外、败絮其中"的草包;有的本来胸无点墨,却装出很有学问;有的人品不好,却伪装得很正派;有的表里不一,对上是一套,对下又是一套,人前是一套,背后又是一套。这样以貌取人,容易被一些表面现象所迷惑,容易造成偏差。正如晋代学者葛洪在《抱朴子·外篇》中所言:看一个人的外表是无法识察其本质的,凭一个人的相貌是不可衡量其能力的。

好些年前,哈佛的校长由于以貌取人,做出错误判断,付出了很大代价。一对老夫妇,穿着褪色的、破旧的棉布衣服来拜访。哈佛校长的秘书断定这两个"乡下佬"不可能与哈佛有业务往来,想尽快将他们打发走,于是说:"校长整天都很忙!"女士回答说:"没关系,我们可以等。"

等了几个小时,秘书一直不理他们。校长很不情愿地见了这对夫妇。女士告诉他:"我的儿子曾经在哈佛读过一年,感到校园生活很快乐。去年,他出了意外,我丈夫和我想在校园里为他留一个纪念物。"

校长觉得很可笑:"夫人,这是不行的。如果为每一位读过哈佛而后去世的人建立雕像,校园就会变成墓园。"女士说:"不是的,我们想要捐一栋大楼给哈佛。"校长傲慢地说:"你们知不知道建一栋大楼要花多少钱？我校的建筑物超过了750万美元。"他得意地以为可以把他们打发走了。

这位女士转向丈夫说："只要750万就可以建一座大楼？那我们建一所大学来纪念儿子吧！"就这样，斯坦福夫妇到了加州，建立了斯坦福大学，来纪念儿子。

在交往中，以貌取人，有时会出现失误。有些人长得丑陋，却有经天纬地之才；有的人堪称"帅哥"，却腹中空空、成事不足、败事有余。荀子《非相》有言，禹乃跛脚，汤为拐子，周公身材如枯树桩，然皆因功名仁义为后世称颂。夏桀、殷纣身貌魁伟，却做了很多坏事。因此，我们不要以貌取人、先入为主。"一个人不是因为美丽才可爱，而是因为可爱才美丽。"与人交往，不仅看其表象，而更应观其行，辩其心，用一种包容的心境善待他人。

消除猜疑之心

《龙墩上的悖论》记载了成吉思汗的一段传奇经历。有一次，成吉思汗外出打猎，一个人带着弓箭以及心爱的飞鹰，到了中午仍没有收获，见山谷有水流，就取出杯子接滴下来的水。当水接到七八分满时，他想把水喝下去。

就在这时，一股疾风把杯子打翻，到口边的水洒了，他不禁又急又气。忽然抬头，看见自己的爱鹰在头顶上盘旋，才知道原来是它捣的鬼，只好重新接水。当水再次接到七八分满时，又有一股疾风把水杯弄翻了。成吉思汗顿生报复心："好！你这只老鹰不知好歹。"

于是，成吉思汗拿起水杯再从头接那一滴滴的水，悄悄取出尖刀，把再次向他飞来的鹰杀死了，手中的杯子掉到山谷里。成吉思汗攀上山顶，发现有个蓄水池，想喝个饱。忽然，他看见池边有一条大毒蛇的尸体，这时才恍然大悟：原来飞鹰，刚才屡屡打翻我的杯子，才使我没喝被毒蛇污染了的水，救了我一命！

猜疑心理是依据某些个别的、表面的现象，或是从某一假想出发，没有把握地进行判断和推理。猜疑心重的人总以为别人在算计自己，疑心重重、捕风捉影、无中生有，认为人人都不可信，人人都不可交，离真理越来越远。别人不经意间说的一句话，他也很敏感，琢磨半天，努力发现其中的"潜台词"，便猜疑别人，让人伤心。

领导者心胸小、本事大、容不得人，是很不好的。明朝的崇祯皇帝励精图治、革弊立新，一直想挽救大明的社稷，但最终落得个亡国自缢的可悲下场。究其原因，除了"大势已倾，积习难挽"之外，主观原因是刚愎自用、生性多疑、不善用人。崇祯掌权17年中，朝臣50多人被更换，更换之频，前所未有。其中10人被削职、革职，25人离职回乡，正常致仕或卒于任所的只有6人。崇祯最大失误，是因猜忌而中了敌人的反间计，错杀了国家的栋梁袁崇焕，结果使自己落得国破家亡的下场。

一个人一旦掉进无端猜疑的陷阱，必定处处神经过敏、心生疑窦，损害正常的人际交往，朋友较少，交不下朋友，结果心理压力增大，生活和工作在孤独和意志消沉之中，严重者还会出现心理疾病。《红楼梦》中的林黛玉，是个疑心病很重的人，她本来身体就弱，加之常常在猜疑中度日，使自己情绪沮丧，常暗自垂泪，结果是身心俱毁，早年夭折。正是："无端愁绪凭空来，多因猜疑生风雨。"有些问题因猜疑而引起，致使无事生非、小事变大、好事变坏、矛盾恶化。

产生猜疑心理的原因，一是思维方式不对头，从一种假想目标开始，又回到假想目标上来；二是对别人缺少信任；三是猜疑心理通常与狭隘的自私心、不正常的自尊心形影相伴。

要培养高尚的道德情操，净化心灵，提高精神境界，冲破封闭性思维的桎梏，走出"先入为主""按图索骥"的死胡同，促使猜疑之心在得不到自我证实和不能自圆其说的情况下自行消失。

猜疑往往是心灵闭锁者人为设置的心理障碍。只有敞开心扉，将心灵深处的猜测和疑虑公之于众，增加心灵的透明度，求得彼此之间的了解沟通，增加相互信任，消除隔阂，才能获得谅解。

拓宽胸怀，调节心情，不要在意他人的议论，不必放在心上，"走自己的路，让别人说去吧"，该怎样做还怎样做，这样不仅解脱了自己，而且产生的猜疑也就因此烟消云散了。

行动是对一个人最好的诠释，是消除猜疑的重要途径。唐代刘禹锡有言："尽诚可以绝嫌猜，徇公可以弭谗诉。"有的人受到猜疑和谗言的攻击，不堪其扰，有的人则用行动证明自己。恪尽职守可以杜绝别人的猜疑，公事公办能使谗言终止。一个人如果光明磊落，那么关于他的疑虑总有水落石出、不攻自破的那一天。正如因此，受到猜疑和谗言的困扰时不必愤慨，不必争辩和解释，只需要用自己的行动去做自己应做的事情就够了。

相互信任是处理好上下级、同级之间的同志关系的一个重要原则，可以减少许多因猜疑所浪费的时间和精力。一方面是自己要言必行、行必果，给对方以信任感；另一方面是要相信对方，遇事不要胡乱猜疑、"先入为主"，千万不要把主观臆想作为依据来推断对方如何。最好能先综合分析一下他平时的为人、和多年共事交往的表现，使猜疑消灭在萌芽状态。如果误会得不到尽快解除，就会发展为猜疑。最好同猜疑程度高的人推心置腹地谈一谈，以便弄清真相，消除误会。

刚愎：愚蠢的表征

《吕氏春秋》中有一个寓言故事，大概内容是：宋康王闭上眼睛，不看客观实际，顽固地坚持"宋强齐弱"的偏见，一切以他的主观臆想为准则。当调查的结果与他的主观臆测不符时，他就大发淫威，接二连三地将说真话的侦察员处死，最后派出的侦察员明明说假话，但符合他的主观愿望，他便深信不疑，高兴地给以赏赐。由于他的错误，宋国灭亡，他自己也被迫出逃。

这个故事告诉我们，不能用主观代替客观、以想象代替事实；只能使我们的思想适应实际情况，而绝不能让实际情况适应自己的主观想象。自以为是、固执己见、一意孤行,其结果只能在实际生活中碰壁,甚至招来难以挽回的失败。

历史的经验值得借鉴,历史的教训必须记取。当年西楚霸王正值而立之年,原本应该大有作为、前程无量的。可惜他只相信自己、抬高自己、贬低别人,其结果是孤立了自己,直到乌江边,还不肯自己检讨自责,固执到底,令人扼腕长叹。

朱元璋在打天下的过程中,采纳谋士朱升"高筑墙、广积粮、缓称王"的建议,以及刘基等人的建议,能够博采众长。毛泽东曾说:"朱洪武是个放牛娃出身,人倒也不蠢,他有个谋士叫朱升,很有见识,朱洪武听了朱升的话'高筑墙,广积粮,缓称王',最后取得民心,得了天下。"(见王鹤滨《紫云轩主人——我所接触的毛泽东》第88页,中共中央党校出版社1991年版)

朱元璋即位后,有一次,把秀才请进皇宫,叫他当太子太傅。皇太子不服管教,被秀才责打了一顿。朱元璋知道后,一气之下把秀才关进监狱。马皇后劝道:"家有家规,国有国法,师有师道,你把这些一齐丢了,岂不把大明天下也丢了吗?"朱元璋听了觉得有道理,于是把秀才又请回了皇宫。

可惜的是,朱元璋执政以后逐渐刚愎自用、猜忌功臣、拒谏杀谏。叶伯巨上奏万言书,指出分封太侈、用刑太繁、求治太速,这本是宝贵的忠直之言,却被逮捕入狱。朱元璋死后,果真出现了"枝强干弱"、骨肉相残的严重后果。

自以为是、刚愎自用的人总是轻视别人的意见,总是认为自己的意见正确、别人低估了自己,因而一意孤行。当听不进旁人建议,以致没有人再提醒、忠告你的时候,危险就会悄悄逼近,最后落得个难以收拾的地步。

愚蠢的人都很刚愎、都很固执,刚愎、固执的人都是愚蠢的人。刚愎、固执的人总是特别相信自己的看法,习惯于在旧有的意见中打转,坚持自己错误的观点,久而久之就会变得唯我独尊,导致个人专断、刚愎自用,以领导之尊压人一头,"同而不和",表面上一团和气,无原则地迁就,内心上离心离德,给自己和团队带来损失。

错了不知错,害怕向别人承认自己错了,觉得听到人家指出自己的错误是一种耻辱,不听善言规劝,只能荆棘丛生,挫折多于顺利,远离成功的目标。正如英国史学家卡莱尔所说:"最大的过错,便是错了还不知错。"也正如拿破仑所言:"不会从失败中寻找教训的人,他们的成功之路是遥远的。"

"过也,人皆见之;更也,人皆仰之。"刘少奇同志说过,任何人都要犯错误,只有在不断地犯错误、不断地碰钉子的过程中,才能逐渐懂得事情,从错误中吸取教训。解决犯错误带来坏影响的最好办法,是能准确地认清、坦诚地面对自己的弱点和错误,拿出足够的勇气去直截了当地承认错误,对所犯错误诚恳负责,能弥补错误所带来的不良后果,在今后的工作中谨慎起来,这样就会消除不良形象,重新受到组织的信任和人们的尊敬。

现实生活中,不少同志在犯过错误并认真改错之后,悟出真谛,从而敬畏党纪国法,严格自律。戴尔·卡耐基这样说过:"即使傻瓜也会为自己的错误辩护,但能承认自己错误的人,更会获得他人的尊重,而且有一种高贵怡然的感觉。"诗人雪莱:"过去属于死神,未来属于你自己。"能否让别人仍然信任你、尊重你,关键取决于自己。只有勇于从挫折中爬起来的人,才是有志的强者。

贪花恋色必覆车

孔子说:"君子有三戒。少之时,气血未定,戒之在色;及其壮也,血气才刚,戒之在斗;及其老也,血气既衰,戒之在得。"孔子是根据人的生理年龄来界定贪欲之害的。而从官场反复出现的贪腐来看,与年龄无关,皆因权力是滋生腐败的土壤,贪欲是权力肌体上的寄生瘤。权力的支配性可以对社会一切稀缺资源进行分配,从而使贪欲之念可随意实现。

司马光和王安石都是历史上赫赫有名的大学者、大才子。两人都很正派、很正统，不为女色所乱。司马光在太原当通判时，已是人到中年，其妻张氏不生育，便买了一个俊姑娘，想给司马光做妾，却遭到司马光的拒绝。王安石进京当官，其妻吴氏为他买一妾，该妾丈夫押运粮船时粮食翻进水中，赔偿不起而被卖到荆公家。王安石让下属找来该妾的丈夫，给了他赔偿损失的钱，让他领着妻子回家过日子。

钱锺书在《围城》中指出，婚姻好比一座城堡，外面的人总想进去，而已经进去的人又总想出来。而对婚姻这个复杂的东西，处理得好就会幸福美满，处理得不好就会给自己留下终生的遗憾。

中国绝大多数皇帝是因血缘的"天命"关系而被推上皇帝宝座的，就他们的禀赋素质来讲，却不一定适合当皇帝。这样的历史机制怎么能不造就无数昏君？

贪恋女色是中国许多帝王和贪官们的共性。贪色必然会造成爱的物欲化、粗俗化、轻率化，贬低人类情爱的高尚和圣洁。因贪恋女色而伤害身体、祸国殃民、危害事业的事屡见不鲜，留下许多深刻教训，值得后人记取。

周幽王在位时，各种社会矛盾急剧尖锐化，政局不稳，西北地区少数部族侵袭，地震、旱灾屡次发生。在内忧外患面前，周幽王却贪图安逸，花天酒地，变本加厉地加重剥削，任用贪财好利、善于逢迎的虢石父主持朝政，引起国人怨愤。

周幽王与褒姒坐则腿叠腿，立则肩并肩，饮则交杯，食则同器，竟视国家安危为儿戏，创办"烽火晚会"，不惜当亡国之君。褒姒的笑，不过是对幽王愚蠢做法的一种嘲笑。

许多朝代更迭、战火纷飞、江山易主，最初或最终因素皆缘于男人猎色，这是颇令人感叹的。占有多个女性，既不能满足多个女子的性需求，也必然伤害自身。明代一些帝王面对后宫美女如云，扭腰送胯飞媚眼，丰乳肥臀嗲音调，大施淫威，占尽美色，只登基几个月就命丧黄泉。明正德皇帝朱厚照建"豹房"日夜行乐，常与嫔妃群交，31岁暴死于豹房，并无后代。

美人计是诱惑他人的一种惯用手法。《三国演义》著名战将吕布，可谓盖世英雄，然而，却没能经受住诱惑，为得美女貂蝉，与义父董卓争风吃醋，反目为仇。吕布先迷于财，后惑于色，最后被曹操问斩。

财、色是为官之大忌，这两个雷区踏进哪一个都得断送前程，即便保得了一时保不了永久。《书·旅獒》有言："玩人丧德，玩物丧志。"沉迷于女色使人丧失优良的品德，迷恋于器物狗马使人失去正确的生活目标。英国高尔斯华绥说："对美色的倾倒和渴望占有对方，并不是爱。"

某市一副局长与局内一女处长有染。一天，副局长得知她即将升迁的喜讯，一时兴起亦性起，下班后便去女处长家幽会。子夜时分，忽听有人敲门，副局长以为是女处长的丈夫出差回来了（其实是四楼邻居敲错了门），吓得从三楼阳台用索绳垂吊而下。没想到绳中断于半途，人坠落于楼外，跌得半死，被送进医院。此事轰动全市。

江西省人大常委会原副主任陈安众就被指"烟、酒、嫖、赌、毒"五毒俱全。他喜欢唱歌、跳舞和嫖娼，他会到澳门去赌博，甚至还会吸毒。"在歌舞厅，喝多了酒，吸了毒，找一帮女孩子来嫖娼。"猎色的男人所要追求的是刺激，打野食、采野花，"家外有家，花外有花"，但失去理性的刺激，该是一种自贱吧。有一个70岁的老头子，每天从菜场捡回一些烂菜叶子。他原本是一家国企的领导，因为和3个女人有过不良关系，被开除公职，老婆和三个儿女始终对他不肯相认，他落得个如今的茕茕晚年。

在金钱、美色的诱惑面前，纪律防线被一步步击破，离违法犯罪就不远了。一次两次违纪行为，别人不一定能发现，于是产生侥幸心理，但违纪次数多了，就会成为习惯，早晚会酿成大错，到后来就追悔莫及了。

何某在舞厅认识女青年龚某。何某自称在某省外贸联合公司驻本市办事处工作。随着舞技的长进，两人变得形影难离，无话不谈，只是龚某对机密仍守口如瓶。

这天，上级派龚到某市参加外贸会议。她向何某辞行，何某谎说去那里洽谈生意，于是两人结伴同行，闲暇时一起游山玩水，尽情享受，一切开销皆由何某付钞，直至发展到同床共枕。龚某完全相信何某对她是一片真情。

这天夜里，两人又同居一室。深夜，龚在朦胧中发现，何某拿出一台摄像机，对着自己的会议文件进行拍摄。龚某这才如梦方醒，她问何："你到底是什么人？"何供认："我是某国某实业集团的雇员，你的工作恰巧和我的职业有关。几个月来，我已偷偷地拍了你保存的许多珍贵资料，受益匪浅，公司很高兴，嘉奖我们一大笔钱……"龚某无奈，同意与何某去澳洲定居，就在他们即将登机出国时，被押上了警车。

近些年来，不法分子利用撩人的姿色将党政干部拖下水，以谋取不正当利益。有的人看你有权又贪色，就送美色上门，挑逗你的欲望，以此达到其他目的。

有媒体报道，在近年来查处的腐败事件中，有90%的人有婚外情、包二奶、嫖娼行为。贪官的情妇的共同点：利用姿色，嗜钱如命，追求享受，人格沦丧，纵欲无度，色欲战胜了法纪，贪色、猎色及其衍生的种种腐败与罪恶，必然走向毁灭。

经济腐败与道德败坏、腐化堕落集成一体，由贪图享受、生活腐化，到欲望膨胀、欲壑难填，再到权色交易、徇私枉法，几乎是所有贪官腐败犯罪的轨迹。南京市查某已年近花甲，包养了13个情妇。他多次在熟人面前情不自禁地自我炫耀："《红楼梦》里有金陵十二钗，我呢，有金陵十三钗……"

长春市米某长期嫖娼、淫乱不堪，甚至在双规前，还在宾馆里和两名妓女颠鸾倒凤、鏖战不休。重庆市某医院刘某不仅留下可耻的"性爱日记"，而且留下了一句雷人的"至理名言"——"有很多女人喜欢自己，我也没办法"，似乎显得很无奈。

武侠小说里常有"走火入魔"一说，练功没错，错在他当时心生杂念，于是气脉错杂，自己乱了阵脚，要么武功尽废，要么当场身亡，"魔由心生"说的也是这个意思。

面对女色的诱惑，能不能抵挡住？确实是个考验。一个真正的男儿，只有以事业为重，克制自己的欲望，抵挡住美色的诱惑，才能成就事业。做人做得堂堂正正，做事做得干干净净，做官做得清清白白。

"羡慕嫉妒恨"感言

嫉妒是通过把自己与他人进行对比，而产生的一种消极心态、一种病状心理。"羡慕嫉妒恨"，会使我们结交不到知心朋友，影响工作进程。嫉妒心强的人往往事事好胜，想方设法阻止别人的发展，总想压倒别人，于是对方想躲开你，不愿与你交往，从而给自己造成一个不良的人际关系氛围。

"君子坦荡荡，小人长戚戚。"嫉妒常常会导致中伤别人、怨恨别人和诋毁别人等消极的行为。英国爱·杨格指出："这就是嫉妒的特征：吹毛求疵、无中生有、任意猜测；然后又在自己构想的幻境中丧失理智。"俄国诗人普希金曾说过："嫉妒的发作，就好像黑死症、忧郁症、发怒，或者神经错乱一样，实在是一种病。"爱嫉妒别人的人，自己心里也烦恼；想着如何算计别人，这种人活得很累。嫉妒犹如心灵上的肿瘤，折磨着有此"偏好"的人。一些人之所以嫉妒别人，一个重要原因是自己努力不够，又怕别人超过自己。

庞涓和孙膑都是战国时期的著名将领，共同学习兵法，可谓同窗学友。庞涓嫉妒孙膑的才能，怕魏惠王重用孙膑、冷落自己，于是密招孙膑入魏国，谎说是要向魏王力荐，实则借刀杀人，对孙膑施以膑刑，"断其两足而黥之"，使孙膑成为一个"刑余之人"而不能进入仕途，结果呢，庞涓的下场很惨。

嫉妒往往是与心胸狭隘、缺乏修养联系在一起的。气量小、容不得人是嫉妒的特点之一。心胸变得狭隘时，会因一些微不足道的小事而产生嫉妒心理，没有把精力放在人生的积极进取上，因而做不成什么正经事，干不了大事，却瞧不上小事，于是道听途说、造谣生事，为的是"我不行你也别行，我不好你也别好"。嫉妒和偏狭之人使自己的路越走越窄，有几个能取得成功呢？结果是个人名声受损、事业受挫，到头来两手空空、一事无成。黑格尔曾说:"有嫉妒心的人自己不能完成大事业。"

女性之间的妒忌多半因容貌而起。男性之间的妒忌大多是因为名誉、地位、功业所致。同性之间比异性之间更易产生嫉妒。消除自己的嫉妒心,减少敌意和隔阂,才会想办法赶上对方,超越对方。

医学研究表明,人体下丘脑及其邻近部位,存在"快乐"与"痛苦"两个情绪中枢。当人在心里产生嫉妒时,这种不良情绪就会主动刺激"痛苦"中枢,从而使人的皮质激素分泌增多,引起人体免疫系统的胸腺、脾、淋巴腺和骨髓的免疫功能下降。整天嫉妒别人容易引起头痛、高血压、胃病、心脏病,甚至还有因嫉妒而要了命的事情。可见,嫉妒的受害者首先是自己。

应提高自身修养,开阔心胸,宽以待人,懂得"天外有天,人外有人""强中自有强中手"。学习对方的优点长处,欢迎超过自己,欣赏、鼓励同事、下属的每一个进步、每一项成果,乐于与同伴合作。要树立一种健康的竞争意识,将不服气变为长志气,把别人的长处作为自己奋发向上的促进因素,增强自身能力。

主动示弱,可以减少或削弱不满和嫉妒。事业上的成功者、生活中的幸运儿,被人嫉妒是客观存在的,在无法消除这种社会心理之前,用适当的示弱方式可以将消极作用减少到最低限度。示弱能使你身边的"弱者"有所慰藉,心理上得到平衡,减少你前进道路上可能产生的消极因素。要使示弱产生积极作用,必须善于选择示弱的内容。地位高的人在地位低的人面前,不妨展示自己学历不高、经验有限、知识能力有所不足、有过种种曲折难堪的经历,表明自己实在是个平凡的人。成功者应多在别人面前说自己失败的经历、现实的烦恼,给人以"成功不易""成功者并非万事大吉"的感觉。

当你处于优位时,注意突出自己的劣势,摆出自己不如别人的地方,就会减轻妒忌者的心理压力,淡化对你的嫉妒。在适当的时候说说你无伤大雅的短处,例如不善于唱歌、不会打乒乓球,好让嫉妒者的心理得到一点平衡。当取得成绩时,不妨将过程中的艰难和付出的代价告知对方,从而减少嫉妒。

对眼下经济不如自己的人，可以适当诉说自己的苦衷，诸如健康不佳、子女不争气、工作中的诸多困难等，让对方感到"家家都有难念的经"。某些专业上有一技之长的人在与别人交谈时，要避开自己的专长，多谈对方熟悉的话题，让对方充分展示；也可自嘲在日常生活中如何闹过笑话、受过困窘等。至于那些完全因客观条件或偶然机遇侥幸获得名利的人，更应直言承认自己是"瞎猫碰到死老鼠"。示弱可以是个别接触时推心置腹的长谈、幽默的自嘲，也可以在大庭广众之下有意以己之短突出别人之长，虚心向他人学习，这样才不会遭到别人的讨厌、嫉恨。

常言说"一个好汉三个帮"，要感谢所有帮助过你的人，决不可趾高气扬、自我吹嘘，这样才会弱化嫉妒。言谈举止不要盛气凌人、不可一世，要谦虚随和、戒骄戒躁。只有这样，才能博得众人的拥戴。大多数受人爱戴的伟人、名人都具备这种品质。

把怒气留在昨天

快乐、愤怒、恐惧，都是不同情绪的表现。情绪并不是一种持续拥有的东西，而是一种动态的状况。日常工作千头万绪，有时焦头烂额，难免产生粗暴、焦躁等不良情绪。领导干部整日被大量繁杂事务所包围，处于各种矛盾旋涡之中，如果缺乏心理平衡力，就难以科学调整和控制个人情绪，容易造成情感波动。

发怒时，就等于在思想道德进步的阶梯上倒退了一步，而且智商明显降低，显得愚蠢。这时听听周围人的劝告，有益于清醒头脑。刘备为关羽复仇，怒而兴师，当时赵云等人苦苦规劝，但刘备就是不听，最后尝了自己酿的苦果，回白帝城不久便离开了人世。唐太宗有一次被魏徵气得暴怒，听从了长孙皇后及时相劝，认识到了自己的过错。

物理学定律表明，作用力有多大，反作用力也有多大。对抗也是如此，你有多么激烈，对方也会有多么激烈。只要对方的攻击对自己不能造成致命的损害，可以被控制在一定的范围以内，就可以低调对待它们。

《为帅之大忌》（作者李乔）文章认为，掌帅印者决不可粗暴心躁。此弱点，常人可，为帅则为大忌。斯大林，伟人也。然有严重缺点，粗暴乃其一。因有此缺点，列宁认为他不适宜担任总书记一职。

列宁原话是："斯大林同志太粗暴，这个缺点在我们中间，在我们共产党人相互交往中完全是可以容忍的。但是在总书记的职位上就成为不可容忍的了。因此，我建议同志们仔细想个办法把斯大林从这个职位上调开，任命另一个人担任这个职位。这个人在其他方面同斯大林一样，只要有一点强过于他，就是较为耐心，较为谦恭，较有礼貌，较能关心同志，较少任性等等。这一点看来可能是微不足道的小事，但是我想，从防止分裂来看，从我前面所说的斯大林和托洛茨基的相互关系来看，这不是小事，或者说，这是一种可能具有决定意义的小事。"这些话见于列宁病重时口述的《给代表大会的信》。这是一封具有政治遗嘱性质的信。列宁还批评斯大林爱发脾气、太急躁。（《领导文萃》2013年1月刊载）

动辄发怒，会使自己染疾。《黄帝内经》说："百病生于气也。怒则气上，喜则气缓，悲则气结，惊则气乱，劳则气耗。"《素问·阴阳应象大论》中说"怒伤肝，悲胜怒"；"喜伤心，恐胜喜"；"思伤脾，怒胜思"；"忧伤肺，喜胜忧"；"恐伤肾，思胜恐"。《灵枢·百病始生》中所说："喜怒不节则伤脏，脏伤则病起于阴也。"在工作或生活中，从精神上保持良好状态，以保障机体功能的正常发挥，防病健身。

现代医学也发现，人类65%—90%的疾病与心理压抑有关。紧张、愤怒、敌意等不良情绪容易破坏人体免疫系统，就会造成生理代谢紊乱，免疫功能降低，势必引发或加重某些疾病的病情，易患高血压、冠心病、动脉硬化等症。

林则徐脾气很大，他在大厅里挂上有"制怒"字样的条幅，随时提醒自己。一次，他在处理公务时，盛怒之下把一只茶杯摔得粉碎。当他抬起头，看到自己的座右铭"制怒"，意识到自己的老毛病又犯了，立即谢绝仆人的代劳，自己动手打扫摔碎的茶杯，表示悔过。

心以收敛而细，气以收敛而静。学会"每临大事有静气"，保持从容镇定、心境平和、面带微笑、举重若轻。张之洞尽管他与李鸿章早有嫌隙，在政见上多有不同，但他善于委曲求全，能屈能伸，不逞一时之强，从而达到了建功立业的目的。

要避免急躁情绪，主要是一个"忍"字，要培养自己的忍性，学会看淡事情，学会冷处理。古人云：能喝三斗醇醋的人，才能做宰相。当对方出言不逊、污辱人格时，"忍一句，息一怒"。即使对别人有意见，也要控制自己的情绪和表情，不要直接告诉别人"我很讨厌你"。想一想自己的身份，克制自己，气愤之心可以消除。

要温和对人对事。随意发脾气，当时很生气，可是等过阵子回头看看，会发现不算个事，划不来。学会宽容伤害自己的人，或许他有难处，也很不容易。不要试图给自己找任何借口，错误面前没人爱听那些借口。一位网友说："盛怒之时不主事，狂喜之下不许诺。郁闷之际避仇敌，得意之时避蜜友。喜怒至极宜慎言，烦躁至极应慎行。众怒面前我制怒，众喜面前我抑喜。"

在领导活动中，有些时候碰到棘手的问题，有的人找你的麻烦，惹你不高兴，让你意想不到，其实这些人都是在锻炼我们的忍辱力。当别人出难题或胡搅蛮缠时，你首先要克制住，心平气和地接受下来，不要马上觉得失了面子而火冒三丈。对方找你麻烦、不尊重你、气你，不完全是坏事，你会变得更谨慎；有人总讲难听话，你才不敢自以为是；有人让你难堪，你会少犯错误。

"眼前一笑皆知己，举座全无碍目人。"微笑是最具魅力的肢体语言。微笑的表情令人愉快，给人一种有礼貌、待人热忱的印象，可以拉近彼此之间的距离。卡耐基说过："微笑是一切魅力的源泉，也是你好运气的开始，虽然只有短短的一瞬间，但能给人留下永久的回忆。"微笑就意味着："我喜欢你，你使我很高兴。"微笑能化解矛盾，消除尴尬。微笑是人际关系的通行证，是打开对方心灵大门的金钥匙。如果你不喜欢微笑，那怎么办呢？那就强迫你自己微笑。吹口哨，或哼一曲，这就容易使你快乐了。

莫忘滴水之恩

古往今来，有许多人忘记了感恩，忘记了那些帮助过、照亮过、爱过自己的人，甚至伤害他们。春秋初期，流亡在国外十几年的晋公子重耳，回到晋国当了国君，这就是晋文公。他即位后，赏赐跟随他流亡的文武功臣，不知为什么，却忘了封赏对他有恩的介子推。三国时的吕布，东晋的刘牢之，北宋的吕惠卿，忘恩负义，过河拆桥，令人心寒。

宋仁宗嘉祐初年，年仅24岁的吕惠卿在汴梁认识了当朝宰相王安石，受到王安石的赏识和器重。王安石视吕为推行变法的得力助手和知心朋友，一再向神宗皇帝推荐起用吕，并予以重用，官至参政知事。朝中之事，无论大小，王安石都与吕商量之后才实施。后来，王安石受到上下夹击、被迫离开相位，贬谪江宁（今南京）后，吕惠卿便翻脸不认人，落井下石，打击陷害，妄图彻底断送王安石。

宋神宗时，有个低劣文人舒亶，在乌台诗案的可耻围攻中，将苏轼的诗句"上纲上线"，有悖"君子之道"，为后世所鄙视。舒亶还揭发了推荐他做官的大恩人。这位大恩人给他写了一封信，拿了女婿的课业请他提意见、辅导。这本来是朋友间正常交往的一件小事，没想到舒亶竟然向皇帝写了一封莫名其妙的检举揭发信，说我们两人都是官员，我又在舆论领域，他让我辅导他女婿总不太妥当。于是皇帝降了那个人的职。余秋雨在《苏东坡突围》中，鄙视品格低劣的文人舒亶为"检举揭发专业户"。

知恩图报，是做人的根本，也是人与人之间在共同生存中构建的一种和谐与默契。"人"字结构就是相互支撑。常怀感恩之心，记住每一个人给过自己的帮助，永远记得别人的好处，并真诚地表达感激之情，才能每天拥有阳光，终生都有幸福相随。这样不仅净化了心灵的负疚之感，又给人以丝丝暖意。常怀感恩之心，可以保持积极的心态，对自己的所得感到满足,对自己的所失处之泰然。

感恩、感激的情感会刺激脑下垂体后叶激素的分泌,它会使神经系统放松,减轻压抑感,体内各组织的含氧量也会显著增加,就像经过了康复治疗一样。心怀感恩,能减少或缓解可能产生的矛盾和误解,能增添道德良知和人格魅力,增强恩德感和慈悲感,投身到仁爱行动之中,执着而无私,敬业而忠诚,其良知就不会泯灭,给他人带来爱和希望,享有友谊蕴含的人间真情,品尝人间美景,丰富人生色谱,使回忆变得温馨动人,使自己倍加珍视拥有的一切,人与人之间就多一些和谐。

感恩是思维上的理智和心灵上的和谐,是一个人不可磨灭的良知。感谢天,感谢地,感谢父母,感谢人民,是他们给了我们生命,哺育我们成长。歌曲《父老乡亲》唱道:"树高千尺也忘不了根""我同甘共苦的父老乡亲……"

习近平同志主政中国后,整饬官场是大动作,成绩斐然,迎来中外赞誉。但是,正常的情感交流,情感消费,习近平同志不仅不反对,还以身示范。他在20世纪90年代,曾接当年插队梁家河村老房东到福建自费为其治病;他听说某乡亲家中遇到困难,就寄去当时还算"大钱"的1000元……

2015年2月13日,习近平同志来到陕西考察调研,先来到延川县梁家河村。他说,"当年乡亲们教我生活、教我干活,使我受益匪浅。我那时还是个十五六岁的孩子,什么都不会。后来都学会了,擀面条、蒸团子、腌酸菜,样样都行。那个酸菜很久不吃还挺想的。"

习近平同志是在这里入的党,当的大队书记。1991年,他还专门回来看过乡亲们。2015年恰逢他离开这里40年。他走上一个险峻的山崖,和当地干部群众"忆旧","他转过身去,极目远眺。片刻,自言自语道:离开这里都40年了。"

习近平同志给乡亲们带来了年货。饺子粉、大米、食用油、肉制品,还有春联、年画,家家有份。这些都是习近平自己掏钱买的,回报当年给他诸多助益的乡亲们。这几十份年货,寄托的是他对这片土地、这个村庄、这几十户人家的真挚感情。

感恩一词意思是优雅、高尚和感激。感恩是人性和人的高贵之所在。人一旦懂得感恩，心就会平和下来。不懂得感恩，忘恩负义，总是抱怨太多，感激太少，即使获得了精神财富和物质财富，也感受不到人生的多彩和美好，而且会损害身心健康。

一个不懂得感恩的人，谈不上爱父母、爱同志、爱集体、爱祖国，不可能关心、帮助、体谅他人，谁还相信你的为人，谁愿意与你交往呢？一篇谈感恩的文章，叙述了人的一生不能忘却的感恩主要有九个方面：

良师培养之恩。一个人所受教育，从启蒙开始，教师的作用是巨大的，有时甚至是决定性的。无论学文习武，还是士工农商影戏科研，如遇良师导引，终身受益或决定方向前程。恩师之恩当衔环相报。

1932年5月，居里夫人回到祖国参加华沙镭研究所建成典礼。许多著名人物都簇拥在她的周围。典礼将要开始的时候，居里夫人忽然从主席台上跑下来，穿过捧着鲜花的人群，来到一位坐在轮椅上的老年妇女面前，深情地亲吻了她的双颊，亲自推着她走上主席台。这位老年妇女就是居里夫人小时候的老师。在场的人都被这动人的情景所感动，热烈地鼓掌，老人也流下了热泪。

伯乐推荐之恩。被人发现，被人推荐，使自己无法展示的才能大放光辉，有功于人类。发现自己才能的伯乐有大恩与己。

上司提携之恩。遇开明上司不嫉能不妒贤，关键时刻被提拔，得以大展宏图。此恩不可忘却。

指点迷津之恩。小至迷路、学无方向、课题阻滞，大至人生迷向，若有人给以指点，施以思想火花、茅塞顿开、端正方向，避免走上歧途陷入绝境，从而前途一片光明。指点迷津之恩当加倍相报。

急难相助之恩。遭遇急难之事、处于绝境，有人倾囊相助，使己绝处逢生，此恩莫大焉！

遇险救命之恩。天有不测风云，遇险时的救命恩人，无论是意外险，病险还是危及生命的天灾人害，都应终身相报。

天地精微之恩。人在天地之间，衣食靠天地之精华，使之健壮成长，享度一生。应报天地之恩，爱护环境，保护环境，创造良好环境。

有些人看起来木讷，其实很成熟，因为明白了感恩施惠，有功劳的时候懂得将功劳向上推，有利益的时候懂得将实惠分给下面的人，从而在交往中游刃有余。感恩，能够促进相互信任、相互理解、相互尊重，有利于良好的人际关系的建立。懂得感恩的领导，既是博爱、博大的领导，又是成熟、高尚的领导。

回顾参加工作和健康成长的经历，无一不是在组织的关怀下走到领导岗位的。因此，对组织要有感恩之心、对同事要有关照之情、对群众要有关爱之怀。怀着感恩的心态面对生活，面对工作，真诚地表达感恩之情，将这种感恩之心转化为孝敬父母、善待亲人、尊重恩师、勤奋工作、报效祖国、奉献人民的实际行动。

只要你胸中常怀有感恩的心，就会不断涌动着温暖、自信、善良等美好的品格，自己与亲友之间、同志之间创造一种友善氛围。感恩犹如心灵的流泉，滋润着心田，让生命充满生机，遍洒阳光。

第五章 怎样与上级交往

与领导说话的艺术

与上一级领导面对面谈话，其益处是可以直观对方的表情、眼神和动作，听清对方的一言一语，了解其真实意图，比在电话、微信里说效果好得多。

经过五年的较量，刘邦终于打败了项羽，却产生了骄傲情绪，执政热情日趋懈怠。一次，他生病留在后宫中，整日不理朝政，下令不见任何人。

跟刘邦一起打天下的大将樊哙，曾率领大军，敢当先锋，勇猛无敌，粗中有细，许多文臣为之不及。樊哙想出一个点子，便一路冲开御林军的拦阻，闯进皇宫内院，先是对刘邦来一番赞美："想当初，陛下和臣等起兵丰沛打天下，何等豪情壮志啊，上下同甘共苦，终于打败了项羽，建立了汉朝基业。"几句话激起了刘邦的自豪之情，不住地点头称赞。樊哙话锋一转："现在天下初定，百废待兴，需要陛下处理的事情很多，陛下竟这般精神状态，群臣都恐慌不安，陛下不见大臣，独与太监亲近，难道就不记得赵高祸国的教训吗？"

樊哙一上来就欲抑先扬，对刘邦先来一番真诚的赞美，然后巧妙地批评了刘邦，一片肺腑之言，终于使刘邦幡然悔悟，专心朝政，百姓休养生息，安居乐业，经济有了很大发展。

"顺着说"的关键，是站在对方的角度想问题，而不是一味只想着表达自己的观点。"顺着说"只是方法，而不是目的。"顺着说"是让你事半功倍地去说服别人，而不是让你去阿谀奉承。

日常生活中，如果你想劝服对方听你的，最好是先顺着对方的心理，先赞成对方的一部分或全部想法，取得对方心理上的信赖，继而再提出自己的见解，这样更能说服他人按你的意思来办。

如果认为上一级领导能够培养提拔你而处处逢迎，或者认为领导高高在上，能避则避，除了工作事务外，彼此不相往来，这些想法是不对的。与领导友好相处，不宜一味地奉承、附和。常常奉承领导，就把自己的人格降低了，无法换取领导的重视与尊敬，并不一定就能给人良好的印象。

与领导谈情况、讲问题，应该掌握技巧。英国思想家培根说过："交谈时的含蓄与得体，比口若悬河更可贵。"应掌握领导的脾气和工作方式。领导尚未作出决定之前，你可以向他表明自己的看法、建议。他一经作出某项决定，就不要坚持己见了。有的领导处理问题时，喜欢你和他商量；有的则要你先打电话预约。如果领导出了差错，不能当面指责、背后取笑。

领导对于全盘工作作决策之前，需要对事情作调研，了解情况。当领导与你谈话时，你应该如实汇报所了解的情况。

与领导谈话，态度要不卑不亢，不必阿谀奉承。人与人在能力和成就上有所差异，但人格是平等的。你对上司应尊重、心怀敬意，但这并不等于态度卑微。许多领导并不喜欢下属太过谦卑、点头哈腰，而希望下属能自信地表达自己的想法及见解。下级经常要向上级汇报、请示工作，在自我表现上要张弛适度，既不要过于显山露水，功高震主；也不要俯首帖耳、卑躬屈膝。

你与领导说话要掌握一个规律，应该养成一个习惯，想到自己有什么要讲的事情，就把要点记下来，做些分析，其中有一些是汇报，有一些是报告，有一些是请示，有一些是建议，等等。向领导汇报、请示等内容，不论大小问题，估计领导会提出什么问题，需要向领导提出哪些建议等，都必须事先梳理清楚，列出详细提纲，做好准备。

文贵精，言贵简。有用的话一句顶十句。能一分钟说明的问题，绝不占用两分钟。如果说话面面俱到，其结果就没有重点，让人不得要领。请记住托尔斯泰的话："请你们珍惜语言，让每一个字都像利箭一样，一直射到听众的心坎上。"汇报工作，过程很长，而上司希望掌握工作的进展，只想知道开始和结果。因此，你不必将"过程"如何如何、事无巨细汇报。

古人云：伴君如伴虎。上一级领导毕竟与同事不同。平时说话交谈、汇报情况时，有事实、有观点、有分析，不要漫无边际、空话连篇；适时说话，多加小心，不说上司忌讳的话；一些让领导不快的话，要注意分寸。不要向他请示一些无关痛痒的小问题，莫向他报告工作进展中的难处。

与领导谈话切忌过于直率，要委婉地说些寒暄的话，拉近你们之间的距离。当你的领导不同意你的看法和意见时，不要争论。因为争论需要三个阶段：提出问题的焦点，提出持不同观点的理由，寻找问题解决的途径。而在说到某个观点和现实问题时，你根本没有时间把争论进行到第三阶段，因而你的上司也就无法赞同你的观点。因此，一般情况下，不必与上司发生争论。

说话是一门艺术，是一门值得推敲的艺术。有时出于礼仪考虑，在有些话不便直说时，可以"绕圈子"。在私人场合，与知己朋友说话时，直来直去，无伤大雅，不会挑理。但在公共场合，下级对上级说话就要讲究方式和分寸。此时为了不失礼仪，可以采用外围战术，有意绕开中心话题和基本意图，从相关的事物、道理谈起，也即人们常说的"弯弯绕"，听者感到你是为他着想，觉得合情合理，这就容易达到自己需要的效果。

有的人往往过分相信自己的理解能力和判断能力，脑子里突然冒出点子或建议，把持不住的话，冲口而出，打断了领导的讲话，这在机关中可是个鲁莽之举。常常不等别人把话说完，或在对方说话说到兴奋的地方时，就随意乱插话、打断对方的话题，冷不防就半路杀进来，让对方猝不及防，不得不中途偃旗息鼓，再想说忘记刚才说到哪了，让对方很扫兴。

在与领导说话时，碰到不明白的问题，要真心实意地请教，态度诚恳，提出的问题简洁明了，抓住核心，不要在问题之前来一段讨好性质的开场白，然后才扭捏地提问题。这会让领导认为你不是真心来问问题的，是来和他套近乎的。

如果在业务上有两位以上的上司,你必须认清谁是你方的主管,应将有关业务问题向他请示,获得他的信任与支持。另一上司交给的事情,在不相冲突的情形下,也应尽力去办理;如果与直接上司的指示相冲突,你应委婉陈述困难,求得谅解,不可在两位上司之间投机取巧。否则,你会左右不讨好。

与领导谈话,如果先约一下会面时间,会面的时间短些为宜。你事前和领导联络的时候,可否这样说:"我想去拜访您,请您可否在明天或后天抽出15分钟的时间给我?"一般情况下,领导即使很忙也不会回绝你的。

如果领导给你15分钟的时间,意味着他搁下待办的事情来接待你。对于会面15分钟,若能把握重点,条理清楚,这段时间也大体够用了。你必须抓住主题,挑主要的内容说。如果你觉得15分钟可能谈不完,就在会面的时候,提出延长会面时间的请求。

到了应该起身告辞的时间,你应先示意领导,站起来后说句感谢的话。要是对方让你留下来再聊一会儿,恭敬不如从命,坐下来再谈一会儿。上一级领导每天要处理的事情较多。如果说话不分轻重缓急,一件件罗列出来,会导致时间延长而耽误事先约定,对方就不耐烦了。

有些成功的领导者之所以在工作中顺风顺水,其原因在于他们聪明和勤奋,在于他们懂得在处理各种关系时,恰如其分,见好就收。

巧妙提建议

宋太宗时,寇准临事明敏、刚正廉明,三次就任宰相,三次被贬降。国家危难时就起用他,太平无事时罢免他。有一次,寇准向皇帝进言,太宗听不进去,生气地离开了龙座,转身要回内宫。寇准却扯住太宗的衣角,劝他重新落座,听他把话讲完。

事后,宋太宗十分赞赏寇准,高兴地说:"我得到寇准,就像唐太宗得到魏徵一样。"对待大臣,寇准往往得理不饶人,甚至声色俱厉。许多人碍于颜面，根本不敢和他争执。

如果你怒气冲冲地找上司提意见，很可能把他给惹火了。所以你应当使自己心平气和。尽管你长期已积聚了许多不满情绪，也不能一股脑儿抖搂出来，应该就事论事地谈问题。

当上司和他的下属都不清楚对方的观点时，争论往往会陷入僵局，因此下属提出自己的见解时必须开门见山、直截了当、简明扼要，能让上级一目了然。

对领导的工作提建议时，须仔细研究上司的特点，研究他喜欢用什么方式接受下属的意见。提建议时，多注意从正面有理有据地阐述你的见解。对自尊心强的领导，可用个别建议法；对严肃的领导，可用书面建议法；对喜欢赞扬的领导，可用寓建议于褒奖之中法。

有的时候，上一级领导没有考虑周全，或只看到事情的表象，作出不恰当的指令、不符合实际的决策，此时你感觉以自己的能力做不到或无法执行，可以先给上司以某种暗示，让上司领悟到自己的指令、决策不对头或有不妥之处。

如果暗示达不到预期目的，你应提醒领导，尽可能委婉，注意自己的口气，不要表现出埋怨或是批评的语调。如果你的暗示或提醒都无效，那么，最好的应对方法就是拖延一段时间，等上司的头脑冷静了，或许修正或收回原来的意见或指令。

在向领导请示工作时，事前要对所请示的工作拿出自己的主张，并预测请示过程，仔细推敲每一个环节，设想领导可能会提出哪些问题，自己该如何应答，这样就能让领导在考虑问题、作出决定之时，充分考虑你的建议，最终作出符合实际的决定。

向上级提出的建议是否被接受，不仅取决于建议内容本身的合理性，而且取决于提建议的方式。戴尔·卡耐基说过："如果你仅仅提出建议，而让别人自己去得到结论，让他觉得想法是他自己的，这样不更聪明吗？"可见，给上级提建议不是随随便便的事，必须注意对方的心理感受和变化轨迹，注意提建议的方式方法，使建议获得对方的心理认同。

向领导提建议，要讲究策略，必须照顾其面子。当面顶撞领导，是愚蠢的，会使人下不了台。

以请教的口吻提出建议："不知道这个想法是否……您不觉得这样做还有什么不妥吗……我们不是这样……"使他从自己的角度考虑这些计划，加以完善并付诸实施。

在找上司阐明自己不同见解时，先了解一下上司的心情如何。当上司工作特忙时，别去打扰他；当他正心烦意乱时，离他远些；中午吃饭之前，都不是找他的合适时间。

一个人在情绪不佳时要比平常更容易悲观失望、产生偏激行为。所以，在人与人之间的交流中，一定要注意对方的情感变化和心理感受，趋利避害。应该在上级心情愉快时提建议，容易被领导接受。要想与上级相处得好，重要的是你必须考虑到他的目标和压力，把自己摆在上级的地位看问题、想问题。

日本大企业家松下幸之助讲过数百年前德川幕府第三代将军——德川家光的故事：有一天，家光打猎回来洗澡，替将军冲水的部下，误将滚烫的热水往家光身上浇下去……他非常愤怒，叫来总管家加重处罚那个部下。到了晚上，家光将军谈起这天去打猎的趣事，开始有了笑容。总管家看时机已到，便对家光说："刚才主公曾经指示，处罚那个冲洗澡水的人，在下一时疏忽，没记清楚是什么内容，非常抱歉，敢请主公重作指示，究竟如何处置这个人？"家光说："那个人由于不小心，而犯了严重过错，总管家是想提醒我重新考虑、收回成命，只是不明说而已。"总管家审时度势、三思而巧谏，故而使对方乐于接受、择善而从之。否则，再好的建议也可能被一股脑儿地顶回来。

在公开场合直接表达不同意见，容易挫伤上司的自尊和脸面，会使人下不了台。用迂回的进言方法，委婉地表达不同的意见，可使上级愿意考虑你的意见正确与否，而不为情绪所左右。

在纽约城财政部门任职的一名科长克莱尔·塔拉内卡，很少与上级有摩擦，这并不是说她对上司百依百顺，她会把自己的不同意见清楚明了地写在纸上请上司看。这样能使问题的焦点集中，有利于上司去思考，也能让上司有点回旋的余地。

婉谏的品格与技巧

在领导活动中，随时会遇到需要说服上司、说服下属的情况。无论是上司，还是下属，其内心都不喜欢过于直白的建议和直言相劝。过于直接的批评方式，当众纠正领导的错误，最容易形成心理上的不安全感和对立情绪。

尤其是遇到心胸狭小的领导，不能直言不讳指出某一个错误，否则，不仅不会接受，最先的反应是对你发火、生厌，而不是理智地对意见内容进行合理性的分析。即使他很有面子、很得体地将这件事掩饰过去，还会在一段时间里对你"不高兴"，好事不想着你，甚至给你"穿个小鞋"，使你暗暗叫苦，后悔不该那样鲁莽。

事实上，通过迂回的途径表达自己的意见，很容易使你摆脱其中的各种利害关系、淡化矛盾、转移焦点，减少领导对你的敌意，容易被领导欣然接受。发现领导出错时，掌握谏言的艺术是劝谏成功的关键。采取适当方式，以底蕴深厚的浩然之气，因人因时异地谏言，刚与柔融合，方与圆统一；提出改进的意见，既要实事求是，又要注意方式方法，使上级既能发现自己的缺点和过错，又觉得面子上过得去，切莫把话说绝，避免把关系搞僵。

上司固执己见时，劝说要有分寸、适可而止，尽量避免与其辩论，不要逼迫上司当场表态或认错，领导理亏时给他台阶下。上司也会有情绪化和心血来潮的时候，生出脱离实际的离谱想法，事后多半会清醒，因此，你应以巧谏提醒他，迂回说服。

劝谏之前，必须梳理自己的意见，掌握要点、抓住难点、突出重点。

在提建议的过程中,以请教的方式向高层提出建议,会使领导感到被人尊重,增加对你的信任,有利于消除逆反心理,以获得对方的心理认同。请教是一种低姿态。它的潜在含意是,尊重上司、肯定上司,因此容易接受。

劝谏时首先强调自己的优点,让自己占上风,对方会加以防范。应先点明自己的缺点和不足,然后提出相应的劝说,对方易于采纳。要将劝说的话表达明确,注意说话的口气和敬语的运用,以便恰到好处地表达出意见。即使上司不赞同你的观点,也会因为下属的坦率和诚意,不至于产生反感,不会影响上司对你个人的看法。

由于领导者的阅历、资历、经验、智能、志向、思维方式、工作习惯和自身修养不尽相同,也由于各自所处位置不同、看问题角度不同,因而下属必须采取适当的方式方法,因人而异地谏言,才能在工作中给领导拾遗补阙,有助于领导扬长避短、纠正失误。否则,进谏者难以成功。比如说,用高深宏大的道理去"理论"一番,有的领导者会认为你是有意"亮水平"、有点"傲";你的言辞如果华美润泽,有的领导者会认为是华而不实;你诚恳庄重、耿直强硬,有的领导者会认为你憨直、笨拙而不知适可而止;举例广博、多用类比,听的人会认为是夸夸其谈而缺少实质内容。所以,劝说者一定要注意适应进谏对象不同特点、不同素质而采取不同方法,这样对方才能接受。

"须披胸臆亲诤友,莫让殷勤翳明眸。"每个领导者都应当有几个有胆有识的亲密朋友,特别是要有几个敢于提出不同意见、敢于当面直言不讳的诤友。然而,任何一个领导都是人不是神,都有七情六欲。由于工作不顺利等原因,有的领导者总免不了会像"鱼游于沸鼎之中",心绪烦乱,爱发脾气,或面部表情冰冷木然,或发出深沉的长吟声。这时,部下要善于择机,注意鉴貌辨色,分析其心绪不好的由来,不要在此时轻率进谏、据理力争。当领导出现轻松愉快的笑脸,倾听和接受别人意见的"概率"会增大,这时可抓住有利时机进谏。进谏时要做到摆事实而不空泛、有分析而不累赘、有条理而不啰唆。刘伯承元帅说过:"有百发一中的枪百支,不如有百发百中的枪一支。"

当领导者暂时处在固执己见、我行我素、刚愎自用之际,下属谏言不宜直抒胸臆、慷慨陈情、不顾其他,而须忖度领导的心理,采取"逶迤蜿蜒法"——用温和而曲折、柔顺而含蓄的话语规劝,惜言如金,点到为止。可以把对方话题先承接下来,表示一定程度的赞同和理解,使他愿意听取你的见解,然后再陈述你的不同看法,说服对方。可以"说出者少,不说出者多",话中有话,话外有话,即有言外之意,让领导自己去感受去体味。如果遇到上司不接受你的迂回挺进、侧面切入,要做到不固执己见,不反复陈述,不强求表态,不要有不高兴、不服从的表示。

进谏过程中可以反问,巧于反问往往比正面回答更有力。贞观十五年,唐王李世民问大臣:"守天下难不难?"侍中魏徵回答说:"非常难。"李世民说:"我任用德才兼备的人为官,又听从你们的批评意见,守天下还难?"魏徵说:"古代的帝王打天下的时候,能够注意用人和听从意见,一旦打下天下,只图安乐,不喜欢别人提意见,导致亡国。所以,圣人说:'民安思危',指的就是这个,能说守天下不难吗?"

若进谏得好,还须以事设喻、触类旁通、耐心规劝。亦即通过两种相似事物的可比性和相通性,开启领导思想的大门,使其产生一种思维灵感,而不至于听不进去。

在《战国策》中,庄辛曾劝告楚襄王不要淫逸奢靡、荒于政事,楚王不听,结果大片国土被秦国攻占。为使楚王听进谏言,庄辛以事设喻:您没好好注意看过蜻蜓吗?在天地之间自由自在飞翔,低下头来捉住蚊虫当饭吃,仰起头来接着雨露当水喝,自己认为与别人没什么可争的。他却不知道十来岁的小孩,正把调好的胶、织好的网,举得高高的捕捉它了!楚王听后"身体战栗",有了醒悟,嗫嚅着说:"我愿听取你的意见。"于是封庄辛为阳陵君,并用了他的计谋,一同取得了淮北的土地。

如果说，古代有"尧立诽谤之木，舜设敢谏之鼓"，就有一部有兴有衰的谏诤史，那么我们进行了新民主主义革命，又进行了社会主义建设和改革开放，"民主昌，纳谏兴"应当合乎历史逻辑地胜过前人。

越位与补台

作为下级不得有超越层次的越权行为。越位侵权不是个小问题，会严重损害上下级关系。下级的侵权会导致上级权力的缩小，越权严重时，还会导致上级偏离帅位、大权旁落，无法实施领导行为。

越位是一个危险的动作，是愚蠢之举，因为这种行为打破了原有的秩序，给事情的发展带来了不可预料的变数。杜刚到单位上班不久，认为顶头上司胡科长无能、只会媚上、没带好队伍，他找了个机会找局领导，谈了自己的看法。一个星期后，胡科长被调走了，派来一位姓陆的科长，没几天就把科里的工作理得一清二楚，这让杜刚佩服不已。然而杜刚没想到的是，经陆科长推荐，他被调到基层工作。

杜鲁门总统在解除麦克阿瑟将军职务时说：之所以终止麦克阿瑟的政治生涯，既不是由于麦克阿瑟同自己意见不一致，也不是由于麦克阿瑟对他个人进行人身攻击，而是由于麦克阿瑟不尊重总统的办公厅，经常擅自决策，这是绝对不能允许的。

麦克阿瑟不服从上级指令是历来有名的。在20世纪20年代末30年代初的经济危机期间，一些退伍军人及其家属到华盛顿请愿，要求政府发给现金津贴。当时任陆军参谋长的麦克阿瑟到示威现场阻拦。在任总统胡佛指示麦克阿瑟不要动用军队对付示威者。麦克阿瑟对总统的指示不予理睬，私自用军队驱散了示威的人群，这种越位行为充分显示了个人权威，损坏了政府形象。

二战结束后，杜鲁门总统尽管对麦克阿瑟印象不佳，但出于重用人才的考虑，对麦克阿瑟还是委以重任，使他成为美军在日本的绝对统治者。他对日本的政治、经济进行了力度较大的改革，使日本基本上消除了军国主义、法西斯主义，走上了社会经济迅速发展的道路。但麦克阿瑟在没有请示总统批准的情况下，擅自将驻日美军削减一半，这种举动实属越权、越位，让杜鲁门大为恼火，但因其战功显赫，为上级挑了大梁，暂时没有处理。

战争结束后，杜鲁门两次邀请麦克阿瑟回国参加庆典，都被麦克阿瑟以"日本形势复杂困难"为由回绝。这种公然抗上的做法令杜鲁门总统忍无可忍。1951年4月11日，杜鲁门总统下令撤销了麦克阿瑟的一切职务。最让麦克阿瑟尴尬的是，他是在新闻广播中获悉自己被撤职的。他万万没有想到，功勋卓著的他，会被总统撤销一切职务。这是他为自己不遵守角色规范，屡屡越权、越轨、越位、抗上付出的沉重代价。

下级必须忠于职守、按级负责、按职尽责，尊重他人职权，各负其责。对应该请示领导的事情，尤其是难以决断的事情不要含糊，没有交代的重要事情不要瞎做主；对正职的工作不要轻易"插手""补位"，不在其位就不谋其政；不争"主角"，不抢"镜头"，不喧宾夺主，不居"头功"，不"功高盖主"。尤其是对自尊心特别强或本身不自信的领导，更要注意这一点。

应当了解领导的性情，多从领导的思路、意图、利益出发考虑问题，尊重领导多年养成的心理和习惯，然后根据需要选择合适的表达方式，体现对领导的尊重，使得工作顺风顺水。

努力当好领导的助手。当上司缺少好的主意时，及时献计献策，当好参谋；当领导的决策有遗漏时，应及时为其补漏、补台，不能袖手旁观。当领导在工作中出偏差时，勇于揽"过"，积极主动查找自己存在的问题，不能上推下卸。

领导找不到需用的文件，你尽快替他整理好，以最快的速度送到领导手中。他对某些事情处理不当，你可以得体地代他把关系缓和。他厌烦做的工作，你不妨代劳。那些劳烦领导注意的事或难题，你都应该想想有什么好的思路。此外，能为领导的琐事排忧解难。

领导受到欣赏、称赞时，尤其是得知下属在背后称赞自己，他的自尊心会得到满足，并对称赞者产生好感。赞扬不等于奉承，欣赏不等于谄媚。你在赞扬与欣赏领导的某个特点、长处时，应坦率地表现赞美之情。下属喜欢领导，领导自然也喜欢下属，这是交际吸引中相悦作用的结果。

维护领导的尊严

我们国人历来是很讲究尊严和面子的，早就有这方面的箴言警语，如"人为一口气，佛为一炷香""人活一张脸，树活一张皮""打人莫打脸，骂人莫揭短"。

古代有"逆鳞"的说法：在龙的喉部下方有"逆鳞"，谁不小心触摸，必定会被激怒的龙所杀害。从历史上看，多是"伴君如伴虎"。不识时务、损害上司的尊严和脸面的人，包括一些忠心耿耿的人，其结局大都不好。

在中国历史上，大约400多个皇帝中，在纳谏如流方面，唐太宗李世民是数一数二的，汉高祖刘邦、汉光武帝刘秀、宋太祖赵匡胤，略有逊色矣。唐太宗挺爱才，挺会治国，重用了良臣魏徵。魏徵很正直，以善于进谏著称，无论大事还是小情，他都要认真地进谏一番，真是谏言不辍、初心不悔、无私又无畏、可敬又可爱，曾当面给唐太宗进谏200多次，指出太宗的过错，入情入理。唐太宗有些时候也觉得有失尊严、有损面子，回到家里还生气，几欲杀掉这个"乡巴佬"。一次，唐太宗宴请群臣时，酒后吐真言，流露出自己很看重尊严、面子和虚荣。

人际关系是相互的。与别人建立和谐的关系，必须懂得维护对方的尊严。尊敬别人，其实也是给自己留下了余地。中国人历来重视尊严与荣耀。古代的项羽兵败后自感"无颜见江东父老"，于是自刎乌江，为了自己的尊严和面子，宁可丢掉生命。正如一句格言所说："你希望别人怎样对待你，你就应该怎样对待别人。"维护领导的尊严是联络感情的最好方法。故意去伤人自尊，受害的最终将是你自己。

为了维护自己的尊严和面子，有些人为了区区小事而翻脸，致使对方吃明亏或暗亏。倘若你是个对领导的尊严和面子不重视的人，那么你必定是个不受欢迎的人。如果你只看重自己的面子，却忽略领导的尊严，损害领导的权威，挫伤领导的自尊，那么你的交往就要出问题，你肯定有一天要吃暗亏。

下属每次向领导请示，都会满足领导一种心理上的需要，即自己的地位高于下属，自己的能力强于下属，下属如果将这种需要提供给领导，无疑就是对领导的尊重。

如果你在一些场合因小事或大事使上司下不了台，轻者会得罪了领导，直观认为你对领导不友好、不尊重，或抱有成见，他很可能批评你，维护自己的权威和尊严；遇上素质不高、心胸狭窄的领导可能会打击报复，影响你的进步和发展。

在大庭广众之下，你可能会为了自己的面子而失去冷静和克制，反驳领导的批评以显示自己的无辜。这样逗一时口舌之快，换来同事的一丝同情，却导致领导难堪、发火，他会以为自己的权威被践踏、地位受到威胁。

每个人都有短处，有的可能自己心里也很清楚，可是由别人嘴里说出来就让人不舒服。领导也是人，也不愿意让别人攻击自己的短处。若对你的领导有怨言，也不要在背后说他的短处；尤其是在有其他人在场的情况下，不要直揭对方的短处。

每个人都会有自己的个性和习惯，有自己的需求和忌讳，因此，必须了解对方的长处和不足。如果你对上司的优缺点一无所知，那么交往过程中，就会"盲人骑瞎马"，难免踏进"雷区"，引起对方的不满意。下属对领导要尊重，包括领导的处事方式、合理的习惯，是每个下属的必备素质，也是维护上司形象的心理基础。"我不清楚""不行拉倒，没关系！"这类话是对领导的不尊重，缺少敬意。

如何赢得领导信赖

作为中层领导或下属，都希望得到领导的赏识和垂爱，让领导另眼相看。下级对上级的忠诚应该是由衷的、真诚的，体现在下级的思维方式、行为方式和心理活动上。忠诚上级，可以赢得理解、赢得支持和赢得机遇。

房玄龄是个了不起的人，他是历史上"贞观之治"的总设计师之一。贞观元年为中书令，后任尚书左仆射、监修国史。长期执政，与杜如晦、魏徵等同为唐太宗的重要助手。"为官惧盈满，做事尽所能"，这是房玄龄给自己写的一张条幅，并终生以此自勉。

房玄龄在22年宰相生涯中，通晓政务而又有文采，以赤诚之心忘我工作，连一个小妾都不敢纳，以看不见的手帮助李世民料理朝政、治理国家、网罗人才，让大臣们各尽其才、各得其所。

《特别文摘》2015年12期载，任毓麟是前清举人，深谙为官之道，在张作霖身边担任秘书长达8年，从来都谨言慎行，唯命是从。自从张作霖进入北京主政后，曾先后8次改组内阁，任毓麟从未进入内阁名单，不仅如此，张作霖还将他的秘书长之职也进行了撤换，用东北话讲，就是让他"滚犊子"了。

去职之后的任毓麟不明所以，仍然想回到张作霖的权力核心圈。他的几个同僚便到张作霖面前说情，说任毓麟跟随大帅多年，一向忠心耿耿，而且办事认真，文笔极好，完全能够胜任教育总长的职位。

听了众人的说辞，张作霖微微一笑，说："任毓麟是个好人，我对他也没什么可责怪的。不过，他做了我8年秘书长，跟我差不多天天见面，却没有和我抬过一次杠。难道我这8年就没做过一件错事？可他从来没指出过我的过错，只知道奉承，这样的人用他何益？"

领导者大都爱结交光明磊落、言行一致、诚实直率、敢于谏诤的下级。在工作中，遇事要真心真意地向上级领导亮出自己的观点，表明自己的态度。即使存在一些分歧和意见，也应该开诚布公地向上级领导讲明情况和原委。切不可在领导面前玩弄伎俩、耍小聪明，当面说好话，背后唱反调。

忠诚是根据自己崇高的目标，献出全部精力乃至生命的一种心态和行为。中华传统文化特别推崇忠诚，忠生孝，孝生礼，礼生义，义生信。至忠、至信者，乃为人之楷模。不忠、无信者，则枉为人也。

作为中层领导，尤其遇到较大难题时，要向上司请示，不可自作主张。上司越是放权给你，你越是要对他负责，让上司放心，不要等做完了再讲。重要的事向领导汇报、请示，必须言简意赅，避免"眉毛胡子一把抓"，不宜将许多事情一口气讲完，应选择重点，说得直截了当、明白清楚。书面汇报也应简明扼要。如果必须提出详尽报告，应在前面附上摘要。主动汇报工作，随时告知上司任务的进展，是下属做事的重要原则。

向领导汇报，忌揽功推过。有的同志在向领导汇报工作，把五分成绩说成十分，夸大自己的政绩，以讨领导的欢心和信任。这样一来，多数领导会凭直觉感到你靠不住，并不会因为你来揽功，就把功劳记到你的账上。

工作中出了过错，就把责任推到别人身上，来为自己开脱，这种行为是不可取的。有喜说喜，是忧报忧，不揽功，不推过，彰显了良好职业道德，必定能够站稳脚跟，受到领导的认可和下属的拥护。

莫与领导走得太近

作为中层领导或下属，与上司交往工作方面的事情时，应该把握好其中的度。交往频率过低，就会显得工作不积极，不注重交流合作；交往频率过高、什么都要请示，又会显得自己工作没有主见、能力平平。

有时特别主动、热情地同领导和同事拉近关系，频繁接触、迎合、帮忙，却往往遭到对方的反感。亲密无间的好朋友，表面看起来如兄弟，过了一段时间却常常做出伤害彼此的事情来，为什么会这样？孔子认为，太过疏远和太过亲密都不是最佳状态，所谓"过犹不及"。

与上司"亲密无间"，容易导致不分你我、称兄道弟、丧失原则。每个人都有属于自己的时间，如果你占用了别人的时间，就会给别人的生活造成一定的影响，这是对别人的不尊重。上一级领导开会，不要占用下级的休息时间。如果下级在你午休时间或下班后的时间来到你的家里谈工作，也会引起你的不愉快。

有这样一位女士,一心想讨好领导,并且很爱向别人炫耀自己与领导的关系如何如何之好,企图以此来提高自己在单位中的地位。一次单位组织全体同志去春游,一上车,这位女士就捷足先登,坐在男经理的身边。一路上,她与领导谈笑风生,还时不时地对经理献殷勤。春游之后,大家都称她为"经理的'小蜜'"。

不注意时间、场合地向领导表示亲昵,只会给人以轻浮之感,被看成是给领导的某种不良暗示。说话时故意搔首弄姿,或眉来眼去,这些都会让人反感或引起误会,破坏正常的人际交往距离。

与上司称兄道弟、无话不谈,就会损害上司的威严,很可能导致上司对你的疏远感,给别人留下"势利眼""拍马屁"的名声。与上司关系搞得太近,还容易陷入帮派斗争的泥潭,受到伤害。

不要以为领导的地位较高、权威较大,就不敢真话实说,除了阿谀奉承之外,什么也不能做。当然,也不必表现出旁若无人的样子。与上司说话要不卑不亢,举止彬彬有礼,态度谦恭平和,诚实地说出自己的看法,这样既尊重上司,又不显得卑微,比一味点头哈腰、随声附和,更容易得到上司的重视。与其太接近而彼此伤害,不如保持适当距离。人说夫妻要相敬如宾,如此自然可以琴瑟和谐。与领导交往也要相敬如宾,保持距离便是最好的方法。

要与领导、同事、下属相处,保持适当距离,太远了显然不好,人家会误认为你不合群、孤僻、性格高傲;太近了也不行,容易让别人说闲话,容易使上司误解,认为你搞"小圈子""小宗派"。过于亲密会陷入帮派斗争的泥潭,会滋长轻视、产生矛盾、受到伤害。无论在什么情况下,都千万不要与领导称兄道弟,保持纯洁的同志交往,保持不即不离、不远不近的关系,努力创造一个较为恒定的心理空间,在相对恒定的环境中保持良好的心态,才是最合适的和最理想的。

在寒冷的冬天,有两只困倦的刺猬想要相拥取暖休息。但无奈的是双方的身上都有刺,刺得双方无论怎么调整睡姿也睡的不安稳。于是它们离开了尖刺的彼此威胁，但能感受彼此的温暖，这就是那个最佳距离。人与人相处，包括与上级领导的相处也需要这么一个最佳的黄金距离。心理学界定现实生活中不同的人际交往距离主要有这么几种：

亲密距离（恋爱／爱人）：0—0.45米。在交往中，亲密距离是每个人都很敏感的领域。如果一个不属于亲密距离圈子内的人随意闯入这一空间，不管他的用意如何，都会被视为不礼貌的行为，都会引起对方的反感。因此，在交往中要特别小心这种距离。

个人距离（朋友）：0.45—1.2米。个人距离是人际间隔上稍有分寸感的距离。通常朋友之间进行交谈时，多采用这个距离。在社交场合，为了向对方表示特殊的亲近感，有些人也会有意地采用这个距离。

社交距离（职场／商务）：1.2—3.6米。在社交距离的范围内，需要交谈双方用目光接触，双方已经没有直接的身体接触。如果得不到对方的目光支持，谈话者就会产生被忽视、被拒绝的感觉。

公众距离（陌生人／公众场所）：3.6—7.6米。这是一个几乎能容纳一切人的"门户开放"的空间，人们完全可以对处于空间内的其他人"视而不见"、不予交往，因为相互之间未必能够发生联系。

这组数据，可供领导干部参考。汇报请示工作，接受新的任务，应用到领导办公室，最佳的距离是1.22—2.13米。大于这个距离，显得没有诚意，上司可能会误认为你不是真心实意想办事。

有一次，童博士的一位现任某外资公司总裁的大学同学和局长进行高层决策的密谈，碍于大学同学的情面，不得不象征性地邀请童博士和局长一起用餐。没想到童博士竟真的跟随他们一起去用餐，并影响了谈判的进度。后来局长伺机把童博士调出办公室。

何谓"保持距离"？简单地说，就是不要太过亲密。能保持距离就会产生"礼"，这礼便是防止对方碰撞的"海绵"。不要认为领导既然都把自己当成朋友了，就可以没大没小、肆无忌惮，超越下属和领导之间的等级关系。领导需要权威和威严，需要下属对他的认可、敬畏和服从。下属应有保持必要的"距离"意识，摆正自己位置，忠诚履职不越位，有利于排除工作中感情因素的干扰；有利于形成上下级之间的相互制约机制；有利于建立健康纯洁的人际关系。

如何处理与领导分歧

人与人之间都存在着相同点或相似之处，又有其自身的特点和差异。在与上司之间产生分歧和矛盾时，下级必须掌握一定的处理技巧，妥善处理。

要尊重上司的意见，按照上司的思路，先退一步想想，自己的意见有什么不完善之处，如何改进工作，不能把他的意见不屑一顾。上司不同意你的做法，你应站在上司的立场去想一想，是不是这个意见从局部看可行，却不利于整体工作进程？还是其他的什么原因，采取有效方式，心平气和地解决问题。你的意见被领导否定，他是考虑过你的意见、权衡利弊的，不要有什么怨言，应以积极的态度去贯彻执行。

当上下级之间出现分歧时，即使你再正确，也应当放低姿态，避免冲撞，必要时可以暂时回避，学会"冷"处理。事后应及时与上级交换意见，切忌把和上级"顶牛""一犟到底"当作能耐。

同级领导地位相当，工作中会存在这样或那样的矛盾和误会，甚至可能会面和心不和。作为下属，在不够和谐的上司之间，和这位上司走得近一些，可能会惹恼另一位上司；你与另一位上司的接触多了一点，又可能使这一位领导产生误解。处理好这个问题，可借鉴以下的方法。

由于受身份和地位限制，多数下属不可能对上司之间的矛盾了解得很清楚，或者根本不知道事情的来龙去脉及症结所在，所以不要轻易介入上司之间的矛盾。

如果有人在公开场合议论上司之间的矛盾，或当你听到上司对其他上级有意见时，应当慎之又慎，不去当裁判员，评论谁对谁错，而要冷静观察、不动声色；打个圆场可以，但不要发表对领导的褒贬言辞和看法。离开这个场合之后，对领导之间的矛盾严格保密、不要扩散。

在处理上司与上司之间的矛盾问题时，最为明智的做法是一视同仁，保持同等距离，不搞亲此疏彼，不去偏袒一方，更不要陷入派别之纷争。

中层领导与上司有矛盾、有分歧时，最忌讳把意见掩藏起来，当面一套，笑脸相迎，背后又一套，发牢骚、搞评论，这样无助于解决矛盾、弥合分歧，会直接伤害领导的自尊心，容易让领导怀疑你的人品有问题，这对你是很不利的。应首先进行深刻的自省，从自身寻找原因，来确定解决矛盾的最佳方案。即使是对方造成的矛盾也应宽大为怀，多从对方角度想一想。

作为中层领导，对上司作出的决定、结论持有异议，应该找个进言时机，当面委婉地提出来，以帮助上司掌握全面情况、权衡利弊，找到好的方案，让上司觉得你是诚恳而善意的，而不是反对他、拆他的台。有些话不宜在公共场合敞开来谈，就私下的交流和沟通吧。

第六章 怎样与下级交往

"羊续悬鱼"鉴古今

汉朝的羊续,是名门之后。父亲羊儒在汉桓帝时官至太常,负责朝廷礼仪。由于其父的恩荫,年轻的羊续官拜郎中。东汉中平三年,羊续任庐江太守。他领兵镇压了南阳的越慈叛乱,为百姓办了许多好事,后被提拔为南阳太守。

南阳有许多权豪之家,生活奢侈,相互礼贿,羊续非常痛心,下决心要以自己的清俭来抵制浮华的社会风气。羊续初到南阳赴任时,布衣简从,只带了一名书童,坐着牛车,风尘仆仆而来。

羊续身为一郡最高长官,施政清平,为官清廉,从小节做起,府中资藏只有布衾、盐、几斗米,吃的是粗茶淡饭,穿的是破旧衣服,出外工作乘坐的是瘦马拉的破车。

一天,羊续的下属焦俭见羊续生活清苦,便给他送了一条活鲤鱼。羊续面对这条鱼,左右为难:不收吧,对不住焦俭的一片好心;收吧,有违自己为官清廉的道德规范。为了不伤害别人的感情,又保住自己的节操,只好暂且收下。等焦俭一走,便让人把鲤鱼挂在府邸屋檐下,没过几天,就成条枯鱼干,在屋檐下飘来荡去,羊续也不让人取掉。

过了几天,焦俭又笑嘻嘻地拎着条大鲤鱼来拜访。羊续不说话,笑着指着悬挂着的鱼干,摇了摇头。焦俭领悟到太守给了他面子,婉转地拒绝了他,于是红着脸收起鱼,退了出去,不敢再送了。从此以后再也没人敢给太守送礼了。在羊续的影响下,那些平时生活奢侈的官绅们不得不有所收敛。

羊续悬鱼拒贿的典故,出于《后汉书·羊续传》,流传至今,成为官吏廉洁的美谈。明朝于谦曾经吟诗称赞羊续:"喜剩门前无贺客,绝胜厨传有悬鱼。清风一枕南窗卧,闲阅床头几卷书。"

羊续的清正廉洁,从婉转地拒收一条鲤鱼做起,处理得恰到好处,至今历史已久远矣，然而仍然值得每一位党员干部深思。小事、小节从来不小，发展下去可能成为大事、大节。细节往往能决定成败。欧阳修有句名言："夫祸患常积于忽微，而智勇多困于所溺。忧劳可以兴国，逸豫可以亡身。"

当今社会，不懂或忘了"悬鱼"之喻的党员领导干部，确实应当警醒了！要从领导活动的"细节""小节"上严格自律，除了谨慎用权力为党和人民办事、正当享有自己的一份利益外，决不能用自己手中的权力谋取不正当的利益；坚决杜绝讲排场、比阔气、挥霍浪费。

学习古人"悬鱼"精神，清醒地认识到权力是人民群众赋予的，是用来为人民服务的工具，认认真真做事，把人民赋予的权力用好。即便是你最亲近的人，也不允许拿原则换人情；权钱交易、花天酒地、挥金如土的生活更是与你无缘。

"好的开始是成功的一半。"一开始就能坚持原则，以后就比较容易把握自己。把吃吃喝喝、打牌赌博、收点礼金视为无伤大雅的"小节"，出不了大格，犯不了大错，是站不住脚的。《菜根谭》有言："胸中即无半点物欲，已如雪消炉焰冰消日；眼前自有一段空明，时见月在青天影在波。"

宋代洪迈10岁时，在岸边小酒店墙壁上，发现一首《油污衣》诗："一点清油污白衣，斑斑驳驳使人疑。纵绕洗遍千江水，争似当初不污时。"诗中蕴含的生活哲理浅显易懂：白衣服一定要保持它的洁白，如果不小心被油污染了，那么，纵使你用掉了一千条江中的水，和当初没有被污的时候也完全两样了。

"今六十余年，尚历历不忘"，洪迈在《容斋随笔》第三部分卷五中，记载了这件事。他联想到自己的名誉、人格、形象像一件洁白的新袍，如果染墨，就不能洗净，决不能让一世清白毁于一个污点。于是一直践行此道理，为官清正数十年。

党员干部要从形形色色的交往"小节"上自律，注意小毛病的修正，莫用手中权力谋取私利，杜绝讲排场、比阔气、挥霍浪费。如果对自己的生活情趣、个人爱好恣情放纵，即使在"平流无石处"，也会跌跤、沉沦的。

有的领导干部刚提拔时很谨慎，但时间长了，便守不住慎始，经不起各种诱惑，从放松自己开始，把多吃一点、多占一点看成是一种待遇、一种享受，进而耽于享乐，随意动用手中的权力，以权谋私，索贿受贿。而第一次犯错，往往都是小事。"居身之道，亦犹是耳，倘一失足，将无所不至矣。"

第一次，往往是沦落的开始。把握不住第一次，有了第一次伸手，就会有第二次、第三次，以至于一发不可收拾，最终滑入奢侈过度、腐化堕落的泥潭而不能自拔，直到露出马脚。正是："早知今日始，悔不慎当初。"

感言"杨震的慎独"

杨震，东汉的名臣，陕西华阴人。潜心钻研儒家经典，从事教育事业30年，知识渊博，人送雅号"关西孔子"。杨震为官清廉，郡长官多次征召他出来做官，都被他称病而拒，直到50岁时才开始出任郡、州官。

杨震为官期间，举荐一批德才兼备之士。他居官荆州时，发现王密学识渊博，才华出众，便向朝廷举荐王密为昌邑县（今山东境内）县令。更为可贵的是，杨震谢绝了王密"重谢"的礼金，成为历史上经典的清廉故事。正是：为公荐贤自芬芳，却笑夜半馈金忙。独有四知弥珍贵，清风伴汝美名扬。

杨震后来改任涿郡太守后，他的旧友企图从他身上套取好处，杨震一一婉言相拒，从不与人拉关系、走门路，不肯接受私人的拜访和别人私赠的礼物。他的弟子也常吃些没肉的饭菜，衣无锦绣，徒步往来不乘坐马车。

杨震官至太常、太尉，耿直无私、洁身自好的品格未曾有过一丝一毫的改变。他的许多老朋友见他做了多年的官，没有置办一点产业，便婉言劝他给子孙弄些产业。杨震说："让我的后代被人称作是清白官吏的子孙，留给他们'清白'两个字，不是一份丰厚的家业吗？"杨震的子孙为缅怀其清正德操，取其堂名为"四知堂"。

不恬静寡欲，无法明确志向；不排除外来干扰，无法达到远大目标。要慎待诱惑，保持淡泊之心，对名保持平静之态，对利保持平淡之心，清正廉洁，永葆本色，必须把好第一道关口，守住第一道防线，毅然决然地按捺、控制、战胜，不越雷池一步。

当今社会和官场乃是大染缸，诱惑官员的东西实在是太多了。领导干部也不是尘外客，不能躲进真空里。世事复杂，诱惑多多，无法否认，也无法回避。权力本身具有腐蚀性，具有鲜明的利益色彩，犹如营养丰富的食品最易腐烂一样，权力隐含着腐败。"过度频密的推杯换盏、不分场合的称兄道弟，始则是'酒肉朋友'，继而'狼狈为奸'，其间必然藏着权钱交易、以权谋私，不可避免地滋生腐败现象"。

习近平同志在《用权讲官德交往有原则》的文章中说，在面对各种诱惑的时候，党员干部尤其是领导干部首先要算算"三笔账"。一是利益账。细细算来，现在领导干部得到的已经不少了，应该十分珍惜。二是法纪账。在张口的时候要想想这句话该不该说，迈腿的时候要想想这个地方该不该去，伸手的时候要想想这些东西该不该拿。不管是谁，违纪违法终将受到党纪国法的制裁。三是良心账。如果干部以权谋私，自己把自己打倒，既对不起组织，对不起人民，也对不起家人，不仅丧失了为"官"之德，也违背了做人的良心。

应练就一副不败的"金刚之身"，"任你红尘滚滚，我自清风明月"。我们应视走出方圆外的诱惑为毁灭的向导，恪守党性原则、中央的八项规定和官德修养，增强对腐朽思想文化的免疫力，在小事上用心、在小节上谨慎，以谨慎之心对待权力，以淡泊之心对待名利，以警惕之心对待诱惑，淡泊以明志，宁静以致远，始终对身外之物看得透、放得下，力克享乐主义和奢靡之风，自觉与种种诱惑保持距离，始终保持高尚的道德操守。面对诱惑眼不花、心不乱、志不移，保持一颗淡定之心，不为名所累，不为利所缚，不为欲所惑。

由"孙武斩姬"说起

古代军事家孙武不仅兵法超绝,用兵如神,而且军纪严明,治军有方。《史记·孙子吴起列传》载,春秋时期,吴王阖闾想要伐楚,经伍子胥推荐,先把孙武的兵书看了一遍,然后接见了孙武,说:"您的十三篇兵法,我都读过了,能够在小范围试着摆一摆队伍吗?"孙武表示同意。于是阖闾在宫女中挑选了180人,请孙武操练兵法。

孙武把宫女分成两队,教以阵法,并且颁布规划,不听命令、乱了队形的斩首。孙武三令五申,宫女们口中应答,内心却感到好玩,不听号令,嬉笑不停,队形大乱。孙武要杀两位队长,在台上观看的吴王不同意。于是孙武说:"将领在军队中,对国君的命令有的可以不接受。"便根据兵法,立刻传令,将两位队长斩首,以正军纪。于是接着击鼓操练,宫女们无不严格听从将令,阵形十分齐整。

"行刑不避君王宠,一笑随刀八阵成。"(周昙)吴王因失去两位爱姬,心中不快。孙武说:令行禁止,赏罚分明,这是兵家的常法,为将治军的通则。对士卒威严,他们才会听从号令,才能克敌制胜。

吴王命孙武把六宫粉黛练为军容整齐的队伍,本是想开一个恶作剧式的玩笑,而他竟然假戏真做,假"军"真治,靠行刑于违令的吴王宠姬,而将难以成军的美娇娘,操练成可以布阵攻守的娘子军。这就令人信服地证明"兵家法令贵遵行",是理兵无难之诀窍。

吴王虽说很佩服孙武的治军之道,可一想到死去的两个妃子,就心疼起来,不想重用孙武了。后来,伍子胥又去朝见吴王,说:"美人易得,良将难求啊!为打败楚国,为争得霸主之位,非重用孙武才行呀!"吴王转怒为喜,正式任命孙武为大将。第二年,孙武率兵6万攻打楚国,五战五胜。

古往今来,有识之士都对赏罚十分重视。唐代史学家吴兢在《贞观政要》中直言:"国家大事,惟赏与罚。"北宋司马光明言:"国家大政,在于赏罚。"

作为领导者,都希望自己的下属和员工遵守纪律和规矩、干工作独当一面。可是这些未必都能如人所愿,一个重要原因是赏罚不到位。

在使用惩罚这一手段时,应做到合情合理。所谓合情,即惩处方式不能过于偏激,施威不宜把话说过头,言辞不可生硬,莫把事情做绝,要留余地,能为对方心理所接受;特别是在大庭广众之下,话说得过头,则骑虎难下,不好收场。应留下感情补偿的余地,有一点人情味,使对方既不能翻脸,又不敢轻视,也不耿耿于怀。所谓合理,即惩处要有理有据,符合有关纪律、制度的精神,分寸适度,使被惩处者心服口服,无话可说。

有功则赏,有过必罚,功过要分明。决不能因为某人过去工作有特殊贡献或立过功,就对他所犯的错误姑息迁就,以功抵过。不能因为一个人有了错误,而一笔抹杀他过去的成绩,或对他犯错误后所做的成绩不予承认,不予奖励。

1982年,黄克诚任中央纪律检查委员会第二书记。在纪检过程中,黄克诚对损害党和人民利益的事,从不姑息,旗帜鲜明地与之进行斗争。他时常对纪检干部说:"我们干这种工作一定要秉公执法,要敢在太岁头上动土,敢在老虎口中拔牙。不管是谁,只要做了违背党和人民群众利益的事,我们都要坚决进行查处。"

有一次,总参谋部一位首长在京西宾馆设宴,欢迎部队的领导同志,花掉了400元公款。黄克诚得知后,立即派人调查。查清问题后,黄克诚得知,请客的那位首长是他的老部下。

有人认为用公款请客吃饭的人到处都有,这件事并不严重,下不为例就是了。"是自己的部下,就不该管得严吗?"黄克诚严肃地说:"一个农民一年能挣几个钱!我们吃的、喝的,都是农民辛辛苦苦生产创造出来的,这件事一定要严肃处理。"

结果,这位老部下按照"谁出主意谁出钱"的原则,自己出400元钱付清饭费,还作了深刻检查。黄克诚将此事予以通报,给全军高级干部一次深刻的教育。为了树立领导者的权威，培养一支过硬的队伍，必须具有大家遵循的行为准则。当一个组织的行为准则的底线被突破的时候，必须给予恰当的惩罚。对违反规章制度的人，该罚多少即罚多少，容不得半点仁慈和宽厚。

无情未必真豪杰。领导者对有过失的部下，既要坚持原则，也要关心他们的实际生活，为其排忧解难。因此，要做到柔中有刚，刚中有柔，既维持原则，又不失灵活。一定要从关心爱护的愿望出发，开诚心，布公道，坚持与人为善，力戒盛气凌人。邓小平曾充分肯定"应当有奖惩制度"的提议，指出"重在鼓励，重点在奖"。需要丁是丁、卯是卯，做事考其功，建言考其用，赏当其劳，罚当其罪。齐景公问晏子，贤君是怎样治国的？晏子说了两句话："不因喜以加赏，不因怒以加罚。"（《晏子春秋·问上》）——不要自己高兴时就乱加赏赐，也不要自己生气时就随便处罚人。

借鉴"火炉法则"

西方管理学家将一种惩罚称之为"热炉法则"。这一法则的实际指导意义在于，在工作中违反了规章制度，就像去碰触一个烧红的火炉，一定要让他受到"烫"的处罚。与奖赏之类的正面强化手段相反，惩罚之类属于反面强化手段。

这种处罚的特点，一是即刻性，当你一碰到火炉时，立即就会被烫；违反制度的行为与处罚之间间隔时间过长，就不能收到好的罚戒、教育作用。二是预先示警性，炉火烧得通红，摆在那里，谁碰触谁就会被烫伤。三是适用于任何人，火炉对人不分贵贱亲疏，不分职务高低，一律平等。四是彻底贯穿性，火炉对人绝对"说到做到"，不是吓唬人的"纸老虎"。执行和落实惩罚制度虽然会使人痛苦一时，但绝对必要；优柔寡断、瞻前顾后，就会使制度成为摆设。

从领导者的角度来看，需要用"黑脸"来表现自己的威严，并给以甜枣来抚慰。黑脸，即铁面无私，主持正义，公平合理。"王子犯法，与庶民同罪"。历史上许多成功的领导者，手中的威武之剑和慈悲之玉，总是被紧紧地握在一起。

孔明"挥泪斩马谡"的故事，传为"历史佳话"。身为蜀国丞相的诸葛亮，是一个重情义的人，与马谡交情甚好。在马谡犯下大错的时候，他公正执法，又能"挥泪"，树立了自己的权威，让马谡心中无憾，让其他下属看到丞相重义气，笼络了军心。

先唱黑脸，后给甜枣，这两个动作，体现了管理方法的两个要件。惩罚、批评、教育与奖励、安慰、表扬，同时并用，一抑一扬，相得益彰。如果只抚慰不惩罚、只激励没约束，也是不行的。曾国藩说："太柔弱就没有力量，太刚硬就容易折断。刚与柔相互调和，才是天地之间永恒不变之道。"

在运用这种先黑脸、后白脸的方法的时候，顺序不能变。如果先扮白脸，对犯了过错的下属述说一番两个人的交情，再换上一副黑面孔，就容易被人看作鳄鱼的眼泪，产生逆反心理。平时人们所说："磕一千个头后放一个屁，效果全无"，"有一百个好，最后一个不好可结成冤家"，就是这种心理规律的反映。

日本经营之神松下幸之助曾有一名爱将叫作后藤清一。有一次因为他的疏忽，造成了公司很大的损失，惹恼了松下。当他走进松下办公室时，遭到松下一阵臭骂。松下一边骂一边拿着火钳，气急败坏地往桌上拍击。后藤十分丧气，准备转身离去。

这时，松下急忙叫住后藤，说道："刚才我太生气了，把火钳弄弯了，麻烦你费点力，帮我弄直，好吗？"说完，便将火钳递给了后藤。后藤找到一个僻静的地方，拿起火钳拼命捶打，他沮丧的心情随着敲打声慢慢平息了。当他把敲直的火钳交还松下时，松下笑着说："嗯，比原来的还好，不错！"

后藤走后，松下悄悄地给后藤的妻子拨通了电话，说："今天你先生回家，心情可能不太好，请你好好安慰他！"本来后藤挨了松下一顿臭骂，决定辞职不干，但得到松下的安慰，内心十分感动，设法弥补之前犯下的错误，以报答松下的一片苦心。

松下在责骂后藤后，让对方帮他弄直火钳，并打电话给对方的妻子，让她安慰他，做完这一切，把反思的空间留给后藤，使后藤认识到自己的错误，对松下佩服得五体投地。这是人际交往中的一个亮点。

心理学家发现，在对别人进行肯定或否定、奖励或惩罚时，并不是一味地施行肯定和奖励最能给人好感，也不是一味地施行否定和惩罚最能给人恶感。事实是，先否定后肯定，能给人最大的好感，而相反，先肯定后否定则给人的感觉最不好。

一开始严厉些，绷着脸，以后慢慢变得宽厚了，人人会称赞领导的仁德；相反，如果一开始宽厚，勾肩搭背、称兄道弟，以后规定就没法执行了，行为空间也会特别小。以后越来越严厉，会导致人人怨恨。刚开始的时候要求要严格，措施要严厉，言之有理，严之有情（注意留下感情补偿的余地），严之有度。随着时间的推移，可以适当有所缓和。

批评下属的艺术

对下属犯的错误进行批评时，态度要诚恳，多从下属的角度去考虑问题，客观地评价下属的过错，真诚地帮助他们分析错误产生的原因，激发下属主动认错，并加以改正。如果你的批评过重，一味地斥责，就容易把小事扩大化，下属就会认为领导者斤斤计较，很有可能产生对立情绪和怨恨心理，表现为工作上的不合作，甚至会一蹶不振。

批评，应讲究方式、分寸，委婉含蓄些，尽量降低它可能带来的副作用。应以真诚平等的态度对待同志的缺点、错误。不要只顾自己痛快，用尖刻的语言批评人和挖苦人，这样很容易适得其反，引起被批评者的反感，甚至让人与人之间陷入恶劣的情绪之中。

人们有些时候会慢慢地改变自己的想法，若是直来直去地说他错了，强迫人家当面承认错误，对方内心的第一反应都会不舒服，挫伤了他的自尊心，他就会恼火，不会改变自己的看法，固执地维护自己的想法。上级批评下级是为了工作，应以对方能够承受为原则，要顾及对方的自尊心。因此，批评采取一种温和、委婉的方式，易于被对方接受，能够达到预想效果。

电影《泰坦尼克号》中有个情节，男主人公杰克在甲板上第二次见女主人公罗斯，劝她不要跳海自杀："我害怕的是，海水那么冷，跳下去冻得比刀割还难受。"杰克看了大海一眼，做了个冷得发抖的样子。这样劝说就很具有策略性，因为罗斯没有死亡的亲身感受，却有受冻的体验，跳海自杀的决心动摇了，最终取消了这个念头。

委婉的语言是含蓄地表达自己的意思，对方感到你是为他着想，给人以教育或启迪，使他感到合情合理，认识到自己的过错。委婉式批评又叫间接式批评，让被批评者有个思考余地，其特点是含蓄蕴藉，不伤被批评者的自尊心。

柯立芝是1923年至1929年的美国总统。他有一位漂亮的女秘书，人长得很美，工作中却常粗心出错。一天早晨，柯立芝看见秘书走进办公室，便对她说："今天你穿的这身衣服真漂亮，正适合你这样年轻漂亮的小姐。"

这几句话出自柯立芝口中，简直让秘书受宠若惊。柯立芝接着说："但也不要骄傲，我相信你的公文处理也能和你一样漂亮。"从那天起，女秘书处理公文很少出错了。

一位朋友知道了这件事，很佩服柯立芝巧妙的批评，于是请教："这个方法很妙，你是怎么想出来的？"柯立芝说："这很简单，你看见过理发师给人刮胡子吗？先给人涂肥皂水，刮起来使人不痛。"

批评下属要从下属的实际情况出发，权衡各种因素，做到恰如其分。一般来说，聪明的领导不会在公开场合批评下属。能通过个别谈话解决问题的，就不要进行公开批评；能在小会上批评收到教育效果的，就不要拿到大会上去批评。这才是高明之举。当事人内心已经有自责表现时，很需要别人的心理支持。"抽空，我们找个时间，一起分析一下失误的原因，好吗？""我相信你下一次一定会做好的。"

批评要把握一个基本的标准：原则性问题不放过，细枝末节的事情不较真。批评下属要防止过头和不及。对下属犯的一般性的小错误进行批评时，范围控制得越小越好，应不伤害下属的自尊心，以间接批评和个别提醒为主，达到教育下属并促使其很快改正的目的。

如果想纠正别人的错误，不引人反感，不伤感情，最好在批评别人之前，先诚恳地说自己的过错，或先赞美和肯定对方的优点和成绩，然后再说批评的话，点到为止，既往不咎，对方容易接受，给人以改正错误的机会，能收到事半功倍的效果；或先说批评的话，点到为止，然后肯定对方的优点和成绩，效果也是不错的。

一次，外交部翻译范承祚参加周恩来的外事活动。总理与友人谈到中国气候时，突然问范承祚："你说台风来自哪里？"范嗫嚅道："台风来自台湾海峡吧。"总理听完神色严肃起来，当着外宾的面批评道："我们外交部的翻译，一不学历史，二不学地理。哪有台风来自台湾海峡的道理呢？台风是来自菲律宾深海区域嘛！"

范承祚有些尴尬，周恩来的批评点到为止，话锋一转，说："范承祚同志是我的老乡，多次为我做翻译，我对他很了解。我今天这样批评他，并不是他平时的工作没做好。他还是积极的、勤奋的，为人很诚实。"

周恩来的这番话，先在个别问题上批评对方，然后又在主流问题上给对方以恰当的赞扬，同样能使被批评者感动。范承祚事后回忆起这件事时说，总理这堂"气象课"上得及时，使自己从此更加勤奋学习了。

有些领导批评起人来很厉害，让人无地自容，下不了台阶，没有达到让人改正错误的目的。我们更不能因为对方犯了错误，就严厉持戒。这样做会伤害对方的自尊心，会使对方感到难堪、难以接受，由自责转化为怨恨，有时会造成意想不到的严重后果。

在第二次世界大战后不久的韩国，有一天，军部一位部长到营里去巡视，发现该营士兵的管理及训练情况都不理想，就命令营长当场趴在地上，叫人将其痛打一顿。这位营长的自尊心受到极大伤害，想到今后在官兵面前难以做人，盛怒之下开枪打死了部长，然后也结束了自己的生命。

当下属出了差错的时候，要适当批评和否定下属的不当言行，要以事实为依据，不拐弯抹角，指出其错误的症结所在、危害，使之不致发展下去，造成较大损失。出现了差错，不要揪住问题不放，要实事求是的进行批评，首先一定要调查清楚是谁的过错，需要由谁来负责，然后再批评，这样做体现了对下属的尊重，使下属心悦诚服。

批评下属的目的是指正其错误，避免重复犯错，给工作带来损失。在一般问题上，注重"弹性"。只要错误得到更正，问题得到解决就可以了。领导者在批评下属时，要注意维护其自尊，"对事不对人"，切忌牵扯其他，影响工作。要让下属体味到当初领导的批评完全是出于工作和大局，出于对事业负责和对自己负责。

批评不要过分，变成情绪发泄，对他人妄加评论，还去揭人伤疤，人身攻击，把人批得体无完肤，会伤害别人的面子，伤害他的自尊心，会导致上下级关系的恶化，甚至是不可逆的恶化。

领导干部要注意维护自身形象和尊严，适当与下属或员工保持距离。工作之余，你可以和下属、员工走近一些，以显得平易近人。当你向下属传达需要执行的工作任务时，必须保持距离，严肃地布置工作任务，这有利于体现自己的权威。当你需要与下属进一步沟通工作中的细节时，则可表现出亲和力，不要总是板着脸孔、没有笑容。

在对方难以承受某种安排的情况下，为了说服对方，可把基本观点、结论性的话先放在一边，从有关的事例、情感说起，以事说理，待到事理通畅、明白，再稍加点拨，自能化难为易，达到说服对方的效果。

对于脾气倔强、固执己见、意气用事及情绪亢奋的人，可以列举类似的事例，或通过分析现实中他人的是非，暗喻其错误；或通过列举分析历史人物是非，烘托其错误；也可通过分析正确的事物，比较其错误。让对方自己从中反省，触类旁通，得出正确结论，这样比较容易奏效。

在批评过程中，一方面，要肯定下属的优点和长处，为批评创造良好的语言环境；另一方面，要以事实为依据，不拐弯抹角，不躲躲闪闪，要一针见血地指出其错误的症结所在、危害。批评之后，要多看下属的长处，不要揪住问题不放，工作上多指导、多支持，生活上多理解、多帮助，从而让下属体会到当初领导的批评完全是出于工作和大局，出于对事业负责和对自己负责，不至于在思想上形成不必要的疙瘩进而影响工作。在一般问题上，注重"弹性"。

拿破仑在长期的军旅生涯中，作为全军统帅，批评士兵的事经常发生，但每次他都不是大声训斥，总是语重心长、循循善诱调动士兵的良好情绪。士兵往往能够欣然接受他的批评，而且充满了对他的热爱与感激之情，使他率领的部队成为欧洲大陆的一支劲旅。

善待下属若春风

追求与人为善，是孔子的一种人生理想和做人的道德准则。孔子认为，"仁"不只是个人的修养问题，它也是人与人的相处之道，是处理人际关系的情感基础。

善待下级，要严于律己，宽以待人。《增广贤文》中有这样一句话："以责人之心责己，以恕己之心恕人。"——用责备别人的态度责备自己，用原谅自己的态度原谅别人。它劝诫人们对人要宽，对己要严；不计较他人，不放纵自己。这是一种境界，一种情怀，一种豁达。

"律己宜带秋风，处世须带春风"，这是格言联璧中的一句话，要求自己须严厉如秋风一般，与人相处要像春风般温暖和煦。领导干部与下级交往时，对待自己必须从严，对待下级则应宽宏大量。当上级待人如己、多替下级着想时，上级身上就会散发出一种善意，影响和感染包括下级在内的周围人。

春秋战国时，有一天晚上，楚庄王设宴款待群臣。酒兴正浓时，灯烛突然被一阵疾风吹灭，有人趁机拉扯庄王美姬的衣服，美姬顺势拽断了那人的冠缨。宠妃向楚庄王哭诉此事，要求查找出缺少冠缨的这个大臣予以重罚。庄王不赞成为这点事让那个醉酒失礼之人受辱，命令大家说，今天与我一起饮酒，不拽掉帽带就表示没有尽兴。于是，群臣都拉断了帽带，燃烛后喝得尽兴而去。

后来晋楚交兵，楚军有位臣子总是冲锋在前，奋勇作战五个回合，带头击退了敌人，取得最后胜利。楚庄王惊讶地问他，我德行浅薄，又不曾特别优待你，你为何为我出生入死呢？那人回答说，我就是那晚酒醉失礼被拽掉帽带的人啊。这个大臣以舍生忘死、战胜敌军的实际行动，报答了楚庄王的宽容之情。

在与下级交往时，应主动和对方打招呼，不要以为自己的级别比人高就拿架子。两人见面时，对方主动与你打招呼，你就会觉得对方对你尊重和友好，双方之间的距离拉近了。当你主动与别人打招呼时，对方也会有同样的感受。

双方近距离相遇，又无须深谈的，可以驻足稍寒暄即可，问一声"你好"或"上班去"。双方距离稍远，则行一个点头礼——目视对方，点一点头即可；在同一场合双方多次相遇，也可以用点头礼打个招呼，表示礼貌。

双方距离较远，可以行招手礼——举起一手同时注目微笑。迎接客人，见到熟人在握手前，也可以先招一招手。告别、送行也常用招手礼。

在人际交往中，如果不涉及大是大非的原则问题，毛泽东都主张与人为善，采取宽容体谅的态度。对那些在历史上有过一些过失的人，他更是鼓励他们放下包袱，轻装前进。

毛泽东与陈毅合作共事44年，喜爱陈毅的豪放性格、诗情气质和纵横才气。1972年1月10日下午，举行陈毅同志追悼会。当天中午毛泽东烦躁不安，一直在思考是否参加陈毅追悼会的事情。当他决定参加时，竟表现得像个孩子，来不及让人给他穿上裤子，只穿条薄毛裤，披着睡衣，不顾年迈多病的身体，就去了会场。他见了张茜不禁潸然泪下，几次讲陈毅是个好人。在陈毅的遗像和用党旗覆盖的骨灰盒前面，深深地三鞠躬，以寄托对陈毅的无限哀思。毛泽东是带着深厚的情感去的,他对同志、对战友、对朋友的真诚,令人敬佩、令人感动。

对党外人士,毛泽东所表现的情感是十分感人的。李银桥说:"在私交中,毛泽东是论情论礼,很讲'朋友'义气的……对于张澜、沈钧儒、陈叔通等先生,不但迎送出门,而且亲自搀扶他们上车,上下台阶,与他们携手搭肩漫步。"

毛泽东与周谷城、张治中、周士钊、章士钊等民主人士交往,常在一起讨论各种学问。他还宴请清末代皇帝溥仪、清末进士张元济等。只要听说谁有生活困难,他都伸手相帮,就是曾任清宣统军咨大臣的载涛,家里房子塌了个窟窿,他得知,也拿出2000元相助。

与人为善、扬人之善,应当是党员干部的一个职责。一个小小的善行,不过是举手之劳,却能给予人很大的帮助,让人一生难忘。

善待的一个含义是礼待,也就是尊重。从隶属关系上来看,下级是协助上级完成组织任务的帮手,每天含辛茹苦,不容易啊,上级理应以礼待之。地位越高越要尊重下属,对下属的尊重更可贵,使下属感到他的尊严。在与下级交往过程中,尽量不要"质问",而是要"询问"。这样,下级就会充分体会到上级的善意,与上级和谐相处。

曾经在正定县任副县长的王幼辉,在《我与习近平在正定的交往》一文中回忆,从1982年至1985年这4个年头,我和习近平同志的接触和了解还是比较多的。近平那时虽是个年轻干部,但在我印象中,他为人处世却很稳健。作为年轻人,他身上更富有朝气和活力,有时候也会流露出很青春的本色。

正定县当时有一位自学成才的作家,任县文化局局长,叫贾大山。近平在任期间,比较关注知识分子和拔尖人才,也很关心大山的工作和创作情况,并且他们之间私交很好,多年保持着联系。大山生前跟我讲过这样一件事:有一次,近平到大山家里聊天,返回机关时已是深夜,机关的大门关闭了。为了不打扰门卫,近平蹲下身子当人梯,让大山踩着他的肩膀翻进大门开门，然后才悄悄地回到房间。

1997年近平在福建任职时，得知贾大山身患绝症后，利用在北京开会的时间，专程到协和医院去看望大山。那年的正月初三，他来正定看望老干部时，又到家看望了卧病在床的贾大山。当听到大山病逝的消息时，他和夫人彭丽媛托人敬送了花圈。

无论是普通之人、超强之人，还是有功之人，其人格是平等的，均应与人为善，一视同仁，平等待之，礼貌待之，以诚待之。人们都希望职位高、名气大的人主动与自己在感情等方面沟通、联系，包括一次闲谈、一个寒暄、一个微笑、一个眼神。

领导者要为下属撑腰，敢于承担责任，适度地为下属"护短"。下属有了轻微的过失，大家又能谅解，不妨将下属的过失性质评估得轻些，惩罚从宽些。对于下属的过失，不妨搁一搁，做"冷处理"，或给下属将功补过的机会，视其表现如何，再作处理。

善良仁爱具有强大的力量。人的一生应当始终常怀善念、施予仁爱。你想让别人怎样对待你，你就要怎样对待别人。以柔情善待下级，如冬日的阳光、春日的和风，是领导干部与下级交往的法宝。

切莫"厚此薄彼"

人与人之间的关系是微妙、复杂的，因此，在交际中一定要谨言慎行，保持"等距离"交往，避免无意或有意犯下"厚此薄彼"的过错。

在与下属交往中，有时与几个人同时打交道，最好的办法是遵循"等距离"原则，以免出现"厚此薄彼"的错误。切莫凭自己的好恶和"私交"如何来对待下属。

为了避免任人唯亲、帮派林立，毛泽东在处理与同志、战友关系时，坚持党内不发展私人情谊，建立共同的理想和志向的"等距"关系。这种保持"距离""一碗水端平"的领导艺术，体现了"大我"之情胜于"小我"之情，保证了党内的团结。

周恩来长期作为毛泽东的亲密助手，数十年间与毛泽东肝胆相照，风雨同舟。周恩来对毛泽东，从思想、政策的执行和落实，到其衣食住行，无微不至，始终不渝。毛泽东总是在关键时刻从大局出发，对周恩来委以重任，而从不涉足超出同志关系的私人情谊。党内同志来汇报工作，来往接送从不超出门口，不搞迎客送礼，不让任何人有亲疏远近的感觉。

有的领导为了便于自己开展工作，往往自觉不自觉地搞成了一个小圈子，就信任那几个人，对别的下级有猜疑或不放心的心态。这样，领导就有意无意地在下级中间搞起了帮派，出现以自己的好恶为评判标准，对亲者一个套路，对疏者又一个套路。时间一长，肯定会出问题。

上一级领导与下级之间的交往，应该注意一碗水端平。之所以不客观不公正，是为了偏袒偏爱自己的小圈子。这样做只能是推开大圈子，得罪了多数人。只有做到客观、公正，才能真正做到不拉帮结派，搞五湖四海，赢得广泛的支持与拥戴。

领导与下属是同志式的关系，不宜走得过分亲近。与下属称兄道弟、无话不说，只能降低你的威信，在工作中丧失原则。孔子说过："临之以庄则敬。"——为政者用庄重的态度对待民众，才会受到尊敬。

如果待人亲疏不一，重用了一些不该用的人，而冷落了一些应该重用的人，就会把一些积极因素转化为消极因素，或形成一股反对力量，那些奸诈狡猾之徒就会聚集到你身边。而那些善于恭维你、奉承你的人，往往是容易把事情弄坏的人，这样下去，必然使领导者难以驾驭全局。

身为中层领导，要发扬民主、平易近人，注重感情投资，这是赢得下属拥护的方法之一，会产生无形的导向作用。切记不可对下属表露太多的情感，需要有一定的威严。若是与下属过分的亲近，无所不谈，当众与下属称兄道弟，就会降低你的威信，很快你的下属就会把你的命令不当一回事。如果下属是一个不晓事理的人，就会得寸进尺，凭借他与你之间的关系，干涉你的决定，给你出难题，有损你的威严。如果你收回决定，必然会引起其他下属的不满。如果不收回决定，就会使你与这位下属关系恶化，他也许还会说你是一个不讲情面的人，从而远离你。

距离会产生美。一般来说，陌生人之间保持一米以上的空间距离，会让人很舒服。可根据不同的情况，适度调整和保持领导与下属之间的距离，距离能产生威严。这个距离不能太大，要表现出亲和力；距离也不能太小，不要和下属私交甚密，要给人以敬畏感，让对方感受到领导的权威。领导干部要有一点威严感，形成一种威慑力，使下属感到"服从也许是最好的选择"，而"不服从则会给自己造成不利"。

党员干部与异性下属保持一定的空间距离和心理距离，能为处理人际关系提供一个回旋的余地，会给自己带来心理上的安全感。与下级异性在一起，不夹杂非分之想，行为有礼，举止高雅，谈吐由衷，语言文明。要从工作、生活上予以同志式的关心、照顾，关心而不"花心"，避免"瓜田李下"之嫌。要尊重体谅异性，说话办事尽量不给异性造成麻烦和困难，保持健康向上的心理状态和良好的自制力。

当你的下属犯错误的时候，应该一视同仁，该批评就要批评，该教育就要教育，与下属交往过密，就等于把自己完全暴露在下属面前，就会被人认为轻率浅薄、软弱怯懦、优柔寡断，就会受到轻视；会让有的下属利用你的弱点钻空子，讨价还价，提出不合理的要求，或怠惰、拖延、甚至破坏，让你防不胜防，无法实现自己的管理目标，到时后悔也来不及了。

领导者摆正心中的天平，是一个领导艺术问题，更是一个政治品质问题。用人也好，处理问题也好，都要公平、公正，形成较强的亲和力、凝聚力和影响力，实现共同的奋斗目标。

领导者应树立公平意识，对待下属一视同仁、不偏不倚、"亲密有间"，保持适当的距离，给下属一个庄重的面孔，才能树立自己的威严，获得他们的尊敬。不要因为"偏爱"而重用庸人。

人至察则无徒

"水至清则无鱼，人至察则无徒。"俗话说："十个指头各有长短。"

每个人都难免有丑陋的一面，只要不是原则问题，不必太在意，大可一笑了之，没有必要对人苛刻，盯住别人的缺点和毛病不放。

牛顿曾宣称，他的错误占90%。既然如此，还有什么理由对人苛刻呢？待人苛刻，吹毛求疵，还想让对方跟自己合得来，这怎么可能呢？要宽以待人，"谅其所不能"。

《硕辅宝鉴》中记载了这样一则故事：唐高宗时，狄仁杰曾经先后是大理丞、豫州刺史、洛州司马等官。武则天听说狄仁杰办事公平、执法严明，知其人可用、信赖有加，提拔他为宰相。武则天对他说："你在河南颇有政绩，可是有人在我面前谗毁你，你想知道是谁吗？"狄仁杰说："陛下认为他说得对，臣当改正；认为臣没有那样的过错，那是臣之幸也。至于谁在背后说臣的坏话，臣不想知道。"武则天听了很高兴，称赞狄仁杰是一个难得糊涂、懂得体谅的长者，因而更加赏识他。

大智者，愚之极致也。大愚者，智之其反也。外智而内愚，实愚也；外愚而内智，大智也。《老子》有言："大智若愚，大巧若拙。"事上之悟，事事悟，时时醒，持守如一，乃一大智者。大智若愚，赢在糊涂。大智若愚型的"糊涂"，是要我们站得高、看得远，科学地调处各种矛盾，妥善地处理难以处理的问题。

在社交活动中，不妨学一点给人"下台阶"的技巧，为陷入尴尬境地的人提供一个恰当的"台阶"，这是处世的一个原则，做人的一种美德，不仅使对方在众人面前免得难堪，获得对方的好感，也有助于你树立良好的社交形象。

1953年，周恩来率中国政府代表团慰问驻旅大的苏联官员。在我方举行的招待宴会上，一名苏军中尉翻译总理讲话时，译错了一个地方。我方一位同志当场作了纠正，这使总理感到很意外，也使在场的苏联驻军司令大为恼火，因为部下在这种场合的失误使他很丢面子。他马上走去，要撕下中尉的肩章和领章。宴会厅里的气氛顿时显得非常紧张。这时，总理及时为对方提供了一个"台阶"。他温和地说："两国语言要做到恰到好处的翻译是很不容易的，也可能是我讲得不够清楚。"并慢慢重述了被译错的那段话，让翻译仔细听清，并准确地翻译出来，缓解了紧张气氛。

总理讲完话同苏联同志干杯时，还特地同翻译单独干杯。那位翻译被感动得举着杯久久不放。

人与人之间的关系其实很微妙，会存在或多或少的矛盾和分歧。在与下级交往中，难免会有摩擦或冲突。处理得当，分歧自然越来越小；处理不好，矛盾可能会激化。良好的人际关系需要创造，更需要维持。对此，应当秉持"糊涂"的心态待人，做点忍让、退却姿态，多一些体谅和理解，就会多一些宽厚、悦纳，多一些和谐、友谊。

清代的郑板桥一生为官廉洁，留下了"难得糊涂"这一名训，仔细品味，道理深奥。平凡的人睁着两眼看世界，往往看错；不平凡的人闭一只眼睁一只眼看世界，一目了然；超凡的人闭着双眼用心看世界，所向无敌。

领导者的胸怀是不是很宽阔，很大程度上是看他是不是能够容得下人，尤其是容得下反对过自己的人。人家优点突出，却视而不见，对方长处显眼，却充耳不闻，只看到人家一大堆缺点毛病，这怎么能行呢？对人对事要多一些尊重，多一些宽厚、多一些包容、多一些理解，容许人家与你并驾齐驱，甚至超过你。

马南邨《燕山夜话·涵养》有言："君子忍人所不能忍，容人所不能容，处人所不能处。"你能容多少人，就能领导多少人。如果记旧账、报私怨，就会因私损公、废置人才、贻误事业。对领导者来说，能容人、善用人，确实是大智慧、大本事，也是事业发展兴旺的重要保证。

战国时期的政治家、军事家信陵君，为人礼贤下士，礼让守门老者侯嬴。有一次，信陵君在家中设宴，宾客纷纷到来，信陵君亲自驾马车去接侯嬴。侯嬴是一位智者，为了考验信陵君，径直坐到上座，并要信陵君载着自己去屠宰场见好友朱亥。信陵君笑容可掬地欣然答应。当即驾车来到屠宰场，侯嬴下车去和朱亥交谈，而信陵君则一直微笑着手执缰绳等待。侯嬴聊了许久，见信陵君的表情依然恭敬如故，才告别好友回到车上，于是信陵君载着侯嬴赶回赴宴。信陵君礼贤下士,赢得了好名声,为成就事业夯实了基础。

难得糊涂,就要学会理智处事。沉不住气时,提醒自己要以理智的心态来控制自己的感情。如果你是一个处处不糊涂的人,总是圆睁双眼,提高警惕地生活,那你的心是很累的。两个过于精明的人就像两只正在酣斗的公鸡一样,非要分出个胜负来,这于健康的身心没有什么益处。

糊涂亦要有度。"糊涂"不是无原则的迁就,正如毛泽东所言:"小事糊涂点,大事明白点。"宋朝时,在赵普推荐下,宋太宗提拔吕端做丞相。有的大臣认为吕端"平时没有什么机敏之处",太宗却认为:"吕端大事不糊涂!"每当朝廷大臣遇难事难以决策时,吕端常常能较圆满地解决问题。后来"吕端大事不糊涂"就成了典故。

领导干部应营造一种亲和、融洽、祥和的环境,容忍不如你的人的存在,衡量他人时应采用适当的尺度,避其所短、用其所长,以宽容、豁达的胸襟对待周围的人,做到明察他人而不计小过。弘一大师曾说过:"善化人者,心诚、色温、气和、词婉,容其所不及,谅其所不能,恕其所不知,体其所不欲。随事讲说,随时开导。"这种态度有助于我们吸取他人的智慧和力量,把大家团结在自己周围。

"孔明失误"感言

随着日常管理事务的增多,中层领导不必事无巨细地亲自管理所有的事务,不必把一切事揽在身上,管这管那,忙忙碌碌,被大小事务搞得焦头烂额。这就需要授权,正确地指导、规范下级。否则,领导力便会枯竭。

往事越千年,孔明也有不明处。孔明大举北伐时,本应向魏延授权,因为魏延在前线与曹操多年作战,既有经验,又有计谋。可是孔明对魏延存有戒心,对其提出的出奇兵攻长安的建议也不予采纳,连先锋也不让他做,却让缺乏独当一面经验的马谡当了先锋。这是授权者选择对象不当所致。刘备临终授给了李严主管军事的权力,但孔明对李严总是怀疑,担心让一个降将率大军，在重镇会不会出变故，于是事必躬亲，非但李严的才智未能得到发挥，两人的关系也由此产生裂痕。

如此"亲理细事"的辛苦，无人领情。诸葛亮六出祁山时，只注重受先帝托孤之重，却忽视了对下属的高度信任，一直坚持事必躬亲，工作起来废寝忘食、通宵达旦，连处罚20棍以上的小事也亲自过问，超出其职能权限，结果没有达到"最好"，也没有笑到最后，在某种程度上挫伤了部属的积极主动性。

手下的人曾对诸葛亮诚心相劝，认为"为治有体，上下不可相侵"（管理工作有自己的规矩，对下级之间的工作不能越级代劳），并以陈平"不知钱谷之数"等为例加以论证。孔明事必躬亲，没做到合理授权，导致积劳成疾，"出师未捷身先死，长使英雄泪满襟"。

那些事必躬亲的领导往往这样想：自己应该主动深入工作当中，而不应该坐等问题的发生；或者表明自己不是一个爱摆架子或者高高在上的领导。这些想法应肯定，但由于你什么事都亲力亲为，就是自己的责任田没有种好，却到别人的责任田去种了，结果荒了自己的责任田，别人的责任田又不一定种好。如此不信任下属，辛辛苦苦做下属应当干的事，无异于在下属腿上拴绳子，看他们走偏了一点，就把绳子收紧，这样一来，你的下属就会变得没有主见，只会点头哈腰、唯领导是从，工作的主动性和创造性会变得越来越弱，难使单位开创新局，会让领导者付出很大的代价。

要管头管脚（指人和资源），但不能从头管到脚，与成败无必然联系的细节不必关注。不要过多过问下属的具体工作，把一件事交给手下人去做，放手让他们大胆去做好了。

《中国纪检监察报》2014年7月15日刊登《合理分权更能用好权》，文章认为，作为单位"一把手"，党政机关主要负责人手中权力过大，在工作中容易出现"一言堂"情况，会大大增加"一把手"的腐败风险。因此，打破"一把手"权力过分集中的局面，让权力运行"增速提效"，势在必行。"一把手"事事亲力亲为，不但工作不一定做好，而且容易导致权力滥用。"副职分管、正职监管"，把日常事务的决策权交给分管领导，既能够激发领导班子成员的干事热情，更可以让"一把手"腾出更多的精力去统筹全局，有利于更好地担负起党风廉政建设第一责任人职责。

艾森豪威尔在《远征欧陆》一书中，说马歇尔"轻视那些事必躬亲的人，他认为那些埋头于琐细小事的人，没有能力处理战争中更重要的问题"。美国前总统罗斯福说："一位最佳领导者，是一位知人善任者，而在下属甘心履行其职责时，领导者要有自我约束的力量，不插手干涉他们。"只有让下属拥有自己的头脑，在一个目标明确，又有充分自由的空间去实现目标的环境下，员工才有可能最大限度地发挥自己的聪明才智。如果你规定了他们的工作目标，又为他们划定了许多做事的条条框框，就束缚了他们手脚。

上级要把权力授予下级，还要把相应的责任交代清楚。责任和权力是一对不可分离的孪生兄弟。要使下属开展工作，就得信任他，给他权力。既然把任务交代给下属，就要相信下属，体现责权统一的原则，让其有施展才能的机会。不要鼓励下属遇到事就找你，向你汇报，作出决策，否则，你将背上过重的提出建议、作出决定的包袱，而成为一种"万能"领导者。当下属带着问题走到你身边时，鼓励他决定职责范围之内的事情。只有这样，才能人尽其才。

必须对授权人明确其所授事项的任务、目标和权责范围，让他们清楚地知道自己有什么样的权力，有多大的权力，承担什么样的责任。分派职责时要明确下属要做的工作是什么，达到的标准是什么，对于达到目标应如何奖励。

授权只能逐级下授，对直接下属授权，切不可越级授权。领导者把中间层的权力直接授给下属，会造成中间领导层工作上的被动。如果出现中层领导不力的情况，领导者要采取机构调整或者人员任免的办法解决中层问题。

授权本身是以上下级之间的相互信任为基础的。权力一旦授予下级，就不应动摇，对此要清醒，仍然保持对下级或副职的信任，对被授权者的工作也不得插手干涉。对下属职权范围之内的事，不能越权代劳，不要去揽不应由自己管的事情，干不该由自己干的工作。对未经正职领导授权的自己职权范围之外的事，不能越权决策；对其他副职或下属领导职权范围之内的事，不能越权干涉。否则，势必会造成下一级领导或下属的被动，增加管理层和部门之间的矛盾。作为副职也要做好责任范围内的工作，不要做上司职权范围内的工作。

副职在领导班子中，起着承上启下的关键作用。一般来说，涉及宏观上和整体上的决策，由上级领导或正职作出，而下级领导或副职则必须认真执行、落实上级的工作部署和指令。副职要积极主动地处理自己分管范围内的工作，享有对自己管辖的局部范围内的问题作出具体决策和指导。副职在工作中遇到重大问题，要向正职请示、报告，这不仅体现了对正职负责，而且可以使正职了解自己的工作情况，为其"拍板"提供参考，并赢得正职的支持和帮助，也有利于与正职保持良好的人际关系。

副职领导应摆正自己的位置，不要说出不符合自己身份的话语，万不可超越权限擅自作出应由上级或正职领导作出的决策，要自觉防止和克服越位现象，不争权夺利，不争"主角"，不抢"镜头"，不居"头功"；对正职的工作不"插手"，对同级副职分管的事情，不"干涉"。

第七章 怎样与群众交往

用真情开路

郑板桥曾在《潍县署中画竹呈年伯包大中丞括》中写道:"衙斋卧听萧萧竹,疑是民间疾苦声;些小吾曹州县吏,一枝一叶总关情。"

现代心理学认为情感是一种心理过程,它是人对客观事物与主体需要之间关系的反映。这种反映体现在情感过程中可构成愉快—愤怒、兴奋—冷漠、松弛—紧张三种维度。

人的情感功能系统主要也有三种表现形态:一是不同个体间天生的"情感亲和"愿望;二是不同的个体间天生的"情感交流"愿望;三是自我的"情感表现"愿望。良性情感的最高境界是使建立情感的双方在情感亲和、情感交流和情感表现的过程中,能够获得情感器官特有的愉快、兴奋和松弛;而恶性情感的最差结果则是产生情感的双方在情感亲和、情感交流和情感表现的过程中,使情感器官产生愤怒、冷漠和紧张。

《孙子兵法》曾提出:"视卒如婴儿""视卒如爱子"。战国的吴起,在魏国为将时,曾用嘴为士兵吮脓血。民族英雄岳飞率军队驰骋疆场,立于不败之地,一个重要原因是首先动之以情、爱兵如爱子。他的官俸大多用来购买粮食,补济军需。皇帝赏赐给他的珠宝,他都转手奖赏给立了战功的将士们。

同群众保持血肉联系和友好交往,是我们党的优良传统,是马克思主义政党的本质特征。领导干部与群众的交往状况,是衡量领导干部是否密切联系群众的重要标志,也是群众评价领导干部是否值得信赖的重要依据。

党员干部与群众的关系,犹如鱼水之间的生命交融,好比种子与土地之间密不可分。作为领导者,倾心于群众,同他们建立起水乳交融的诚挚之情、信任之情,把群众的安危冷暖挂在心上,这是每一个领导都应终生致力的。我们要在与群众的"零距离"接触中,少听"恭维话",多听"真心话",了解群众的喜怒哀乐、悲欢离合,同群众保持密切联系,深深根植于人民群众之中。

习近平同志2004年1月5日发表在《之江新语》专栏的文章《心无百姓莫为"官"》中这样讲——古往今来，许多有作为的"官"都以关心百姓疾苦为己任。从范仲淹的"先天下之忧而忧，后天下之乐而乐"，到郑板桥的"些小吾曹州县吏，一枝一叶总关情"；从杜甫的"安得广厦千万间，大庇天下寒士俱欢颜"，到于谦的"但愿苍生俱饱暖，不辞辛苦出深林"，都充分说明心无百姓莫为"官"。

领导与群众之间只有注重心灵的沟通，加强情感的交流，才能心贴心、心连心、心心相印。修炼党员干部与群众的交往，要以情感为桥梁，走近群众，关爱群众，了解群众，以心换心。

1990年5月，湘潭市委书记郑培民被调往湘西土家族苗族自治州，出任州委书记。有一次，妻子去湘西看他，一进屋，地上扔着一双沾满泥巴的胶鞋，仅有的一套出国时置办的西装，在柜子里已被虫子蛀满了洞。郑培民拦住要帮他刷鞋的妻子：天天都要穿，一出门，还是要沾泥的……在湘西州委的选举中，郑培民全票当选州委委员，全票当选州委常委，全票当选州委书记。有的干部称他是"三个百分之百"，郑培民当即纠正说："只有一个百分之百,那就是全州人民对共产党百分之百的信任和感情！"

2002年春节，一封特制的信寄到了湖南省委。一张剪裁过的红纸作为信纸，寄信人为它精心装饰了金边。信中写道："敬爱的首长，1990年你不辞劳苦亲自爬上了我们崇山峻岭上的苗寨视察，访贫问苦，你是第一个能深入到我们海拔1700米高山陡坡上的省委亲人……"这封字迹不太工整的信发自湖南的西部——湘西土家族苗族自治州凤凰县米良乡叭仁村，收信人是郑培民。

领导干部对群众的感情是靠日复一日积累起来的，是在不断与群众的接触中培养出来的。只有真正放下"架子"，才能走进群众，才能获得群众由衷认可，才能在干群关系的良性互动中，加深情感交流，不断保持和发展这份感情。党员、干部特别是领导干部都应"站稳群众立场，增进群众感情",在与群众每一次交往中,从自身做起,从细节做起,让群众有个满满的获得感。

为自己的面孔负责

面孔,是心理活动的"窗口",可以分析判断出一个人的态度、情感和好恶。"门难进,脸难看,事难办",这是多年来群众对少数干部对群众冷漠的批评。面孔好不好、衣冠正不正,看似小问题,实则反映的是对群众的感情和态度,体现的是党的宗旨和作风。那些阴晴不定、瞬息万变的脸,那些麻木不仁、冷若冰霜的脸,群众最不愿意看。看了会印在心上,留下不好的印象。

《北京晨报》报道,兰州发生一起小小的交通事故。一对骑摩托车的市民夫妇,因为要躲闪一辆疾驶而来的轿车,双双摔倒在地。摔倒的市民生气地嘟囔了几句,车中的男子便勃然大怒,对那市民说:"知道我是谁吗?我是局长!"

据中国之声《新闻纵横》报道,郑州市须水镇西岗村原本被划拨为建设经济适用房的土地上,竟被开发商建起了12幢连体别墅和两幢楼中楼。记者来到了郑州市规划局主管信访工作的副局长逯某的办公室,要求他对于出具的信访处理意见予以解释时,他却傲慢地问记者:"你是准备替党说话,还是准备替老百姓说话?"

陕西省某县林业局局长对群众反映问题很是不满:"老百姓都是吃饱了撑的!"这种动不动就给群众坏脸色的人,必会受到人们的唾弃,也为党的纪律所不容。

党员干部的形象代表着他所领导的组织、单位和部门,而且直接影响交往的质量。我们应改变"脸难看"的问题,既不能摆脸色给群众看,也不能让群众看出自己的喜怒哀乐,每天以良好形象出现在众人面前,无疑是很重要的。

在人际交往中,我们要用良好的个人外在形象打动对方。人们都喜欢和一个干净利落、形象较好、风度翩翩的人交往，而不愿意与一个邋遢粗俗、形象丑陋的人打交道。可见，我们应争取给别人留下良好的印象，为今后的人际交往活动铺路搭桥。

美国总统林肯也曾因为相貌偏见，拒绝了朋友推荐的一位才识过人的阁员。当朋友愤怒地责怪林肯，说任何人都无法为自己的天生脸孔负责时，林肯说："一个人过了40岁，就应该为自己的面孔负责。"林肯这句名言，丝毫没有生理属性上的养颜之意，其真正要说的在于该怎样做人。林肯也正是凭借亲民的形象，赢得无数美国人的尊重和拥戴。

党员干部面孔如何，取决于内心的修为。良好的面孔不是天生的，不是自封的，不是包装的，需要长时期刻苦的、郑重其事的修炼。良好的面孔和形象的修炼，是一种不断提升、净化自我的行为活动，它能使行为符合道德规范，有助于提高自身素质、提升人格魅力，促进人与人之间的信任和了解，进而促成良好的人际关系。

党员干部的面孔是其本色本性的自然流露，是其思想觉悟、道德品质的外在体现。哲人说："一个人后天的学识修养都写在脸上。"如果你从群众的眼睛里看到的是鄙夷，说明你的面目可憎，绝对不是小节问题。共产党人的宗旨就是为人民服务。面向群众，我们不能甩脸子、板冷脸、给脸色，更应当对自己的面孔负责。让心急如焚的群众白跑，是尸位素餐的懒政怠政。

保持党员的纯洁底色、先进本色，才能赢得群众，赢得民心。焦裕禄把群众放在心中最高位置，他带头慰问贫苦百姓，给他们送去粮食和财物。他经常钻进农民的草庵、牛棚，与农民同吃同住同劳动，其面孔虽饱经沧桑，却依然可亲可敬。

杨善洲很少待在机关，大部分时间都在乡下跑。他穿着朴素，下乡随身携带锄头，不时出现在田间地头，帮助农民干农活，碰到插秧就插秧，碰到收稻就收稻，脸色黧黑，双手粗糙。碰上饭点，老百姓吃什么，他吃什么，吃完结账。群众觉得他没有"官架子"，亲切地称他为"草帽书记"。

一心一意为群众谋福利，退而不休、植树造林，其面孔虽布满皱纹，却依然那么可爱。

外表有形、语言有度、行为有谱，从政不忘百姓，掌权不忘廉政，做事不忘公平，才能提升自己的人气指数，提高亲和力和追随度，才能使人民公仆形象深入人心。

只有把群众装在心里，群众才会把你放在心上；只有把群众当作亲人，群众才会把你视为亲人；只有拜群众为老师，群众才会向你传授真经。党员干部只有"走进"群众的心中，才能真正摸清群众的思想脉搏，了解基层的真实情况，找到问题的症结所在，有的放矢地开展工作、解决问题。

怎样与群众沟通

沟通，是人们在互动过程中进行信息、知识与情报等交流、传递和交换，并寻求反馈以达到相互理解的过程。经常与群众进行有效沟通，是保持与群众密切联系的基础。

党员干部与群众沟通的关键，要解决对群众的感情问题。领导和群众只是分工不同，而无高低贵贱之别。党员干部开诚布公、虚怀若谷，群众自然愿意"掏心窝子"、实话实说。要把群众视为亲人，不带权力色彩与群众沟通，不以充满命令式的强硬口吻说教，不能一味地讲深奥难懂的大道理，应时刻以人民群众为主体，话语体现民主性，可以达到相互之间的理解，才能真正为群众所接受和信服。

曾在黄土地插队 7 年的习近平，深知"放下架子，甘当小学生"的道理。习近平同志喜欢面对面地与群众交流。那时县委、县政府的大门是敞开的，许多老农背着粪筐就进来了。习近平同志经常让县委干部走上街头搞随机问卷调查，有时他还把桌子往大街上一支，自己坐在那里听取群众意见。后来，正定县形成的许多文件和重大决策都跟这些调研有关。

与群众顺利沟通，要善于与群众加强感情交流。带着感情与群众进行交流与沟通，比任何华丽的辞藻、美妙的语言、激情的演讲都更为真切、更能深入人心。卡耐基说:"将自己的热忱与经验融入谈话中,是打动人的速简方法,也是必然要件。"

只有对群众投入感情,把群众当亲人,才能获得群众的支持和认可。如果在与群众沟通时,党员干部有傲气、官气,毫无感情地与群众沟通,只愿听"报喜"、不愿听"报忧",群众就会从内心里产生抵触情绪,党员干部就很难交到知心的群众朋友,很难了解真实的基层情况,难以达到沟通预期的效果。

与群众沟通,很重要的方式就是平等的对话。这种对话,不是自以为比群众高明,以教训人的口气说话,而是平等的交流,疏而导之。在对话中有不同看法,要心平气和,摆事实、讲道理,以理服人,达到沟通的目的。要善于引用群众的语言,去与他们交往,感染他们,增加谈话的和谐度,不能用生硬的说教、社论式的语言去和人民群众沟通。

俄国十月革命胜利后,农民由于仇恨沙皇,要烧掉沙皇住过的房子。干部多次劝告,农民不服。列宁知道此事后,决定亲自和农民谈话。列宁对农民说:"烧房子可以。在烧房之前,让我讲几句,行不行?"农民们说:"请列宁同志讲。"列宁问:"沙皇的房子是谁用血汗造的?"农民说:"是我们自己造的。"列宁又问:"我们自己造的房子,不让沙皇住,让我们农民代表住,好不好?"农民说:"好!"列宁再问:"那要不要烧掉呀?"农民们听明白了列宁讲的道理,就不坚持烧房子了。

如果在群众面前居高临下、威风八面、盛气凌人、自以为是,以权压人,群众就会敬而远之,甚至唯恐避之不及,与群众沟通也就无从谈起。应当倾听群众的不同意见,丰富自己的思维,完善决策的思路。如果作决策时听不得不同意见,刚愎自用,一触即跳,动不动就训人,让人望而生畏,即使决策在短时间看没问题,但经不起时间的检验。对某些问题的认识出现了偏差或失误,就要敢于承认,自我批评,加以改正。

用群众熟悉的通俗易懂的语言与群众交流,才能使百姓听得懂,愿意听,记得住,并容易取得相互沟通的效果。毛泽东曾经提倡要用大众的语言，善于把深刻的道理用浅显通俗的语言说出来。在与群众交往时，应当使用群众语言，选择"商量式""调剂式""安慰式""互酬式"等语言，并注意分寸，而不要打官腔、讲大话、讲套话、讲空话、讲假话、讲废话。

美国总统演讲有两大特点，一是短，二是简单。偏偏是这种堪称"小学生都能听懂"的演讲，最能击中民众"痛点"。2008年，尚未当选总统的奥巴马在新罕布尔发表竞选演讲："我们一定行！"这种演讲风格赢得了人民的欢心。

沟通时，要坦诚相见，用真感情，说真心话，不能用不冷不热、矫揉造作的假感情对待群众，不说那些言不由衷的空话、大话、套话和假话，只有这样，才能在沟通中叩开群众的心扉，达到沟通之目的。1954年，时任团中央第一书记的胡耀邦，在会见南阳二中师生时，兴味盎然地念起了他改过的南阳武侯祠中的那副对联："心在人民，原无论大事小事；利归天下，何必争多得少得。"这样的语言，把为群众着想、为群众谋利益的博大胸怀表现得真切感人。

党员干部要提高语言表达能力，就必须注意向群众学习，用群众熟悉的喜欢的语言跟群众交流。群众的语言是生动的、鲜活的。"摸着石头过河""发展是硬道理"等表述，凝练而通俗，老百姓听得懂，而且记得住，容易达到相互沟通的效果。

十八届六中全会指出，人民立场是党的根本政治立场，人民群众是党的力量源泉。要立志做大事，不要立志做大官，不要把升官晋爵作为人生终极目标，而要将为人民谋幸福作为第一追求，多做好事和实事，决不做坏事，让人民满意。

2004年2月，年轻干部沈浩从省财政厅下派至小岗村，担任党支部书记。他"身"到基层，更"心"入百姓，融入群众，以村为家，把村民当家人，卧室从不上锁，方便乡亲随时找到他。2006年年底，沈浩任期届满之时，98户小岗农民再次按下红手印强烈挽留。沈浩毅然放弃回城，继续担任村书记。

沈浩扎根小岗村，一干就是六年，吃苦耐劳，勤俭朴实，舍小家为大家，一心为小岗事业奉献拼搏。他对90多岁的老母亲不能尽孝，对未成年的女儿无法照料。沈浩两任村干部，呕心沥血，带领一方求发展；六载离家鞠躬尽瘁，引导万民奔小康。他手上长了老茧，整个人黑了、瘦了，成了农民群众的贴心人。

习近平同志认为，领导干部"如何才能提高与群众沟通的本事？说什么话、怎么说话，是首要的问题。如果端着官架子、操着老爷腔，群众避之不及，更何谈与群众融为一体、打成一片？与群众沟通，就是要从改文风、改话风入手，用群众喜闻乐见的语言，甚至熟练运用'土方言、歇后语'，那样才能穿越沟通的壁障，从语言沟通深入到心灵贴近"。（《多长点与群众沟通的本事》人民日报2013年2月5日。）

必须讲求生动活泼的表达技巧，培养怡人心怀的幽默才能，把握恰到好处的时机火候，使讲话鲜活、生动。要善于用通俗的语言表达理论问题，用群众身边的事讲道理，运用风趣的语言营造宽松的氛围，激发听众的兴趣和注意力。

在信息时代，利用网络非常重要。养成"网络散步"习惯，每天上网浏览一番，随时了解民意、获取信息、开阔眼界、学习知识、思考问题。许多党员干部通过网上论坛、政务微博、在线讨论与群众进行轻松随和的沟通和交流，彼此之间可以讲出心里话、真实想法和做法，受到了群众的普遍欢迎。党员干部一定要学会运用先进的交流工具和沟通方法，以提高与群众进行沟通和交流的能力。

人民网副总裁官建文说："一个上网、知网、懂网的领导干部，信息更灵，眼界更宽，更了解社情民意。上网还能增加干部的号召力。那些敢于、善于跟网友交流的领导干部，可能更有影响力和号召力。"对于网上有些偏激的观点，客观、冷静地看待；对网民的跟帖，认真阅读、分析，不要认为是情绪之言而轻视，应从中获得收益和启发。应该始终让公众感觉你友好、亲和、理性、谦虚、自信、放松、开诚布公、状态良好，切忌给人以自满狂妄、消极推诿、过于紧张的感觉。

三人行有我师

宋代文学家欧阳修,其晚年的文学造诣已炉火纯青,但他仍然一遍遍修改文章。他的夫人怕他累坏了身体,劝他说:"何必这样自讨苦吃?又不是小学生,难道还怕先生生气吗?"欧阳修回答说:"不是怕先生生气,而是怕后生笑话!"

群众是最好的老师。向实践学习,从实践中总结经验,实质上就是向群众学习,总结群众的实践经验。群众中蕴藏着很多的智慧,领导干部经常深入群众之中,就有力量、有智慧、有办法。

毛泽东在《农村调查》序言和跋中,深有体会地说:"兴国调查和长冈、才溪两乡调查,找的是乡级工作同志和普通农民。这些干部、农民、秀才、狱吏、商人和钱粮师爷,就是我可爱的先生,我给他们当学生是必须恭谨勤劳和采取同志态度的,否则他们就不理我,知而不言,言而不尽。"

常言说,三人行必有我师。你在某一二方面比别人强一些,但不可能各个方面都比别人强。自以为是、唯我独尊、瞧不起人就会脱离群众,失去群众基础。

邓小平曾说过:"许多人并非在主观上没有为人民服务的愿望,但是他们仍然把工作做坏了,使群众受到重大损失。这是因为他们自以为是先进分子,是领导者,比群众懂得多,因而遇事不向群众学习,不同群众商量,因而他们出的主意,经常在群众中行不通;但是,他们又不从错误和失败中取得教训,以为错误和失败,只是由于群众落后和其他临时因素的影响,因而滥用党的威信,继续一意孤行,这就使他们的错误和失败愈来愈严重。"(《邓小平文选》第1卷218页)

拜群众为师,向群众学习,关键是经常走出机关楼,跑跑基层,到群众中间去,深入实际,不搞花拳绣腿,不搞蜻蜓点水,不能虎头蛇尾。要沉到底,与群众"一块苦""一块干",与群众面对面、心连心,与群众多些零距离接触，面对面交流，了解真实情况，获得真经，找到答案，博采众长，以提高自己的能力和素质，增强服务群众的本领。

工作中遇到问题时，向群众多请教，先问问群众怎么看、怎么干，做到问政于民、问需于民、问计于民。作为党员干部，特别是处于主帅位置的领导，应当养成善于倾听群众意见和建议的好习惯，从中汲取营养、获取真知。

从群众嘴里，不仅能听到赞成自己的意见，而且能听到反对自己的意见，听到呼吁和要求。不少反面意见中有些偏激、发些牢骚，往往是基层群众情绪的"晴雨表"。群众有不平之气、不满之声，大都是因为我们的工作出了问题和失误；尖锐的不平、不满之声，更显示了问题和失误的严重性。如果容得下、听得进，对于及时改进工作、提高决策水平，是大有裨益的。

绝知此事要躬行

"知屋漏者在宇下，知政失者在草野。"无论从事哪项领导工作，都离不开调查研究。多做调查研究，了解民意，作出的决定才能符合民意，又符合当时当地的实际情况，完善自己的工作。

调查研究是科学决策的根本途径。科学决策需要掌握多方面的情况，需要分析研究事物发展规律，需要积极借鉴外地的成功经验，这些都离不开调查研究。

领导作决策，都需要通过调查研究去弄清情况。陈云说过："难者在弄清情况，不在决定政策。只有弄清了情况，不难决定政策。"可见调查研究、弄情情况，是出好"主意"之基础和前提，是谋事之基，成事之道。决策是否对头，直接关系到一个国家、一个地区、一个单位能否生存和发展。

十八届六中全会通过的《关于新形势下党内政治生活的若干准则》提出：中央委员会、中央政治局、中央政治局常务委员会和党的各级委员会作出重大决策部署，必须深入开展调查研究，广泛听取各方面意见和建议，凝聚智慧和力量，做到科学决策、民主决策、依法决策。

我们党是靠调查研究起家的。《毛泽东选集》第一卷的奠基之作是两篇调查报告：《中国社会各阶级的分析》和《湖南农民运动考察报告》，解决了我们整个民主革命阶段的最基本的问题：谁是我们的敌人，谁是我们的朋友，谁是我们革命的领导力量。

毛泽东是全党从事调查研究的典范。可以说，坚持调查研究，把马克思主义基本原理同中国实际结合起来，是毛泽东领导艺术的精华所在，也是他留给后人的宝贵精神财富。"没有调查，没有发言权"的珍贵名言和科学论断，是毛泽东在《反对本本主义》一文中提出的，一直影响到今天。

深入实际调查研究，包含着我们党的许多传统的优良作风，包含着许多马克思列宁主义的科学的工作方法。领导干部一定要坚持从群众中来、到群众中去，广泛听取群众意见，搞好调查研究。历史的和现实的经验证明，思路对，办法多，效果佳，得益于深入基层调查研究；决策失误，走弯路，受损失，与没搞好调查研究密切相关。在新的历史条件下，领导干部必须始终坚持和不断加强调查研究。

习近平说过："为什么我们现在有些决策的针对性和可操作性不强，说到底，根子还是在于调查研究少了一点，'情况不明决心大，心中无数点子多'。"（《之江新语》浙江人民出版社）2011年11月16日中央党校秋季学期第二批入学学员开学典礼上，习近平同志曾专门就调查研究作过重要讲话，深刻指出："调查研究不仅是一种工作方法，而且是关系党和人民事业得失成败的大问题"，"什么时候全党从上到下重视并坚持和加强调查研究，党的工作决策和指导方针符合客观实际，党的事业就顺利发展；而忽视调查研究或者调查研究不够，往往导致主观认识脱离客观实际、领导意志脱离群众愿望，从而造成决策失误，使党的事业蒙受损失"。这是总结历史经验得出的重要结论，也为新形势下深入贯彻党的群众路线指明了努力方向。

调查研究既是做好领导工作的一门必修课，又是一项基本功。调查研究能力是领导干部整体素质和能力的一个重要组成部分。习近平同志在《谈谈调查研究》一文中指出:"领导干部不论阅历多么丰富,不论从事哪一方面工作,都应始终坚持和不断加强调查研究。"

习近平同志深知"放下架子,甘当小学生"的道理。

一直以来,他身体力行察实情、吃透情况"接地气",经常"钻矛盾窝",深入了解真实情况,向群众学习,倾听群众呼声,了解他们的所思、所盼、所苦,真诚地向他们寻计问策。他有一句话广为流传:"当县委书记一定要跑遍所有的村;当地市委书记,一定要跑遍所有的乡镇;当省委书记应该跑遍所有的县市区。"

实践证明,一个正确决策,不是从天上掉下来的,不是闭门造车造出来的,只能从准确判断客观情况中来,准确判断客观情况则来自系统缜密的调查研究。

《关于新形势下党内政治生活的若干准则》指出:"坚持领导干部调查研究、定期接待群众来访、同干部群众谈心、群众满意度测评等制度。各级领导干部必须深入实际、深入基层、深入群众,多到条件艰苦、情况复杂、矛盾突出的地方解决问题,千方百计为群众排忧解难。领导干部下基层要接地气,轻车简从,了解实情,督查落实,解决问题,坚决反对作秀、哗众取宠。"

2002年赴浙江任职后,习近平同志借鉴在福州推行"领导干部下访接待群众"的成功经验,在浙江大力推行。他用了9个月跑遍了69个县,亲力解决了老百姓所反映的大量问题。他每一次下基层调研,除了相关的必要人员外,轻车简从,不搞层层陪同、不带框框,既到条件好、发展快的典范去总结经验,也到问题多、困难大的地方去研究问题、解决问题,力求做到听真话、摸实情、办实事、求实效。

调查研究能使领导干部在意志上得到锻炼,品德修养上得到提高。通过到群众中了解情况,真正体会到群众的安危冷暖,使作风得到转变,心灵得以净化。从这点来说,深入调查研究不仅是展示领导干部工作能力的舞台，也是我们密切联系群众的桥梁，检验领导干部作风的试金石。

有的领导满足于凭经验办事、按想象推理、拍脑袋决策，习惯于在办公室听下级汇报，下基层调研少，忙碌于迎来送往；有的领导下基层，人没到电话先到，刻意强调一些"要求"，生怕基层接待不周；有的要求警车开路，官员陪同，记者随行，前呼后拥，派头十足；有的借下基层之名，行吃拿卡要之实；有的调研走过场，只看"盆景式"典型，满足于听听、转转、看看，蜻蜓点水、浅尝辄止。这些不良倾向影响了党和政府在群众心目中的形象。官僚主义、形式主义让人民群众焦虑、厌烦、厌恶。

习近平同志特别强调调查研究的深入问题，要求领导干部"深入实际、深入基层、深入群众，多层次、多方位、多渠道地调查了解情况"，力求准确、全面、深透地了解情况，避免出现"被调研"现象，防止调查研究走过场。

2012年12月，中共中央政治局审议通过关于改进工作作风、密切联系群众的八项规定，第一条就是改进调查研究，强调"到基层调研要深入了解真实情况，总结经验、研究问题、解决困难、指导工作，向群众学习，向实践学习"，由此可见调查研究是改进作风的重要突破口和着力点，分量是十分重的。

调查研究本身就是一个党性问题、态度问题。只有心怀远大理想和坚定信念、坚持实事求是的人，才会真正沉下去做深入细致的调查研究，而不满足于打电话、看材料、听汇报、上网络、讲空话、忙碌于应酬。据新华社新华视点微博报道，2013年7月21日上午，习近平同志来到武汉考察，一下飞机就冒雨来到武汉新港阳逻集装箱港区。雨下得很大，积水没过了脚面。他挽起裤腿，自己打着雨伞，向工作人员了解物流等情况。谈了10多分钟，雨水打湿了他的衬衫，温暖了万千江城市民的心。他说，长江流域要加强合作，发挥内河航运作用，把全流域打造成黄金水道。

2013年12月7日至11日，习近平同志沿着20年前邓小平视察南方之路考察工作。他在深圳行程150多公里，沿途不封路、不清场，不铺红毯，与群众相伴而行，为中央出台的八项规定作出表率，让普通百姓倍感亲切。一些深圳市民用手机拍摄现场照片并发布到互联网,引来无数的赞扬和期待:"很好,真的不扰民!""致敬!习总书记有空常来哟""不封路,不分心""密切联系群众又回来了""在人民群众中间是最安全的"……

习近平同志既带去中央的重大政策精神,也问计于民、倾听民声、体察民情。他走向田间地头,走进校园,走进洪水过后临时搭起的帐篷,走进棚户区低矮的土房……他静静地倾听、细细地询问,零距离了解民情民意,了解民生需求,为中央的大政方针不断校正着方向,让国家的决策措施落到实处。

在调研中,倾听很重要,是尊重别人的表现。外国有句谚语:"用十秒钟的时间讲,用十分钟的时间听。"善于倾听,是调研深入有实效的要诀之一。倾听是信息的来源,是心灵的交融。学会倾听,就能够对人多一分理解,多一分关怀,就能对事情、对道理多一分体会,多一分判断。

对于多数领导干部来说,常到基层跑跑,调查研究、检查工作,是能做到的,是"善莫大焉"的事情。这样坚持数年,必是好处多多!

习近平同志提出领导干部在调研中应有"自选动作",要"看一些没有准备的地方,搞一些不打招呼、不作安排的随机性调研……避免出现'被调研'现象,防止调查研究走过场"。

党员领导干部在下基层调研时,要防止出现"四多四少"现象:浮在上面靠手机、报表、汇报搞"遥控"调查多,深入基层调研少;当"先生""下车伊始"的多,甘当"小学生"虚心向群众学习的少;讲求享受、实惠的多,做艰苦工作的少;"走马观花""蜻蜓点水"的多,脚踏实地、亲自动手、真正解决问题的少。应给自己来个"约法三章",少一些事前通知,多一些微服私访;少一些前呼后拥,多一些轻车简从;少一些隆重接待,多一些自找吃住;少一些迎来送往,多一些克己自律,不给基层添麻烦、加负担。

要善于解剖麻雀,发现典型,总结典型,以点带面,用典型指导来推动工作。要改进领导方式和领导方法,少一些行政命令,多一些示范引导,把党委的思想和意图化为群众的意愿,变为群众的自觉行动。

学个孔夫子"每事问"

"草根"出身的刘邦,很谦虚、没架子,遇到不懂的问题,就向别人咨询,可谓"每事问"的高手。遇到问题,他有一句口头语:"为之奈何",征求别人的意见,察纳雅言,分析综合,作出决策。经过五年楚汉战争,刘邦最终能打败军事家项羽,根本的原因就是刘邦遇事都要来句"为之奈何",请教别人。

"每事问"出自《论语·八佾》:"子入太庙,每事问。"——孔子进周公庙的时候,问这问那,每一件事都要问个明白,表明他对周公、周礼的尊敬和谨慎态度,体现了孔子重视多见多闻、虚心请教的作风。"每事问"就这样被后人沿用下来,许多人从中受益不浅呢。

毛泽东曾倡导"每事问",强调"凡事尽量搞明白"之后,才能解决问题。1930年5月,他在《反对本本主义》中有段精彩的论述:"迈开你的两脚,到你的工作范围的各部分各地方去走走,学个孔夫子的'每事问',任凭什么才力小也能解决问题,因为你未出门时脑子是空的,归来时脑子已经不是空的了,已经载来了解决问题的各种必要材料,问题就是这样子解决了。"

毛泽东说:"我们应该走到群众中间去,向群众学习",并表示要"和全党同志共同一起向群众学习,继续当一个小学生"。向群众学习,是一项长期的必修课,必须做到持之以恒,不应"毕其功于一役"。

当下领导干部的办公室配置较全,通过网络媒体、电话等设施了解面上的情况,便利多了,可谓"秀才不出门,便知天下事",然而深层次的东西、新鲜活泼的第一手资料,还需到群众中去才能了解到。他们遇到工作中的难题,不忘咨询下属、请教群众,实践着从群众中来、到群众中去的工作方法,不断积累经验与能力,厚积薄发。

教育家陶行知认为,天地是个闷葫芦,里面有很多妙理;无论对于什么事情都要心存疑问。为此他写过"每事问""问到底"两首诗。他说:

"发明千千万,起点是一问。……人力胜天工,只在每事问。"

勤问,贵在一个"勤"字。作出决策和检查日常工作,必须了解很多情况,要多问,问到底,追根求源,问个明明白白,不留半点疑问。这是求真务实的学习态度和学习品质。

深入群众了解社情民意,不要轻视"臭皮匠",一定要摈弃官僚主义、不懂装懂的坏作风,不妨学学中华圣贤,降低身段、俯下身子,以小学生的姿态,多来些"每事问",变"模糊泛问"为"针对性问",变"无根由问"为"指向性问",虚怀若谷、真心实意地向群众学习请教,倾听群众呼声,态度真诚,开诚布公,推心置腹,不断总结人民群众创造的新做法新经验。要积极探索向群众学习的新路子,例如:可以凭借网络广开言路,既听"精英"建言,也听"草根"之声。

微笑是最好的名片

一个人的表情给人的印象很重要。要想赢得群众的好感,让人乐意与你交往,就必须得重视你自己的个人形象。第一次见面时要微笑,会让对方不感到紧张,与你亲近。

微笑是亲和大使。微笑是世间最美的行为语言,尽管无声,却能打动人。大部分的人都会对带着笑脸的人有一份莫名的好感。微笑是人际关系中最佳的"润滑剂",无须说明即能拉近心理距离。微笑是人际交往的必备品,微笑使我们的表情丰富,充满热情、友好和理解,充满温和、慈祥和爱心。脸上时常挂着微笑,使人感到愉悦。著名诗人泰戈尔说:"微笑,是世上最美丽的语言。当你微笑时,世界爱上了你。"

心理学家告诉我们,外部的体验越深刻,内心的感受越丰富。也就是说,有了外部的"笑容"也就有了内心的"欣喜"。每天晚上对镜中的"你"笑上几分钟,然后含笑而眠。你有了笑容,也就有了好心情。

微笑的力量不可忽视。历史上有些典故:妲己一笑,纣王失江山;杨贵妃回眸一笑,从此君王不早朝;周幽王为了博得褒姒一笑,不惜以烽火戏弄诸侯，终于亡国身死。甚至风流才子唐伯虎，因为秋香的嫣然一笑，不惜卖身当书童，终于成就一段"三笑姻缘"。

微笑是源自灵魂深处的真诚，能缩短领导与群众之间的距离，化解令人尴尬的僵局，是沟通彼此心灵的渠道，使人产生一种安全感、亲切感、愉快感。每个人都喜欢别人对自己微笑，不喜欢冷漠无情。有些时候一个微笑就可以打破僵局，可以温暖人心，虽无言但默契，给别人留下好的印象。

微笑越多，回报越多。当你把烦恼丢下，带着微笑面对每一个人时，你会发现大部分人都是和蔼可亲的，还给你笑容。明朗的脸可以让人有安全感。领导的微笑会使下属感到工作被承认、成果被重视。一个学会保持微笑的年轻人说："当我开始坚持对同事微笑时，起初大家感到非常迷惑、惊讶，后来就是欣喜、赞许，两个月以来，我得到的快乐、满足感与成就感，比过去一年中得到的还要多。现在，我已养成了微笑的习惯，而且我发现人人都对我微笑，过去冷若冰霜的人，现在也变得热情友好起来。"

"曼狄诺定律"是关于微笑效应的一个理论。微笑的力量是难以估计的。微笑犹如阳光，能照亮所有看到它的人，给人们以温暖。微笑是一种真实的表白，是一种发自内心的热情。行为胜于言语，对人微笑就表明你愿意接受这个人，此时的微笑确是无声胜有声。

心理学的研究证实，情绪是互相感染的，和笑口常开的人交往，会让人放松、快乐；与愁眉苦脸的人相处，则使人紧张、愁苦。谚云："微笑是两个人之间最短的距离。交际中离不开微笑，一个没有微笑的世界简直就是一座人间地狱。"有些人无法控制自己的情绪，喜怒哀乐全部都表现在脸上，这对你管理下属是十分不利的。英国戏剧家莎士比亚说："我宁愿让傻子逗我开心，也不要让一个精明的人令我伤悲。"

许多人聚在一起时，如果别人的笑和幽默引起大家的共鸣，你若板着脸，正襟危坐，就显得不合时宜，讲笑话的人心中会不愉快。与大家一起笑，是争取友谊或友好对待的方法。微笑最能表达出一种热情而积极的处世态度。英国诗人雪莱说："微笑，实在是仁爱的象征，快乐的源泉，亲近别人的媒介。有了笑，人类的感情就沟通了。"微笑富有魅力，招人喜爱。

只有乐观的人才能够发出会心的微笑。倘若一个人能始终保持一种乐观的心情，微笑着面对人生，就有可能卸下那许多本无必要承受的心里负荷。微笑能够给别人以安全感。如果领导满面春风，那他的心情就会特别轻松；倘若领导脸色阴沉，那下属就会感到忐忑不安，唯恐自己挨批。微笑能拉近人们之间的心理距离。当人们遇到挫折、心情不佳时，最想看到的是微笑，最想得到的是温情。

微笑在人际交往中有着神奇的魅力。微笑是融洽气氛的"润滑剂"。微笑能使紧张的神经松弛，消除彼此间的戒备心理和陌生感，相互产生良好的信任感和亲近感。微笑是生活中不可缺少的调味品，是防病治病的灵丹妙药。

在陌生的环境里也要微笑。对待陌生人该多一些真诚和友善，也是一种心理的放松和坦然。尽管你的微笑、他的笑脸依旧是"陌生"，依旧要擦肩而过，但内心却变得轻松而愉快，再不会疲惫和紧张。我们在陌生的环境里感到的不再是陌生冰冷，而是融洽和温暖。对陌生人微笑，要注意分寸，不要让别人觉得你不尊重他。初次见面时，彼此之间的微笑传达的是友善。

世间没有谁愿意同一块僵硬的"木头"交往。整天不苟言笑，给人的感觉如同进入"梅雨季节"。有时候我们面对冷漠的面孔、阴郁的眼神，觉得神情严肃，不易于接受。当你向别人微笑时，实际上就是以巧妙、含蓄的方式告诉他，你喜欢他，你尊重他，你也就容易博得别人的尊重和喜爱，赢得别人的信任。雨果说："微笑就是阳光，它能消除人们脸上的冬色。"

第八章 怎样与朋友交往

交友须心中有数

人的一生中总会交一些朋友。没有朋友的人很孤独、不幸福。《礼记·学记》中有这样一句名言："独学而无友,则孤陋而寡闻。"《三国志》中说:"大丈夫处世,当交四海英雄。"曹操在《短歌行》中写道:"我有嘉宾,鼓瑟吹笙。"然而,并非朋友越多越好,交朋友要慎重。对于党员干部来说,交什么样的朋友,是必须仔细思量、慎重选择的大事。

交什么样的朋友,是党员干部的私事,别人不便干涉。此言错矣!领导干部掌握着公共权力,身上有职责,权为民所系,责为民所担,他们的交友范围和生活方式往往影响着权力的运行。树立正确的交友观,不只是个人的私事,更是政治生活中的一个重要原则。

党员干部交往什么样的朋友,对自身的道德、思想、人格甚至行为的影响是很大的。朝夕相处、形影不离的好朋友,必定在思想、言论、行动等各方面相互影响,这种耳濡目染的力量是绝不能低估的。要谨记"近朱者赤、近墨者黑"这句至理箴言。墨子曾将择友喻为染丝:"染于苍则苍,染于黄则黄,所入者变,其色亦变。五入而已为五色,故染不可不慎也。"

习近平同志语重心长地指出:"许多领导干部堕落腐败,往往是交友不慎,特别是'傍大款',在不慎交往中耳濡目染、逐步变质的。特别是在经济工作中,我们要注意分寸,慎同餐、慎同行、慎同事,做到'君子之交淡如水'。领导干部要学会拒绝,学会包公的'黑脸',不被人情和面子所累,真正做到'心不动于微利之诱,目不眩于五色之惑',始终保持共产党人的政治本色。"(《领导干部要带头树立八个方面的良好风气》)

要结交好友,需要深入观察了解一番,要经过从表及里、由内到外、从言到行的观察和感悟。孔子曾对如何择友作过深刻的阐述:"益者三友,损者三友。友直,友谅,友多闻,益矣;友便辟,友善柔,友便佞,损矣。"大意是:有益的朋友有三种,有害的朋友也有三种。朋友正直,朋友诚实守信，朋友知识广博，就有益了；朋友邪辟，朋友谄媚，朋友巧言善辩，便有害了。

要交"益友"，首先是为人正直的人，"顺道而行，顺理而言，公平无私"，勇于为人民鼓与呼，敢于为真理论而争。与这样的人交朋友，就能时刻激励自己坚持原则，保持浩然正气，把手中的权力用来为百姓谋幸福。

颜之推认为，士人只有慎交才能加强品德修养，增益此身。欧阳修《朋党论》论述："大凡君子与君子，以同道为朋。小人与小人，以同利为朋……臣谓小人无朋，惟君子则有之。"清代张英在其家训《聪训斋语》中，认为交友的关键是要有所选择，不求多，但求好，以谨慎为上。

从"管宁割席断交"的经典故事，能看出古人择友之严、意志之坚。汉代时，管宁和华歆是同窗学友。有一次，两人在园中锄菜，不经意间地里现出一小块金子。管宁见了，挥锄依旧，视之与瓦石无异，华歆则将金子捡起来偷看管宁脸色，再扔到远处。他俩坐在一张席上读书，有位坐轩轿、戴官帽的官员经过门前，管宁依然读书，华歆却放下书，出去观望。管宁看出华歆对当官做宰相很羡慕，与自己的追求不一样，就把席子割开，与华歆分席而坐，并对他说："你已经不是我的朋友了！"华歆的行为表露出"官本位"观念，为管宁不取，所以与他断然绝交。

有些领导干部手中有权力，形形色色的人抱着不同的动机与你交朋友，有的人甚至做出一些伪装。如果不警惕，就会结交上一些"巧言令色鲜矣仁"的朋友，即说话讲得巧妙，仪容伪装得漂亮，却是无情无义之人。阿谀势利的人，一心只想谋利，想方设法拉关系、找门子，拿砒霜当蜜糖。有这样的朋友，就是一种"恶缘"，甚至会毁掉了自己美好前程，损害党和人民的事业。有的党员干部喜爱听好话，与溜须拍马的人交朋友；有的贪图享乐，与无良商人"勾肩搭背"；还有的与一些不三不四的人来往，只讲"哥们"的所谓"情义"，身边没有"畏友"，常常会使自己身入迷途而不知返。因此，领导干部交友必须慎重，去粗取精、去伪存真，不可照单全收。

否则，会不知不觉地被不好的朋友拖入浑水，走上人生歧途。

因此，在交友时要慎之又慎。作为领导干部，不能随意接受别人的馈赠，否则你就授人以柄，被人牵着鼻子走。拿了别人的手短，吃了别人的嘴软，就无法坚持原则、保持尊严。不要将自己家庭生活中的一些困难随意告诉别人，否则，一些阿谀奉承的人，就会以交朋友的名义想方设法控制你。由此观之，党员干部交友里面有原则，不是一个简单的个人爱好问题，不是单纯的社会交往。

与朋友交往时，要判断对方和你交往的动机是什么？如果朋友只跟你谈物质利益，看重你的钱或势或其他利益，长期交往下去，就会使友情"变味"，浪费了你的时间和精力，因此不宜深交。如果你不幸交了个坏朋友，就会给你带来麻烦。

在竞争激烈的经济活动中，一些不法之徒打着"交朋友"的招牌，瞄着领导干部手中的权力而来，心怀叵测，腐蚀干部，以长期的感情投资博得对方的信任，"温水煮青蛙"，搞"期货交易"，目的就是牟取非法利益。

有菜有酒称兄弟，遇难何处见一人。一位教授认为，烙有浓厚"江湖"色彩的所谓"兄弟"交往，已远远超越融洽感情的范畴，不仅导致角色错位，模糊了正常的身份属性，混淆了应有的关系定位，更可怕的是，为日后党员干部的"出轨""出事"埋下了隐患。一个腐败官员的身后，往往站着追腥逐臭的大款老板；一个不法商人的出事，也牵连见利忘义的腐败官员。

在选择朋友时，要精挑细选。邓小平告诫我们，朋友要交，但心中要有数，心中"有数"实际上就是说领导交友要讲原则。

现实生活中，善于阿谀奉承者往往见风使舵，好利忘义，此种自私有余者，何必相交？有的人出言不逊、口无遮拦、为人不丈夫，处事不能将心比心，不经意间伤害了别人，此类人不宜深交。遇事生怕自己吃亏，赶紧躲闪起来，或耍小心眼儿，投机钻营、斤斤计较，此类人也不要深交。

交友不慎，是非不分，滥交"朋友"，不小心交一些无德之人、无义之人、无耻之人，是一些党员干部走向腐败的助推器。江苏省交通厅原厅长章俊元,是江苏省委原常委、组织部部长徐国健最信任的圈内人之一,也是他们腐败链条上的关键一环。章俊元同时兼任拥有 20 亿元资产的交通产业集团董事长,手中的权力很大。徐国健对于这样的"潜力股"不遗余力,从中周旋,使其最终坐上了省交通厅厅长的宝座。

徐国健对于圈内人肯卖力、够朋友,而索起贿来也是狮子大开口、毫不客气,将索贿对象当成了自家人,彻底撕下了其清正廉洁的伪装,结果走上违法犯罪的不归路,最终一损俱损、一毁俱毁。

由此观之,党员干部交什么样的朋友,是一个不能忽视的问题。曾国藩如是说:"一生之成败,皆关乎朋友之贤否,不可不慎也。"一些被查处的腐败分子,无不是从吃点、喝点、拿点等所谓小事开始,从交友开始,而被朋友所害。要自觉净化自己的社交圈、生活圈、朋友圈,做到交往有原则、有底线,不交无德之人,不交无义之人,不交无耻之人。

在选择朋友时,心中要有一本"明细账"。要"择其善者而从之,其不善者而改之",管好自己的朋友圈、社交圈、生活圈,对那些蝇营狗苟之辈敬而远之。要交一个欣赏你的朋友,在你遇到困难时候,安慰你帮助你。交一个有正能量的朋友,在你情绪低落的时候,陪伴你鼓励你。交一个为你领路的朋友,自愿做你的垫脚石,带你走过泥泞、迷雾。交一个肯批评你的朋友,时刻提醒你、监督你,让你时刻发现自己的不足。

党员干部应多与群众交朋友。要俯下身子、放下架子,与群众打成一片,倾听群众呼声,从群众那里听到真实的情况,听到不打折扣的批评,这有利于做出正确的判断,作出正确的决策。要成为群众的贴心人,真正到群众中汲取营养和智慧,维护他们的切身利益,为他们办实事、解难事,赢得他们的尊重和信任。在工作中要多交志趣相投的朋友,多交敢于直言的朋友,多交推心置腹的朋友。

让我们慎重地交友,亲"贤臣",远"小人",择善交友、以德交友,多交基层朋友,与群众交朋友,与先进模范、专家学者交朋友,择善言而听,择善行而从。这样才乐莫大焉,益莫大焉。

交友须重义

在古代，朋友一词有两层意思：同道为朋，同志为友，道不同则难为朋，志不合则难为友。古人把择友交友与道义联系起来，并把道义作为最高的结友标准。

交友崇德重义，是中国传统文化的重要价值取向。先哲们很重视朋友之间在道义上、学业上互相砥砺，提倡对缺点错误直言相劝。荀子把批评自己的人当成良师，把恰当表扬自己的人当作益友，把阿谀奉承自己的人当作敌人（"非我而当者，吾师也；是我而当者，吾友也；谄谀我者，吾贼也。"）。以道义相交，才是真朋友，如同管鲍之情，桃园之义，钟子期伯牙之相知。

《世说新语》中有一个故事，说的是汉代有个名叫荀巨伯的人，去某郡城看望一个疾病缠身的友人。恰值此时，北方一个少数民族来侵袭并围攻该郡。友人很担心巨伯的安危："我已是即死的人了。你不要为我连累了自己，快点走吧。"巨伯说："因为你有病，我才远道前来探视。你让我马上离你而去，这不是败义求生吗？这难道是我巨伯的为人吗？"

侵袭者攻下该郡后，一见巨伯就威胁说："大军至，一郡皆空，汝何男子，而敢待在城里？"巨伯说："友人有病，我不忍弃他而去，宁以我义身代友人之命！"侵袭者闻此言便互相为视，并说："我辈无义之人，而入有义友之国，实违天理。"于是班军而还，全郡城遂获救！

如果一个人一辈子都没有与别人真正交往过，不被人所容，不是孤高自傲，就是品性卑琐。交朋友的目的是通过与朋友沟通思想、交流感情、向朋友学习、提高品德修养、提升精神境界。孟子特别在意人的品德修炼，他认为交友交的是品德，不能够有什么倚仗——不倚仗年龄大，不倚仗地位高，不倚仗兄弟的势力去交朋友。牙买加有则谚语："腰缠万金，不如有个以命相许的朋友。"古希腊诗人荷马曾说："真正的朋友是一个灵魂寓于两个身体，两个灵魂只有一个思想，两颗心的跳动是一致的。"

王安石和司马光到了晚年,对他们早年的互相诋毁、互相仇视都有所后悔。王安石曾对侄子说,以前交的许多朋友都得罪了,司马光是个忠厚长者。司马光也称赞王安石,夸他文章好、品德高、功劳大于过错。

司马光出任宰相时,曾推荐刘器之到国史馆任职。有一天,刘器之来访,司马光问他:"你知道我为什么推荐你吗?"刘器之回答说:"当然因为我们是老相识了。"司马光说道:"我的旧友故交那么多,若是仅仅因为思念旧友,朝廷里不都是旧友故知了?"司马光接着说:"我赋闲在家时,你常来看望我。咱们一块坐而论道、互抒己见;我当时无权无势,是你真正帮我啊。我担任宰相后,那些与我有一面之交或泛泛之交者纷纷来信,要我提拔;唯独你没有来过信,对我无所求,依然能够安心做学问。因此,我才推荐了你啊!"

"没有永远的朋友,只有永远的利益",19世纪英国首相帕麦斯顿如是说,被许多政治家奉作圭臬。中国交友"重道义",当朋友有难时更"重情义"。

纵观毛泽东一生,他交友是多方面的,丰富的,健康向上的,既有原则,又有人情味,重情重义,展现了大国领袖宽广的胸襟以及高超的统战艺术,也让我们看到了伟人真诚无私的一面。据史料记载,毛泽东在湖南一师求学期间,遇汨罗学子吴竹圃勤奋好学、学冠群辈,便"视为畏友而深交之"。畏友,当属"多闻"者。有这样的品位高、感情深的朋友,可以交流感情、沟通思想、切磋学问、修养品德、增长才干,就如鱼得水,拥有了精神财富,能使人生的色彩丰富浓郁,感到惬意、畅快、欣慰和自豪。

据《知音新周报》载,对于私人交谊,毛泽东是很讲"朋友义气"的,对一些著名的民主人士是很尊重的。早在1926年召开的国民党"二大"上反击国民党右派进攻时,毛泽东与宋庆龄就结识了。1949年1月19日,毛泽东就发电报邀请宋庆龄参加新政协会议,并派邓颖超持他的亲笔信前往上海迎接。在得知宋庆龄同意来北平参加新政协会议的消息后,毛泽东又亲自到火车站,登上列车迎接宋庆龄。毛泽东一直把宋庆龄当成党的同志看待，彼此肝胆相照，宋庆龄在交往中也真诚直言。

毛泽东从未忘记过那些关心、支援过中国革命的老朋友。他不仅对一切向中国表示友好的外国人士坦率、真诚、念念不忘，而且对有着共同理想和信念的兄弟党的领导人，更是热情亲切，不拘形式。

20世纪50年代的一个夏天，一位新华社记者目睹了这样一件事情。当他冒着酷暑赶到毛泽东的书房，看到毛主席正给客人——越南劳动党主席胡志明递去一条热毛巾，请这位远方来客擦汗。接着，毛泽东笑着对在座的人说："他是应我私人邀请来走亲戚的，不发消息，也不照相。"然后，就劝胡志明把汗衫也索性脱掉。这时，记者才发现胡志明赤脚穿着越南有名的"抗战胶鞋"，被汗水浸湿的衬衫已经脱掉，只穿件汗衫。毛泽东一边给胡志明扇着扇子，一边说："别客气了，在这里就像在家里一样嘛！"胡志明于是脱去汗衫，袒露着上身，与毛泽东开怀畅谈起来。

1965年1月，斯诺应邀出席毛泽东举行的宴会。席间，毛泽东与他交谈了约4个小时，斯诺是这次宴会中唯一的外国人。宴会结束后，毛泽东这位72岁的老人，亲自把朋友送到新华门前。1970年，在新中国成立21周年之际，毛泽东再次会见了这位中国人民的老朋友及他的夫人，并让斯诺夫妇登上了天安门城楼，站在身边一起检阅了游行队伍。1972年初，当得知斯诺卧病在床、生命垂危，毛泽东又亲自让周恩来派中国医护人员前往瑞士斯诺家中，给予他无微不至的治疗和关怀。

作为领导干部，不管地位怎样变化，在工作圈、社交圈都要检点自己。恪守信念，坚持共同的理想和抱负，共同的奋斗目标，是与人结交的基础。志不同道不合，是很难有相同话题的。唯有志同道合的人，才能有益于自己、有益于社会，共同担负起国家、天下之大义。

"勾肩搭背"当休矣

人与人之间需要保持适当的距离，领导与下属、与朋友、与商人之间的距离、角色定位、处事原则、语言表达等方面都要适度，不宜走得太近。

少数领导干部与经商的"老板"打得火热，公私不分，超出了正常范围的交往：官员看重的是商人的钱，而商人看重的是官员手中的权力，进行着某种"投资"。

2013年3月8日，习近平同志在一次会议上，告诫官员要处理好"官商关系"，提升自我境界，坚定理想信念，保持高尚情操。"现在的社会，诱惑太多，围绕权力的陷阱太多。面对纷繁的物质利益，要做到君子之交淡如水，'官''商'交往要有道，相敬如宾，而不要勾肩搭背、不分彼此，要划出公私分明的界限。"（2013年3月9日《扬子晚报》）总书记的话语风趣而朴素，言简而意赅，振聋发聩，意味深长，发人深思。

提倡与企业家交朋友，鼓励为企业排忧解难，并不意味着"官"一定要与"商""勾肩搭背、不分彼此"。官商之间，要"相敬如宾""君子之交淡如水"，不可"勾肩搭背"，但这并非意味着官员可以懒政怠政不作为，可以对企业家视而不见。官商可以缩短距离，构建官商交往新常态，只要符合社会规则、遵守法律制度、因循职业需求，官员与商人之间并非不能交往，但双方交往要有原则、有界限、有规矩，底线是不能"粘"在一起，那道"防火墙"就是党纪国法与制度牢笼。作为官员，应切记交往有原则，守住官商交往的底线：保持对党纪国法、党性原则、道德准则的敬畏，不越法、不越规、不越德，不能拿利益作为筹码，用公权去谋私利。商人应限于政策法律规定的范围内，享受官员提供的服务和便利，把握好距离、原则和底线，而不能拿利益去贿赂官员。

官员的身上，意味着权力；商人的背后，支撑着资本。二者的过度结合，官员会丧失政治原则，衍生出各种明患和隐忧，最后沦为上害国家、下害自己的罪人。政坛"希望之星"面临的首要风险，就是被"围猎"、投资、养肥以"割肉"。在一些投机老板看来，政坛新星堪称"潜力股"，升职空间巨大，攀上后用处极大；因此采取"放长线、钓大鱼"式的贿赂，让不少年轻官员着了道，掉入了腐败旋涡。周永康、徐才厚、令计划、刘志军等高官，之所以落马，一个重要原因是在交往方面出了问题，教训极为深刻。

据报道，1998年秋天，时任河南洛阳市华伦拖拉机制造公司董事长的倪瑞华，在宴请一拖集团时，听一拖集团时任董事长说，下一届可能提拔副总经理董永安，并力赞他"最年轻，最有潜力"，倪当即记在了心里。后来董永安去香港时，倪瑞华一掷10万元港币，让董永安"随便买点东西"，董欣然接受。此后，倪更是经常邀请董永安吃喝玩乐，想"提前把路铺好，以便将来用得上"。董自此迈开了走向腐败深渊的一步。

攀附上潜力官员后，很多商人颇费脑筋。如广东商人敖某推广污水处理新技术，主动送上200万元给时任广东省财政厅副厅长林楚欣，却不提任何要求，赢得了林的信任。然而，暗地里，他却凭借与林的密切关系，在下面打通了审批链条，使项目运作事半功倍。

有的贪官入狱后反省和忏悔："原来以为那些好哥们儿是'打着灯笼都难找的'，现在看都在利用我。"钱权交易就在这种貌似温馨的"友情"中实现了。黔东南州一商会会长说："黔东南没有陈春章办不成的事儿。"在公开场合，遵义市原市委书记陈春章甚至当着众人面直呼贵州省六盘水市原市长、中共黔东南州委书记廖少华为"少华"，让与会者侧目。林楚欣接受调查后对组织反省："那时我感觉绳索套在脖子上，随时一扯，就得听从老板们的招呼。"

挣脱了利益欲望的羁绊，"相敬如宾"必水到渠成；只有"划出公私分明的界限"，才能面对界限望而生畏、望而却步，因为谁模糊和混淆了界限，谁越过了界限，谁必落入陷阱、跌入深渊。

习近平同志强调指出：公务人员和领导干部，要守住底线。要像出家人天天念阿弥陀佛一样，天天念我们是人民的勤务员，你手中的权力来自人民，伸手必被捉。心中要有敬畏，知道什么是高压线，想都不要想，一触即跳，才能守得住底线。总书记这番话语重心长，振聋发聩，点中了某些领导干部交友的"软肋"，给出了防病的良方。

十八届六中全会通过的《关于新形势下党内政治生活的若干准则》指

出:"全体党员、干部特别是高级干部必须拒腐蚀、永不沾,坚决同消极腐败现象作斗争,坚决抵制潜规则,自觉净化社交圈、生活圈、朋友圈,决不能把商品交换那一套搬到党内政治生活和工作中来。"

领导干部除了提供职责所在的服务,不应向"商"们求其他任何的物质回报。领导干部与企业家交朋友,"交"的不是钱,不是物质上的好处,而是"交"共谋企业又好又快发展之心;鼓励为企业排忧解难,不是通过提供帮助而替自己邀功谋利。

要经常想一想入党为什么,当官干什么,身后留什么,将权为民所用、情为民所系、利为民所谋真正落到实处。交往一定要讲原则,交友的动机要纯洁,把握交友的分寸,警惕个别人的"感情投资"和形形色色的"公关",对那些别有用心的"朋友"不能"心太软",对各种诱惑保持警觉,摆脱低级趣味,净化自己的社交圈,保持自己的道德高尚和人格尊严。

要想使官商之间的关系"单纯"起来,必须从制度的层面,制约和规范官员手中的权力,使商人和官员"勾肩搭背"失去动力和激情。明确哪些该做哪些不该做,哪些可以提供服务哪些不能提供帮助。立德之外,必须立"威",按规则、按制度行使权力,将权力关进制度的笼子,任何时候都不搞特权、不以权谋私,做到用权不逾矩,置于有效的监督之下,让为官者与经商者心中有所敬畏,避免为所欲为,践踏政令,越陷越深,突破交往的底线。

警惕"势利中人"

朋友的友情蕴含着温柔,温柔也是友情的品格。这种温柔犹如春风拂面。朋友之间,有一种心灵的盟约,有一种心照不宣的感悟。有时朋友一个会意眼神,一个回眸一笑,一个微小动作,都会使你心领神会,精神愉快,留下美好的印象。

"势利中人"唯有贪婪之心,两眼只盯着权利、利益,发现你身上有利可图,有势可攀,就赶紧跑过来讨好你,与你交朋友,笑容堆面,慈眉善目。一旦你的权势没有了，或事业失败之时，没有"使用价值了"，就会"狗眼看人低"，早早就躲得远远的，或把你一脚踢开，甚至会乘人之危落井下石，为一己之私利而出卖你，转向别的有势利之人。这时，你就会深知世态炎凉，感叹"门前车马稀"。如同诸葛亮所言："势利之交，难以久远。"

王安石推行变法时，视吕惠卿为得力助手和知心朋友，一再向神宗皇帝推荐起用吕惠卿，并予以重用。吕惠卿千方百计讨好王安石，是想捞取个人的好处，可惜王安石没看出来。司马光曾当面对宋神宗说："吕惠卿投机取巧，算不上君子。使王安石遭到天下人反对的，都是吕惠卿所为。"

后来，司马光被吕惠卿排挤出朝廷，给王安石写信说："忠信的人，在你当权时，虽然说话难听，觉得可恨，但以后你会得到他的帮助。吕惠卿之类的谄谀小人，依附于你，对你百依百顺，让你觉得很愉快，其实是想借变法为名，作为自己向上爬的资本。一旦你失去权势，他们必定会出卖你而作为新的晋身之阶。"可惜王安石对这些话半点也听不进去，倒以为司马光在挑拨他俩的关系，便大力推荐吕惠卿为副宰相。

果然，王安石受到上下夹击、被迫离开相位时，应验了司马光的话：吕惠卿背叛了王安石，担心他重新还朝执政，便立即打击陷害王安石，甚至把王安石的私人书信翻出来作为把柄，将这封信交给皇帝，告他欺君之罪，妄图将王安石置于死地。

权力是一把"双刃剑"，一旦与利益挂钩，就是对权力的亵渎，最终被权力所伤害。作为领导干部，交友一定要慎之又慎。要保持清醒头脑，用理想之光照耀心灵，把法律之剑悬于头顶，用道德之绳捆住双手，才不至于丧失党性，迷失方向。

有的领导干部不分对象、不辨良莠、滥交朋友，什么人都交，什么人都敢交（包括交不法商人）。有的喜欢听好话，喜欢别人吹捧，与溜须拍马的人交朋友；有的贪图享乐，与大款交朋友；有的喜欢所谓的"江湖义气"，与混混交朋友；有的沉溺于灯红酒绿，流连于声色犬马，与风尘女子交朋友，其生活圈子过乱，社交圈过杂，热衷于傍大款，乐于结交富商、港商和私企大老板，无一不与权、色相关。他们交这些朋友的目的，是与不法之徒沆瀣一气、相互利用，大搞权钱交易、权色交易。

他们利用职权，通过为那些不断找上门来的朋友批项目、批贷款、批土地、疏通关系，从中攫取大量不义之财。如此胡乱交友，影响生活和做人的质量，会授人以柄，身败名裂，甚至招致杀身之祸。

一些不法之徒打着"交朋友"的招牌，瞄着你手中的权力而来的，千方百计和你交朋友的目的，就是为了谋取非法利益。一些吃吃喝喝的"酒肉朋友"、投其所好的"马屁朋友"，奉迎你、讨好你，使你落入"人情陷阱""金钱陷阱"和"美色陷阱"。一些不法之徒心怀叵测，专门腐蚀领导干部，以长期的感情投资博得对方的信任，"温水煮青蛙"，搞"期货交易"。

被人牵着鼻子走，连自己的身份、人格都不顾，就难以使人尊重，离违纪违法就不远了，最终成为权力寻租的牺牲品。那些平日里与他们推杯换盏、同喜同乐、亲密无间的"朋友"，最终用花花绿绿的钞票为他们铺就了通往牢狱的"坦途"，用一沓沓的钱币垒起了他们走向断头台的阶梯。

领导干部应把自己的形象和名誉视为洁白无瑕的美玉。面对滚滚红尘，坐怀不乱、清心自守、心有所畏、行有所止；切莫汲汲名利，给别人留下送礼的由头。要特别警惕四种人：官位不大、特能办事的人，挣钱不多、特能花钱的人，关系不熟、特能套近乎的人，动机不纯、特想'租权'谋利的人。

我们要坚持择善而交。多与专家学者交朋友，开阔视野，增长见识；多与基层干部群众交朋友，了解民意，闻过则喜，匡正过失。这样的友情如同松、竹、梅"岁寒三友"一样，生命力很强，屡经风霜雪雨而不衰败。

应将兴趣爱好与个人修养联系起来，培养高尚的生活情趣。一定要爱之得当、好之高雅，爱之有道、好之有度，使兴趣爱好有利于陶冶情操、完善人格，摆脱名缰利锁的束缚，脱离低级情趣，自觉加强党性修养和作风养成,永葆共产党人的精神家园不受污染。

距离会产生美

从朋友交往看,稍远一点给双方都留出了余地,能保持一定的新鲜感,还可利用这种空间交一些朋友。交友应做到平淡似水、若即若离,不当面逢迎、投其所好、附言苟和,应当恰如其分,浓淡适度。

在中国共产党成为执政党后,毛泽东在与党内同志交往的时候,坚持从团结的愿望出发,既讲团结又坚持原则,从不与任何高级领导干部有过密交往,"而且要求与自己交往的对象也做有原则性的人",尽显了一个领袖人物、一个革命家的伟大胸怀。

卫士长李银桥说:"党内同志交往,除非久别重逢,毛泽东很少表现出亲热,基本是威严而不拘礼节的。不掩饰好恶,不曲折违心,言简意赅,直截了当。对党内同志,毛泽东不搞迎送客之类礼节。"对于较长时间没有见过的老同志,毛泽东要起身迎送握手,但是决不迈出门槛,除非客人来时他本来是站在屋子外,否则是不出屋的。"毛泽东似乎有意约束自己,不要同某一个或几个重要的党政军负责人发展起超出同志和战友关系的私人情谊。同志关系就是同志关系,尽量避免在同志关系上夹杂过于浓厚的个人感情。比如同周恩来……我在毛泽东身边15年,没听他对周恩来说过一句超出同志关系的私人感情的话。"

而在民主党派和民主人士中,毛泽东广交朋友,坚持"荣辱与共,肝胆相照",始终坚持政治原则,不拿原则做交易,保证了全党的团结和统一。

人与人交往倘若关系太近,必生矛盾。交往过度,就是疏远的开始,甚至引起交往的"海啸"。常在一起推杯换盏、称兄道弟、阿谀奉承的人,或是狐朋狗友,或是利益的结合体。费了心思、耍了心机的交往,心会很累。超出常情的亲密无间、如胶似漆,好得不得了,如同天天吃美味佳肴,会变得厌烦、挑剔,往往会因为一件小事而闹翻了脸,如同行进中的两个汽车如果距离太近,准出车祸。铁轨接头之间留有间隙,以应对热胀冷缩之变化。跟什么人交往,怎么交往,交往到什么程度,一定要把握"度"。

一家企业的副总感言:"我发现如果与下属走近了,他就可能'大小王不分',甚至不把你当回事儿。私下里称兄道弟也就罢了,在很正式的工作场合,甚至在客户面前,个别下属居然也不以职务相称,行为举止也随随便便。这让客户觉得企业不正规,江湖气息太浓,会降低客户的好感与信任度。如果与下属保持很远的距离,他们又会说我高高在上、摆架子、装清高,不关心员工的工作与生活。最主要的是在安排工作时,他们的积极性也不高,甚至敷衍、躲避。这让自己的威信下降,使团队缺乏凝聚力。"

要牢记交友之道:保持距离。知道应该与什么样的人交往,保持不同的交往距离,就不会有烦恼了。有了距离的友谊,才有可能其乐融融、天长地久。

有这样一段相声,两个人为了表白与对方的友情,说:"有我吃的就有你吃的,我的家就是你的家,我的孩子就是你的孩子",说着说着,一人兴起说:"你的老婆就是我的老婆",另外一人就翻脸了。为什么翻脸呢,一方越界了。这个界,就是交往的距离。每一个人和别人打交道,都有一个最后的底线和度,是不可逾越的。所以有"友谊如花香还是淡点的好"之说。

某省政府领导干部,为人坦荡,平时喜欢结交朋友。每当他有应酬,他的一位同事必到;他有喜事,这位同事必来,出手很大方,送的礼物很珍贵,他也来者不拒。但他不知道,在他收到的礼物中,很多都是受贿来的,价格都不菲。以至于最后,这位领导也受到了一定的处罚。

适当的距离是必要的,也是必需的。有人把人际交往的距离准则比作"刺猬理论",不无道理:刺猬浑身长满针状的刺,天一冷,它们就会彼此靠拢,凑在一块。仔细观察后,发现它们之间却始终保持着一定的距离。原来,距离太近,它们身上的刺就会刺伤对方;距离太远,它们又会感到寒冷。只有若即若离,距离适当,才能保持理想的温度,又不伤害对方。

"刺猬理论"告诉人们,上下级之间不可以太近,朋友之间不可以过密，否则你的弱点会在下属面前一览无余，会导致上下不分，为自己的工作带来麻烦或隐患，造成彼此的伤害。

朋友之间，在观念、文化、知识、性格等方面存在差异，必然会影响处世态度和交际方式。如果朋友之间走得过近，有时会因相互的个性差异而发生碰撞，损害彼此间的关系。所以，朋友相处保持适当的距离，能减少不必要的摩擦，避免受到伤害，也有利于友情的延续。能经得起考验的、多年保持交往的好朋友之间，是有距离的，不远也不近，不疏也不密，是一颗心对另一颗心的真诚欣赏，是一段情对另一段情的永恒仰望。

交往距离，包括心理距离、空间距离、时间距离三个层面，其中心理距离是核心层面，空间距离、时间距离是两个并列的外围层面。人与人之间心理距离的远近，往往通过空间距离和时间距离的远近表现出来。

人们可以通过交流时间的选择、交往间隔的长短、交流次数的多寡，来表示自己对交往对象的态度、情感。人们可以通过空间距离的远近，来显示交往双方关系的亲疏。空间距离指人们在谈话时相距的空间，距离太远会使对方误以为你是在嫌弃他，太近就会侵犯他人的个体空间，忘了应守的界限，因而太远太近都是失礼的。熟人交谈，距离一般是1米。陌生人则在1米以上。交谈对象为关系密切的朋友，距离在0.5米左右。通过对空间、时间距离的巧妙选择，调整交往者双方的心理距离。

法国前总统戴高乐有句座右铭："保持一定的距离。"这句话深刻地影响了他与自己的顾问、智囊团以及参谋们的关系。他不想让这些人成为自己"离不开的人"。在戴高乐担任总统的10多年岁月中，很善于运用心理距离效应。他的秘书处、办公厅、参谋部及智囊团机构的人员，工作年限都不超过两年，使相互之间保持一定距离，进而确保顾问与参谋的思维、决断具有新鲜感，充满朝气，杜绝顾问与参谋们利用总统与政府的名义来徇私舞弊。

福州市水政监察支队原副支队长谢某，因受贿罪被判处有期徒刑10年6个月。谢某当上副支队长后，当地许多非法采砂业主蜂拥而至，通过各种各样的手段和关系想和这位"新官"套近乎。2008年7月,非法采砂业主吴某和往常一样找机会约谢某吃饭。有备而来的吴某借着敬酒,大谈朋友间的义气和情义。推杯换盏间,吴某说自己新购了一艘采砂船,计划到马尾三江口采砂,请谢某在执法时多关照,并保证"天知地知,你知我知"。看着谢某犹豫,吴某"趁热打铁",假借上门送水果,到谢某家中"软磨硬泡"。"拿人手短、吃人嘴软"的谢某终于半推半就地收下吴某送上的1万元"关照费",并再三叮嘱吴某不要声张。

为了做得"隐蔽周全",谢某特意购买了全新的手机和小灵通电话,只要得到有打击非法采砂的相关消息,他就会悄悄通知吴某,告诉其检查时间和地点,让吴某提前避开相关打击行动。

而吴某这样回报谢某——吴某每隔2个月都会给谢某送上"关照费"。谢某自认为所做的事神不知鬼不觉,胆子也渐渐大了起来,认为自己的生活过得滋润。经查,谢某先后6次收受贿赂。

"过于亲近易生侮慢之心。"党员干部须把握好交友的距离,不一定非要成为相濡以沫的知己至交。要谨慎对待,切不可丧失政治警觉,无原则地滥交朋友。不给人留下厚此薄彼的印象,可以使你避免陷入帮派争斗,免受其害,活得不累;使你具有灵活性。你可以根据自己的目标要求随时调整与他人的交际距离。要从政治的高度去审视保持一定距离的交往,使人与人之间彼此尊重,增进友谊,使人际关系正常发展。

人生难觅一知己

人生是航船,友谊是风帆。友谊的升华需要共同的目标、信念、追求和价值取向。浇花要浇根,交人要交心。真正的朋友在精神层面常有默契。话不一定总是投机,却能心心相通。行不一定总是同步,却能志同道合。

宋朝的益州知州张咏,与寇准是好友、知己。张咏听说寇准当上了宰相,对部下说:"寇公奇才,惜学术不足尔。"后来,寇准与张咏不期而遇。寇准便备下酒宴，邀好友畅饮。张咏了解寇准在官场是个不懂得保护自己的人，他有规劝的责任，但又不能直截了当地批评。

临别的时候，寇准将张咏送到郊外，恳切地说："老朋友要分手了，再见面又不知是什么时候，你有什么话要对我说吗？"张咏沉吟了一下，来了个"借它书上言，传我心中事"："《霍光传》不可不读。"寇准愉快地接受了这个建议。

寇准回府后，找来《汉书·霍光传》，从头仔细阅读，当他读到"光不学无术，暗于大理"（霍光在学问和事理上的不足之处）这句话，便明白了张咏的用意，于是笑着说："这是张公开导我啊！"

许多名人间的真挚友情，已成千古美谈。唐代的李白和杜甫，通过诗文相互砥砺，亲密到"醉眠秋共被，携手日同行"的程度，完全陶醉在纯洁、真挚的友谊之中。

人的一生中，真正接纳的，只会是有限的几个人。更多的，都成了我们生命中的匆匆过客。任何一个人都需要知己，都有渴求知己的情结。有些人不缺钱、不缺权，但缺少真正的朋友，缺少知己。如果说，知己是一株珍贵的花卉，那么，友情则是花盆里不可或缺的土壤。

陶渊明曾几次出仕，最后因不愿为五斗米折腰，又弃官而去，留下的诗文有120余篇。"陶潜酷似卧龙豪，万古浔阳松菊高"。陶渊明生有红颜，死逢知己。红颜，其妻翟氏也；死后知己首推昭明太子。昭明太子生性淡泊，喜爱山水，为陶氏平和、淡然的诗歌所感染，于是写了《陶渊明集序》《陶渊明传》，为陶渊明摇旗呐喊。他在《陶渊明集序》中说："其文章不群，辞采精拔，跌宕昭彰，独超众类。"

王安石开始搞改革的时候，与苏东坡政见不同，谈不上友谊，甚至可以说水火不相容，便借故将苏东坡贬官到了黄州。此后，苏东坡开始了连年外贬的宦海生涯。王安石被罢相之后，苏东坡却到金陵去看望王安石。苏东坡的到来，让寂寞的王安石一下子又有了知音的感觉，谈诗论文，谈禅说佛，很是契合。王安石对人感叹道："不知更几百年，方有如此人物！"

两人多次书信往来,讨论学问,互相勉励,交情深厚,一扫嫌隙,成为知己。

鲁迅和瞿秋白的友谊达到了同怀知己的境界。瞿秋白从事革命活动中,曾三次到鲁迅家避难。鲁迅曾赠给好友瞿秋白有一副对联:"人生得一知己足矣,斯世当以同怀视之。"鲁迅与瞿秋白之间的友情奠定在纯真的基础之上。鲁迅的弟弟周建人说,他们两人的友谊是生死之交,但他们之间又极为坦率,开诚布公。鲁迅没有一点虚伪,瞿秋白也是胸怀坦荡。他们两人常常进行相互批评和自我批评。共同的志向,使他们携手共进,同敌人英勇战斗。鲁迅一直将瞿秋白视为肝胆相照、同心同德的朋友和同志。

后来,瞿秋白被捕,鲁迅知道后准备全力营救,可惜敌人很快下了毒手。瞿秋白牺牲后,鲁迅悲痛万分,为了表示对亡友的深切纪念,他抱病把瞿秋白的文稿编成文集,亲自抄写和校对,以寄托不尽的哀思。

交往的质量,在一定意义上成就着生命的质量。最好的交往,至简至真,清清爽爽,没有功利欲,两心相悦,是心灵真挚的握手,是情感纯净的需求。这种友谊是感情的凝结,是心音的交流,是经过岁月洗礼的真金,是精神世界的财富。珍贵的友谊总是一点一滴凝聚起来的,它包含了许多欢笑、温馨浪漫,许多美好的回忆。古希腊诗人荷马说:"真正的朋友是一个灵魂寓于两个身体,两个灵魂只有一个思想,两颗心的跳动是一致的。"

马克思与恩格斯志同道合,心灵相通,可谓知己。他们的交往没有建立在权势和名利之上,却日久天长。共同的事业、共同的理想和奋斗目标,是马克思同恩格斯之间友谊的牢固的基础。恩格斯曾说:"我高兴有像马克思这样出色的第一小提琴手。""我甘愿当好第二小提琴手。"马克思和恩格斯是一对为无产阶级革命事业奋斗了毕生的战友和同志,他们的友谊"超过了古人关于人类友谊的一切最动人的传说"(列宁语)。

为了支持马克思写作《资本论》巨著,为了使马克思一家免于贫困和饿死,恩格斯放弃了自己的科学研究工作,不得不去从事自己所讨厌的商业工作,忍受"鬼商业"的折磨长达20年!马克思及其一家常常是在最困难的时候,接到恩格斯的钱,恩格斯还常常替马克思偿还各方面的债款。也正因为这样,才保证马克思写出了《资本论》。

梅林说:"马克思在生活中的胜利不仅应归功于他自己的巨大能力。所有的人都认为,如果没有恩格斯这样一位朋友,他也终究会被环境所压倒。"在马克思去世后,恩格斯帮他完成了《资本论》的后期创作,为后世留下了极为宝贵的精神财富。人生若想找到相知又相惜的知己,实属不易,但又有谁不向往之呢?若能有幸找到知己,将是人生的莫大的欣慰!